PRINCIPES

D'ÉDUCATION POSITIVE

PAR

Le D' Eug. BOURDET

Nouvelle Édition entièrement refondue

AVEC

PRÉFACE DU PROFESSEUR CH. ROBIN

PARIS

LIBRAIRIE GERMER BAILLIÈRE ET Cie

PROVISOIREMENT, PLACE DE L'ODÉON, 8

La Librairie sera transférée 108, boulevard Saint-Germain, le 1er Octobre 1877.

1877

Saint-Denis. — Imprimerie Ch. Lambert, 17, rue de Paris.

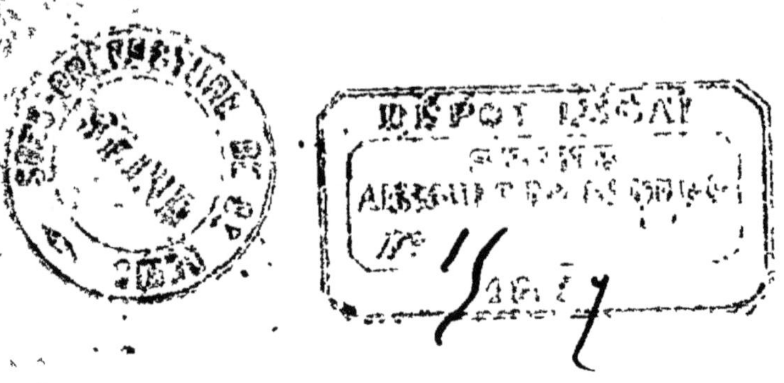

PRINCIPES
D'ÉDUCATION POSITIVE

Saint-Denis. — Imprimerie Ch. Lambert, 17, rue de Paris.

PRINCIPES
D'ÉDUCATION POSITIVE

PAR

Le Dʳ Eug. BOURDET

Nouvelle Édition entièrement refondue

AVEC

PRÉFACE DU PROFESSEUR CH. ROBIN

PARIS

LIBRAIRIE GERMER-BAILLIÈRE ET Cⁱᵉ

PROVISOIREMENT, PLACE DE L'ODÉON, 8

La Librairie sera transférée 108, boulevard Saint-Germain, le 1ᵉʳ Octobre 1877.

1877

AVANT-PROPOS

Il y a seize ans que la première édition de cet ouvrage paraissait. Ce long espace de temps mesurerait mal pour l'auteur l'importance et la valeur de son travail, si les questions traitées étaient de celles que le public aime et est invité à aimer.

Mais la doctrine d'A. Comte n'est pas compromise pour n'avoir pas rencontré un interprète attrayant autant qu'il était dévoué.

L'esprit moderne est désormais du côté de la science contre la foi, du côté de l'expérience contre la révélation; rien n'empêchera cette évolution lente et sûre, attestée par l'énergique persévérance des prosélytes, comme par la fureur maladroite des adversaires.

Bientôt le positivisme sera compris par tous, car il est la science, et la science est à tous, sans privilége de caste, de fortune et même d'intelligence.

EUG. B.

Janvier 1877.

PRÉFACE [1]

Les années d'épreuve qui viennent de s'écouler n'ont fait qu'augmenter l'importance des questions relatives à l'éducation nationale : l'instruction hétérogène des hommes d'un âge différent, l'opposition presque absolue entre l'éducation des femmes et des enfants, et celle des pères et des époux, tout est source de désaccord dans la famille et devient danger pour la société.

L'esprit séculier a bien commencé à exercer son droit politique dans les élections, mais non dans l'éducation. Là, il n'a encore rien fait législativement, ni administrativement surtout. La loi récente sur la liberté de l'enseignement, fort bonne en principe, conduira probablement l'esprit libéral à prendre une plus large part à la direction du monde spirituel, si la routine administrative ne lui met des entraves.

[1] Cette préface fait partie d'un travail étendu, inséré dans le numéro de la *Revue positive* (juillet 1876 à janvier 1877), le retard apporté à l'édition nouvelle de M. Bourdet ayant obligé la *Revue positive* à une insertion projetée d'abord simultanément.

Le champ reste donc absolument ouvert à l'exposition de ce qui pourrait être fait pour l'éducation générale ; il reste ouvert aussi pour l'indication, d'abord du mal causé dans toutes les classes par la durée de l'inaction, puis de l'abaissement qui en résulte pour la France, alors que les nations du Nord, les États-Unis et l'Italie rivalisent d'efforts pour amener la prospérité générale par la formation de citoyens instruits, sans distinction de naissance.

Les peuples, en effet, qui ont échappé aux réactions amenées par les faiseurs de coups d'État, mettent en œuvre bien plus que nous, depuis le xixe siècle, ce qui a été conçu et formulé à cet égard par le xviiie siècle.

§ 1.

Le but de l'éducation et de l'instruction, envisagées dans leur ensemble, présente deux degrés. Elles doivent être telles qu'elles empêchent au moins l'arrêt du développement des facultés intellectuelles et morales, sinon leur affaissement, leur déperdition ; elles doivent tendre à conserver une certaine moyenne dans le plus grand nombre des individus, de telle sorte qu'ils restent aptes au moins à autre chose qu'à nuire et à détruire seulement.

L'éducation et l'instruction doivent tendre, en outre, partout où il y a aptitude, à nous faire tirer le meilleur parti possible de nos facultés, en les poussant à produire aussi le plus possible, socialement parlant.

Pour toute instruction individuelle, le but final qu'elle doit atteindre est la démonstration de ce fait : que l'existence et le développement des sociétés suivent un ordre progressif déterminé.

Notons tout de suite que la notion de loi, c'est-à-dire celle des relations de similitude et de succession, s'acquiert surtout par l'étude des mouvements, et celle du progrès par l'observation des phénomènes de l'évolution des êtres organisés.

Rappelons aussi que, partout où il y a loi, il n'y a pas fatalisme, par la raison qu'il n'y a loi et évolution que lorsque le fait antécédent influe sur celui qui est immédiatement ou plus ou moins médiatement consécutif.

Cela est surtout à considérer lorsqu'il s'agit des phénomènes organiques sur lesquels intervient l'activité volontaire des individus. Ici, en effet, certaines conditions étant données, tout acte de cette nature devient un antécédent, cause de progrès ou de retard dans les conséquents.

Là même est une des sources de la morale, lorsqu'il s'agit des phénomènes sociaux en général, des instincts altruistes ou égoïstes en particulier.

Notons encore qu'il n'y a pas fatalisme lorsque ce qui est inévitable, bien que s'accomplissant d'après certaines lois, peut être avancé, retardé ou même dévié.

La détermination de ce que sont ces lois et des limites de leurs modificabilités est un des points qui distingue le plus le positivisme du fatalisme. Est fatal, en effet, ce qui est inévitable sans être modifiable ; la fatalité disparaît dès que ce qui est reconnu inévitable, en raison du cours naturel des choses, peut être avancé, retardé ou modifié dans son intensité. Ainsi sont les effets de l'état électrique des nuages dans leurs relations avec la terre et les êtres organisés qu'elle porte.

Du reste, le fatalisme n'existe pas en dehors de ce que représentent les conceptions humaines relatives à la succession des événements observés. Ceux qui n'ont pas été pénétrés de la notion de loi par l'étude des sciences se trouvent, par suite, être les seuls qui font intervenir quelque entité surnaturelle, théologique ou métaphysique, forces fictives auxquelles seraient soumis les phénomènes dont ils ne connaissent pas les conditions naturelles d'accomplissement.

Comme conséquence de ces fausses suppositions, ce sont eux qui considèrent comme fatalistes tous ceux qui ne les imitent pas, tous ceux qui s'efforcent de déterminer les relations de similitude et de succession des phénomènes, leur marche naturelle, en un mot, et les limites entre lesquelles ils peuvent varier pour revenir à un cours constant.

Les longs efforts faits dans ce sens n'ont pas pour destination la seule satisfaction des besoins soit théoriques, soit matériels; connaître l'ordre suivi par le développement des sociétés est un besoin ressenti avant ou après nos entreprises individuelles, aussi bien par les plus infimes laboureurs et prolétaires que par les hommes qui se disent appartenir aux classes dirigeantes. Cette observation est surtout facile durant chaque période de trouble d'un État, que ce trouble soit causé par les fautes ou par les crimes de ceux qui dirigent, ou qu'il s'agisse de l'explosion de quelque nécessité sociale méconnue.

C'est particulièrement dans ces circonstances, et malheureusement durant ces circonstances seulement, que beaucoup comprennent que la plus grande préoccupation de chacun doit être d'apprendre où vont l'homme et les sociétés. Ils le comprennent en voyant que rien n'est plus navrant alors que l'état mental de ceux qui croient qu'en fait de régimes économiques et sociaux, l'on peut indifféremment, et aussi bien, se reporter vers ceux qui sont tombés par insuffisance que marcher vers ceux qu'imposent les situations évolutives nouvelles. L'on constate ici que toujours le danger vient de ceux qui ne savent pas, mais qui pourtant sont appelés ou s'offrent pour l'action, danger qui devient d'autant plus grand que les acteurs sont plus haut placés par leur fortune, ou mieux par la possibilité de vivre sans profession. Tous leurs efforts sont, en effet, consacrés à la réalisation de leurs rêves sur le retour d'un passé qui n'est plus possible; ces efforts sont surtout dirigés contre ceux qui cherchent à rendre le présent utile à l'avenir, qui découle de celui-ci. Par là ils troublent l'ordre dont ils méconnaissent la nature, bien qu'ils s'en disent les conservateurs.

Tout trouble de l'ordre arrête le progrès; mais l'histoire montre toujours que l'un et l'autre se rétablissent graduellement, en suivant une voie différente de celle qu'ont rêvée les perturbateurs, soit qu'il s'agisse des utopistes, soit qu'il s'agisse, au contraire, de ceux qui se disent conservateurs, et cela, depuis ceux qui ne savent qu'en revenir aux rêves de Robespierre, jusqu'à ceux qui acclament les faiseurs de coups d'État.

Ignorant le cours naturel des choses dans l'évolution des sociétés, ces conservateurs les supposent soumises à l'arbitraire; ils prennent pour de la force les résultats immédiats du guet-apens et de la violence, dont ils demandent la permanence comme règle, aussi bien dans la famille que dans l'État.

L'homme ne sait, par épreuve ni par contre-épreuve, d'où il vient ni où il va en tant qu'individu; il ne sait, à cet égard, que ce que les sciences lui ont appris sur sa provenance terrestre et sur la rentrée dans les milieux cosmiques des principes constitutifs de la substance organisée; mais il sait d'où viennent et où vont les sociétés qu'il forme et a formées, à compter de l'âge de l'ours fossile des cavernes.

Ceux qui méconnaissent ce que nous savons sur les conditions d'existence, de développement et d'extinction des divers groupes sociaux, ne sauraient diriger d'une manière efficace l'éducation soit publique, soit individuelle.

L'éducation n'est pas autre chose que le maintien et l'amélioration de l'ordre et du progrès dans l'exercice des facultés intellectuelles, morales, et de la vie de relation, non-seulement de l'homme, mais encore des animaux auxquels il fait prendre une part dans la vie des sociétés.

Dans cet ensemble, l'exercice des facultés intellectuelles et morales occupe le milieu entre deux extrêmes. Ces extrêmes sont représentés d'abord par tout ce qui touche à l'éducation des organes des sens et des facultés de relations extérieures, tant volontaires que locomotrices ; vient enfin tout ce qui touche à l'accomplissement des fonctions végétatives, respiratoires, digestives et reproductrices, dans ce qui, de cet accomplissement, n'est pas purement individuel.

Ces indications sur les facultés, dont les manifestations touchent à l'ordre social, et dont il s'agit d'améliorer l'exercice dans ce sens, suffisent pour séparer nettement l'éducation de l'hygiène et de la médecine, pour la séparer, en un mot, de tout ce qui concerne la vie nutritive ou végétative, dans les fonctionnements normaux et morbides, et de tout ce qui concerne la constitution des individus dans l'ordre anatomique ou statique.

Ces indications séparent naturellement aussi de l'éducation la domestication des plantes et des animaux, et l'étude des modifications qu'elle nous fait subir, éducation et modifications que F. Lallemand considérait à tort comme des subdivisions de l'éducation physique.

En d'autres termes, l'éducation est un des arts sociologiques dérivant de la dynamique sociale et réagissant directement sur elle.

Ayant pour sujet des êtres vivants, l'éducation s'appuie sur bien des branches de la biologie, tant abstraite que concrète, elle leur emprunte même plus d'un moyen d'amélioration ; mais elle n'en absorbe aucune, et nulle de celles-ci ne peut la revendiquer comme lui appartenant ; elle n'appartient pas non plus à la statique sociale, bien que naturellement elle varie d'une société à l'autre, suivant la constitution de celle-ci. Après Gall, Broussais et A. Comte, le professeur Lallemand a démontré, avec une grande puissance de logique et de savoir, que nul n'est apte à donner une éducation s'il ignore la nature des facultés dont il s'agit de diriger et de perfectionner l'exercice ; qu'il en est de ces fonctions de la vie animale ou de relation comme de celles de la vie végétative, c'est-à-dire que tous les phénomènes humains qu'on regarde comme de forme immatérielle dépendent d'un appareil aussi matériel que tous les autres, très-compliqué, et composé de parties distinctes chargées de fonctions spéciales ; que ces différentes parties de l'encéphale sont susceptibles de se développer par l'exercice, de diminuer par l'inaction et de se modifier dans leur structure, de même que le sont tous les autres tissus de l'économie, suivant les modes des influences auxquelles on les soumet ; qu'entre les animaux les plus simples et l'homme, il n'y a pas, dans ces facultés, des différences de nature, chacune se montrant dans l'un, si elle n'existe pas encore dans l'autre, en même temps que se montre telle disposition encéphalique nouvelle qui manquait sur ce dernier ; — que l'éducation ne crée pas des organes, non plus que les facultés correspondantes, mais qu'elle ne .fait que favoriser ou réduire le développement, suivant la nature des exercices auxquels on soumet des parties qui ont déjà fait leur apparition durant l'évolution individuelle ; — que d'un enfant à l'autre, il y a toujours inégalité des facultés intellectuelles, morales et autres, comme il y a inégalité dans les ressemblances de la face, de la taille, — et que c'est en vain qu'on suppose égaux les individus, ou qu'on croit arriver à les rendre égaux en ce qui touche ces facultés ; — que c'est par la connaissance de toutes ces choses qu'on arrive à transmettre une morale bonne et positive, parce qu'elle est perfectible et accessible à toutes les intelligences : mais qu'il faut, en bonne morale, éviter de rechercher ou d'accepter l'appui de tous principes et conceptions surnaturels : car, *lorsque la morale est fondée sur une croyance religieuse, elle ne joue plus qu'un rôle subalterne*, attendu que jamais on n'a pu voir tous s'entendre sur ces principes dont le croyant sincère et fanatique, s'il est le plus fort et s'il est conséquent, doit exterminer l'adversaire qu'il ne peut convaincre. (*Éducation publique*, par F. Lallemand, membre de l'Institut de France, professeur à la Faculté de médecine de Montpellier. (Paris, in-12, 1852.)

Il est donc opportun de dire avec A. Comte que l'éducation doit être la manière d'apprendre à vivre pour autrui, par l'habitude de faire prévaloir la sociabilité sur la personnalité : chose difficile d'abord, parce que là n'est pas le côté le plus énergique des tendances naturelles de l'homme, mais la satisfaction donnée par ce qu'on fait pour les autres est assez grande pour qu'elle surexcite en nous le désir de recommencer.

§ 2.

Amélioration de l'ordre et du progrès des facultés naturelles en voie d'activité sociale, telle peut être la définition de l'éducation. La marche à suivre, lorsqu'il s'agit de la donner à chaque individu, se trouve ainsi tracée par les phases du développement organique des appareils qui sont le siége organique de ces facultés.

En premier lieu, éducation des cinq organes des sens par lesquels s'établit une relation entre le milieu extérieur et l'homme, mais, en même temps, éducation corrélative des facultés d'expression orale, mimique et écrite, ainsi que des divers modes de locomotion qui établissent une relation de l'individu avec les êtres qui l'entourent.

En second lieu, et par-dessus tout, éducation des facultés intellectuelles et morales, au fur et à mesure que les années amènent le développement de chacune d'elles dans chaque individu.

Enfin, éducation en ce qui touche ce que l'exercice des fonctions nutritives et reproductrices offre de social, ce qui s'acquiert aussi à mesure que se modifient les appareils de la vie végétative.

Le propre de l'éducation positive étant d'être perfectible, l'instruction, ou mieux les diverses sortes d'instruction, tout en restant le moyen principal pour donner une bonne éducation, ne constituent pas un moyen suffisant à elles seules.

Il faut, de plus, que celui qu'on instruit pour un but d'éducation soit appelé à manifester par lui-même les facultés que l'on veut améliorer, afin de juger, d'après cet exercice, des résultats obtenus et de tirer parti de cet exercice même, comme d'un moyen de perfectionnement expérimental.

Il n'est pas de position sociale, soit professionnelle, soit administrative, qui n'exige, à des degrés divers, l'usage, pour un but déterminé, des cinq organes des sens ou de quelqu'un d'entre eux. Or, il est remarquable de voir à quel point leur éducation est, soit absolument délaissée, soit reléguée à un rang infime, partout où l'éducation générale est fondée sur des préconceptions subjectives d'ordre métaphysique ou religieux, toujours plus ou moins abstraites.

L'importance générale du perfectionnement de ces fonctions et de celui des signes et des mouvements que suscite leur activité est pourtant des plus manifestes, lorsqu'on voit quelle place tient dans ce qu'on appelle intelligence la perfection de l'exercice des sens, alors que les facultés intellectuelles proprement dites ne sont nullement en jeu.

Qu'il s'agisse des actes professionnels ou de la vie habituelle, cette importance n'est pas moins rendue évidente lorsqu'on voit inversement à quel point l'imperfection du jeu des fonctions sensorielles est considéré comme signe d'inintelligence ou de faiblesse mentale, en raison du nombre d'actes sociaux qu'elle conduit à n'accomplir qu'imparfaitement.

Le perfectionnement des fonctions sensorielles d'expression et de locomotion devient lui-même, du reste, un moyen de faciliter l'instruction à plusieurs égards.

En fait, l'éducation est tant spontanée que systématique ; la première est essentiellement morale et accessoirement intellectuelle et esthétique : c'est l'éducation privée, dont la direction et partiellement l'exécution reviennent principalement aux femmes, aux mères par-dessus tout. Le père, livré à la vie active du dehors, n'a ni le temps ni toujours la capacité morale pour s'en charger.

Elle commence à la naissance, et doit s'étendre jusqu'à l'âge de quatorze ans. Durant cette période de la vie, ce sont surtout les sentiments inspirant les actes sur lesquels doit être fixée l'attention du précepteur, pour qu'ils soient dirigés et cultivés plus encore que les actes eux-mêmes, toujours plus ou moins excessifs ou hésitants, suivant l'énergie du tempérament ou sa faiblesse. A cet égard, rien n'est à négliger, rien n'est indifférent ; car c'est dans cette période qu'on doit apprendre à chaque individu à agir par affection, d'après les instincts et les besoins.

L'éducation systématique ne se sépare de la précédente, ou mieux ne débute en réalité que vers l'âge de quatorze ans ; alors commence l'éducation scientifique, et avec elle on commence à penser pour mieux agir.

L'éducation privée ou familiale se divise par moitié, en deux époques, l'une qui se termine vers sept ans, l'autre vers quatorze ans, sans que jamais l'enfant soit cloîtré durant ce temps-là. Il y a barbarie à vouloir apprendre à lire aux enfants avant six à sept ans ; il faut qu'ils connaissent l'existence et la morphologie des choses, et oralement leur nom, avant d'étudier la figure des termes et des signes qui fixent la notion de cette existence.

Mieux vaut encore ne pas lire la description de la mer avant de l'avoir vue ou d'avoir vu quelque étendue qui lui ressemble. Agir autrement empêche l'enfant d'apprendre à observer ou à penser ; on le conduit pour toute sa vie à prendre des entités et des mots pour des réalités. C'est donc l'observation répétée, la contemplation concrète qui doit prédominer dans cette période de l'éducation, conduisant déjà à acquérir une notion de l'ordre naturel. Par là se fait l'exercice des sens et des muscles surtout : des sens au point de vue de l'observation, des muscles par rapport à l'action. Il n'y a, du reste, alors qu'à laisser l'enfant suivre les impulsions venant de ses sensations et lui apprendre à s'en servir pour apprécier le nombre, le volume, la forme, le poids, la couleur des objets naturels, plantes, animaux, etc...

Au point de vue moral, l'affection pour la mère lui enseigne empiriquement le culte de l'humanité. Le père n'est aimé que par considération pour la mère, car physiquement, et surtout moralement, l'enfant appartient plus à la mère qu'au père; puis il tend à se dégager de l'un et de l'autre, en raison de l'individualité propre qu'il acquiert avec la puberté.

Dès l'enfance commence l'éducation des sentiments : en premier lieu, celle du sentiment de soumission à un être supérieur à lui, puis du sentiment social par l'attachement et la reconnaissance qui le lient à deux êtres supérieurs. La vue de ceux-ci lui donne le sentiment de continuité, — la vue de la mère surtout, providence pour lui, qui lui prépare les matériaux à l'aide desquels son existence est entretenue, — sentiment de continuité qui se développe avant celui de la solidarité.

Quand l'enfant commence à parler, apparaît le sentiment des relations réciproques ou d'humanité, puis, quand il sent que ce n'est pas sa mère qui a inventé le langage, le culte de celle-ci l'amène au respect et au culte involontaire, en quelque sorte, de la société.

Vers sept ans, se développe le sentiment de la fraternité, réelle ou amicale, qui conduit à celui de la solidarité, dont l'importance est tout à fait directe.

Rien n'est indifférent dans l'évolution de ces divers sentiments et dans leur éducation; aussi, à cet âge, au lieu de considérer en lui-même l'acte accompli par l'enfant, ce sont les sentiments qui en ont déterminé l'exécution qu'il faut considérer, tout pouvant alors, soit les élever, soit les pervertir, suivant la direction donnée; il faut encourager les uns et réprimer les autres, c'est-à-dire ceux qui sont trop exclusivement personnels, même ceux qui sont, en apparence, indifférents.

Dès le début de la seconde enfance, de la deuxième partie de l'éducation domestique par conséquent, on habitue par l'exercice physique à un travail régulier. L'enfant doit apprendre à développer l'instinct constructeur, à construire jusqu'à mettre la dernière main à ce qu'il a entrepris. On doit lui montrer que, dès qu'on agit sur le monde extérieur, pour qu'une chose n'avorte pas, il faut persévérer jusqu'à ce qu'elle soit poussée à bout. C'est la négligence avec laquelle est traité ce côté de l'éducation première qui est cause que nous passons notre vie à faire des projets sans rien savoir achever ou rendre applicable. D'autre part, les exercices exigés alors habituent au travail régulier, et font comprendre expérimentalement ce qu'est en fait la pratique.

Mais c'est à cette époque surtout que l'enfant doit apprendre à lire et à écrire; il doit le faire surtout en lisant et écrivant directement et non d'après de prétendus principes généraux et absolus, pas plus qu'on ne lui a appris à parler dans la deuxième et la troisième année d'après tels ou tels principes. Il faut faire pour lui ce qu'a fait l'espèce, laquelle a constitué les langues parlées ou écrites, spontanément, sans grammaire ni principes tracés d'avance. La coordination logique et grammaticale des termes se grave ainsi dans l'esprit par la lecture et par l'écriture expérimentales même, assez déjà pour que plus tard la raison d'être des règles soit comprise sans peine : le tout sans qu'il y ait besoin, pour les garçons plus que pour les filles, de l'étude du latin et du grec pour les conduire à la pureté et à l'élégance du langage. C'est, au contraire, par l'étude des langues vivantes étrangères, déjà commencée avant cette époque quant au parler, continuée par la lecture et par l'écriture, que l'enfant se préparera à étudier les langues mortes; plus esthétiques que scientifiques, dont les autres sont dérivées. Alors commence réellement l'éducation esthétique, par la lecture des fabulistes, des conteurs, des poëtes, etc. Les sentiments exprimés seront certainement seuls compris à cet âge, les idées ne le seront que plus tard ; mais cela suffit, car la deuxième enfance est surtout l'âge de la poésie et de la tendance aux créations poétiques, et l'expression augmente l'intensité des sentiments éprouvés réellement. L'enfant, ayant appris d'abord ce qui est utile, apprend de la sorte à comprendre ce qui est beau, et d'autant mieux que le dessin doit être enseigné en même temps que l'écriture.

Outre l'étude, il y a, de plus, dans cette période de l'éducation, essor de l'imagination après, et selon l'observation. Jusque-là celle-ci ne lui avait donné que des images objectivement perçues, que commencent à élaborer les facultés de comparaison et de généralisation déjà en voie de développement.

Ce travail mental est à la fois relatif à l'intelligence ou facultés intellectuelles, et au cœur ou facultés affectives ; alors se constitue un commencement de cette spontanéité qui a principalement pour objet la mère, providence réelle vers laquelle convergent tous les sentiments altruistes.

Cet ensemble d'élaborations intellectuelles et morales amène la constitution d'une logique élémentaire par une convergence déjà manifeste des sentiments, des idées et des signes. Cette convergence se développe sous forme d'expressions mimiques et orales (chant et danse), écrites par la poésie et le dessin.

Il y a constitution d'un culte rudimentaire par l'effusion plus ou moins réglée des sentiments généraux combinés avec des idées générales s'adressant sous forme de prières aux parents, ensemble d'actes moraux qu'on doit encourager à cet âge, en écartant l'idée de tendre toujours une main quêteuse et quémandeuse, pour obtenir quelque chose de la personne invoquée : pratique qui constitue le côté égoïste des prières théologiques. Cette évolution naturelle des rudiments de la logique, en rapport avec celle des facultés cérébrales de conception et d'expression, convenablement dirigée, conduit graduellement et sans fatigue au développement des facultés d'analyse et de méditation dont l'étude des sciences implique l'existence et représente l'exercice. Cette étude, dès lors, n'étant que la mise en jeu normale d'organes en voie de croissance, se fait sans fatigue, et par suite sans répulsion, aussi bien que la marche ; et les autres exercices ne sont qu'un plaisir lorsqu'ils répondent à l'appel de la mise en jeu des organes du mouvement.

Ainsi a lieu la préparation à l'étude des sciences et de l'histoire : ce que cette dernière étude doit avoir de commun pour tous, quelle que soit la profession qu'on veuille adopter, commençant vers quatorze ans, ne saurait finir avant l'âge de vingt à vingt et un ans.

De même que l'humanité est restée longtemps livrée aux études cosmologiques et inorganiques avant de saisir les lois biographiques et celles de l'évolution historique de l'espèce, quatre années devront être consacrées aux mathématiques et à la cosmologie. La cosmologie céleste astronomique ou déductive demandera une année avec les mathématiques ; la cosmologie terrestre ou géographique, une autre année ; la physique et la chimie, qui sont des dérivés analytiques des précédentes, demanderont qu'on leur consacre les deux autres années : l'étude des notions biologiques et sociologiques nécessaires à tous remplira la cinquième et la sixième année.

§ 3.

L'instruction consiste en l'acquisition de notions nouvelles concernant l'homme, les objets et les phénomènes qui l'entourent, tant inorganiques et organiques que sociaux, envisagés dans l'espace comme dans le temps. Les facultés intellectuelles s'exercent ensuite sur ces acquisitions pour concevoir, but essentiel, les modifications à venir des phénomènes dont la réalité est constatée.

L'instruction est donc caractérisée par une mise en relation incessante de chaque individu avec les milieux ambiants inorganiques, organiques et sociaux, envisagés dans leur présent et leur passé, pour chercher ensuite à prévoir leur erreur, et à les modifier, s'il est possible, pour tel ou tel but général ou particulier. Ces données impliquent ainsi la nécessité d'un rapport constant à établir entre la notion des facultés individuelles et celle des objets successivement offerts à celles-ci.

Ces relations de chaque individu avec chacun de ces ordres de choses ne peuvent également être établies avec efficacité que d'une manière corrélative à l'apparition et au développement successif des facultés d'observation et de méditation dont l'usage vient activer alors le développement, et réciproquement. Or, pour qui connaît la tardive et lente évolution des facultés d'induction, de généralisation et de coordination, il est facile de voir que c'est le contraire qui régit notre instruction et notre éducation, quand, dès l'âge de sept ans ou environ, les vues abstraites du catéchisme et les fictions bibliques sont les notions fondamentales auxquelles on rattache tout ce que nous apprenons.

L'instruction doit donc être donnée de telle sorte que la chose enseignée soit en rapport avec ce que l'enfant peut comprendre, et rien n'est plus dangereux que de le faire débuter par des croyances sans preuve sur ce que l'on dit être un mystère. Elle doit donc être en corrélation avec les âges d'abord, et ensuite avec les lieux qui peuvent fournir les objets qu'elle exige. A chaque organisation, l'instruction doit à son tour devenir motif d'éducation, en tant que celle-ci dirige chacun de nous dans les relations envers les individus, la famille et les patrons. Tous les hommes d'élite qui se sont occupés de ce sujet, les anciens comme les modernes, concluent avec Lallemand que : « La république, dans son intérêt même, doit donner gratuitement à tous les enfants pauvres l'éducation nécessaire à tous, et à chacun l'éducation la plus conforme à son organisation, à ses aptitudes, depuis les crèches et les salles d'asile jusqu'aux écoles spéciales, pour ceux qui l'auront mérité, afin de pouvoir ensuite les employer suivant les résultats obtenus, et rémunérer chacun suivant ses œuvres.

« Cette éducation doit procéder, en tout, de la pratique à la théorie, des sens à la pensée, des faits particuliers aux lois générales, pour revenir ensuite aux lois de l'application.

« Elle doit commencer par ce qui est nécessaire à tous, dans tous les temps et dans toutes les positions. Elle doit suivre une marche telle, que toutes les acquisitions servent pour le reste de la vie, à quelque degré qu'elles s'arrêtent, tout en préparant les voies à de nouveaux progrès en tous genres à ceux qui sont organisés pour aller plus loin.

« Elle doit se préoccuper, dans toutes les branches de l'utilité pratique, pour le pays et pour l'individu, sans jamais perdre de vue les applications morales et politiques dont elles sont susceptibles. »

D'autre part, considérant la question sous un autre point de vue, M. le procureur général Renouard se prononce ainsi qu'il suit sur le même sujet (*De l'impartialité*, Paris, 1874, in-8° p. 24) : « L'ignorance est avant tout l'incapacité de discerner le bien et le mal, le vrai et le faux, l'utile et le nuisible. La science par excellence est celle de la vie; beaucoup la possèdent, bien que demeurés étrangers aux moyens ordinaires de culture intellectuelle : ils l'ont acquise de l'expérience, et méritent en vérité le nom d'ignorant moins que tel savant à esprit faux, tel littérateur sans conviction ni croyance.

« L'ignorant complet est un être neutre, aux actes duquel, œuvres d'un instinct sans règle et sans guide, manque la responsabilité. Il est juste de lui beaucoup pardonner, car il ne sait ce qu'il fait; mais il est un fléau pour la société, que sa brutalité menace : c'est un impérieux devoir de travailler à introduire quelques rayons de lumière dans ce chaos inintelligent.

« Le devoir de détruire l'ignorance ne se concentre pas dans les efforts commandés aux individus sur eux-mêmes, il nous est imposé envers nos semblables, et chacun est strictement tenu de travailler dans sa sphère à y prendre part; aucune excuse n'existe pour les parents, pour les gouvernements qui s'abstiennent de multiplier les moyens d'instruction ; pour les citoyens de tout rang et de toute classe qui, loin de prêter assistance à la propagation d'utiles vérités, empoisonnent l'opinion publique par le scandale de leurs actes ou par le cynisme de leurs paroles et de leurs écrits.

« L'ignorance isole de la société ceux qu'elle rend incapables d'en comprendre la fonction, elle ne voit pas la règle. L'indifférence est pire : c'est le cœur qu'elle isole; elle sait où est la règle, et la traite comme n'existant pas.

« Bien autre est l'impartialité : elle n'est ni froide, ni hautaine, ni aveugle et n'abdique aucune affection acquise. Les hommes que leur modération de caractère et de conduite aide le mieux à en contracter l'habitude, sont ceux dont l'intelligence sait comprendre les opinions autres que les leurs, et qui ne se défendent pas d'expliquer les pensées d'autrui par des motifs plausibles et honnêtes, plutôt que par des intentions perverses et des sentiments mauvais. Un peu de bonté ne nuit pas à la clairvoyance, et conduit à la tolérance, intime alliée de la justice. »

On voit que l'obligation, de la part des parents et de l'État, de donner à tous une instruction en rapport avec les facultés de chacun, est reconnue par les hommes que leurs travaux ont le plus autorisés à cet égard, soit qu'ils se placent au point de vue scientifique proprement dit, comme Lallemand, soit qu'ils envisagent la question au point de vue social le plus élevé, comme M. Renouard.

L'intime solidarité qui réunit l'éducation à l'instruction, qui rend celle-ci indispensable pour l'acquisition de la première, sans pourtant qu'une bonne éducation soit la conséquence nécessaire et inévitable d'une bonne instruction, cette solidarité ressort des termes mêmes employés par les auteurs que je viens de citer.

§ 4.

Il est impossible d'entrer ici dans les détails qu'exigerait un simple programme de l'éducation dans ses

différentes phases dites *primaire, secondaire* et *supérieure,*
divisions qui, au moins administrativement, peuvent être
conservées ; mais il est impossible d'éviter de signaler
leurs lacunes les plus importantes. Elles résultent déjà de
ce fait, qu'une liaison devrait être établie entre le développement de chaque faculté et la nature des notions correspondantes que l'on veut faire acquérir. Elles résultent
surtout de ce que ces phases ne sont pas ordonnées de
manière que l'une prépare à entrer sans peine dans la
suivante. L'enseignement primaire doit débuter par les
notions de lecture, d'écriture, de dessin, de musique et du
parler des langues étrangères. L'âge où on le fait commencer est, en effet, celui qui correspond au développement
le plus énergique des facultés mimique, orale et écrite.

Toute impression nouvelle causée par un geste, un signe,
un son articulé ou modulé, se trouve répercutée automati-
quement aussitôt que perçue, comme dans les actions
réflexes, et conduit à l'imitation si facile qu'on observe chez
les enfants.

De nombreuses impressions différentes de celles-là
peuvent, en l'absence du signe, du son, amener dans les
organes encéphaliques la répétition dite spontanée des per-
ceptions et des actes intellectuels qu'elles ont déjà suscités.
Cette répétition, qui caractérise la mémoire, est des plus
faciles tant que la nutrition et l'évolution cérébrale sont
actives, et par là fixent en outre ce qui impressionne.

La rénovation moléculaire continue saisit, en quelque
sorte, sur le fait les parties organiques en jeu, et rend
durable le facile retour de leur service. Il suffit donc de
s'astreindre à susciter ces divers ordres d'impressions
d'une manière convenablement ordonnée pour faire apprendre sans difficulté à cet âge la lecture, l'écriture, le
dessin, les langues parlées, la musique. Donnée lorsque

le développement cérébral est achevé, cette instruction
exige, au contraire, des efforts sans nombre, en conduisant
toujours à des résultats bien moins parfaits qu'aux époques
antérieures. Les données précédentes de physiologie
cérébrale ou psychologique s'appliquent en tous points
encore aux impressions causées par le spectacle de tous
les objets et de tous les phénomènes journaliers, tant
cosmologiques et organiques que sociaux, dont nous
sommes entourés.

Quelle que soit la position sociale dans laquelle un
homme se trouve, il ne peut éviter d'être incessamment
mis en relation avec les milieux ambiants représentés par
ces objets et ces phénomènes en voie incessante de modification eux-mêmes. Une partie considérable des termes
de chaque langue se rapporte à la désignation des objets ;
rien donc n'est plus important que de profiter des conditions évolutives favorables ci-dessus indiquées pour, en
temps et lieu convenables, ordonner l'enseignement de
telle sorte qu'en présence de chacun des phénomènes et
objets, l'enfant soit exactement instruit de sa provenance
et de son nom. En d'autres termes, les corps et les phénomènes célestes et atmosphériques, les diverses sortes de
sols, de minéraux, de plantes et d'animaux, que l'enfant
rencontre à chaque pas et que l'on doit lui faire chercher
au besoin, doivent aussi lui être nommés. Ici, comme dans
l'étude des langues, le mot ne doit venir qu'en face de
l'objet, et toujours l'objet doit appeler le mot.

Quiconque a vécu avec les enfants sait que ces noms
et les indications générales sur les caractères distinctifs et
la provenance exacte de ces objets sont retenus par lui,
quel qu'en soit le nombre, aussi aisément que tous les mots
du langage général. Les efforts de réminiscence de ces
termes ne sont plus nécessaires alors dans les années ulté-

rieures ; d'autant sont diminués les efforts qui plus tard
sont inévitables, lorsque les facultés intellectuelles proprement dites sont appelées à envisager scientifiquement tous
ces mêmes objets et phénomènes, soit aux points de vue
divers de leur nature intime, de leur décomposition analytique, soit, au contraire, au point de vue synthétique de
leur formation, ou bien encore sous le rapport de leurs
ressemblances, conduisant à leur classement par déduction
ultérieure, mais aux époques seulement de l'instruction
tant secondaire que supérieure. Il n'est pas de ville ou de
village où ne se trouvent à chaque instant sous les pas des
enfants, à telle ou telle époque de l'année, un nombre suffisant et souvent considérable d'espèces minérales et d'espèces organiques dont la connaissance même sommaire est
utile pour le reste des études et de la vie, et pourtant l'enseignement en laisse négliger absolument l'étude.

Le manque absolu de ce genre d'instruction dans notre
enseignement primaire est des plus déplorables ; car, bien
que des plus nécessaires, comme on l'a vu plus haut, le
jeune âge passe sans que le plus grand nombre des enfants
trouve jamais l'occasion de le recevoir : de là une infériorité
intellectuelle et morale des plus frappantes par rapport à
ceux qui ont pu acquérir ces connaissances.

Sur les enfants, la facilité avec laquelle les impressions
nouvelles laissent des traces durables, que les facultés
d'expression reproduisent aussitôt et transforment en
signes, favorise mieux qu'à tout autre âge l'étude de la
géographie terrestre et hydrographique.

Ses termes, tirés des langues les plus diverses, sont
aisément retenus, quand, ainsi que cela doit toujours
être, les cartes font saisir, d'abord, le siége et l'image
générale des objets, comme montagnes, fleuves, mers,
îles, caps, etc. Chacun peut aisément s'assurer de ce fait

chez les enfants, dès l'âge de huit à dix ans ; cet enseignement ne s'oublie plus, et reste une récréation à côté des autres, quand il est ainsi dirigé.

Cette étude conduit naturellement à celle de l'histoire par l'indication des époques de la découverte de chaque objet terrestre et localité avec les habitants qui s'y trouvent. L'histoire, du reste, ne saurait être apprise sans la connaissance préalable des lieux occupés et parcourus par les civilisations.

Dès cet âge de huit à dix ans ou environ, encore une fois, l'indication du nom du plus grand nombre possible des objets et des phénomènes qui peuvent être présentés à l'enfant doit peu à peu être accompagnée d'indications sur la manière de les observer. L'observation, en effet, ne doit pas se borner à la simple contemplation de l'objet ou du phénomène ; il faut de plus diriger l'attention sur la nécessité de comparer les uns aux autres, soit les caractères principaux d'un même objet, soit cet objet à d'autres, et les phénomènes météorologiques à leurs semblables dont l'existence a déjà été constatée.

§ 5.

Ici, les années employées par les études précédentes, et la nature même des choses étudiées, nous font entrer dans l'instruction secondaire. Par l'étude du langage, l'instruction primaire conduit en premier lieu à l'étude des lettres. Envisagée dans sa plus grande étendue, elle ne saurait être faite sans que de front marche l'étude grammaticale par chacun de sa langue propre et d'une ou de plusieurs langues vivantes que l'enseignement primaire a appris à parler.

2.

Ces études, tant littéraires que grammaticales, rendent faciles celle des langues mortes auxquelles on est forcé de remonter. Elles ne sont difficiles, en réalité, que pour ceux qu'un vice de méthode étrange, bien que maintenu encore, oblige d'étudier le latin et le grec, dès le bas âge, avant d'avoir appris, par expérience sur le langage usuel, ce que sont le parler d'une langue et ses modes, ses temps grammaticaux, etc.

Ces diverses études, aussi bien que celles des détails de la géographie, conduisent inévitablement à donner plus d'extension à l'enseignement de l'histoire, qui réagit à son tour incessamment sur les premiers enseignements de la manière la plus efficace.

L'instruction secondaire ne doit interrompre aucunement les études antérieures de la musique et du dessin, non plus que les acquisitions empiriques et concrètes sur le nom et la provenance générale des phénomènes et des objets météorologiques, minéralogiques, botaniques et zoologiques. Elle devrait les continuer et les développer suivant les aptitudes individuelles, comme couronnement, pour ceux qui, représentant le plus grand nombre, sont, dès que les forces deviennent suffisantes, amenés par leur condition à se consacrer aux arts agricoles, industriels et commerciaux.

Elle devrait en faire d'autre part une introduction à l'enseignement supérieur par les notions, tant scientifiques proprement dites que logiques, soit inductives soit déductives, que donnent les études des années précédentes, notions dont les facultés intellectuelles sont, à cet âge, déjà capables d'ébaucher l'élaboration.

Il est implicitement entendu dans ce qui précède qu'avec l'étude du langage de l'écriture et du dessin, ont été développées continûment les notions de moins en moins élémentaires, de plus en plus abstraites, concernant les figures géométriques, les signes algébriques, avec celles des combinaisons arithmétiques que ces figures et signes servent à expliquer.

L'instruction gratuite et obligatoire, indispensablement commune aux enfants des deux sexes, cesse avec l'enseignement secondaire, en raison de ce que, dans le siècle présent, les nécessités sociales entraînent hors des écoles un trop grand nombre d'individus, dès que, par leur développement individuel, ils ont acquis les forces voulues pour les travaux manuels nécessaires à la réalisation des conditions permanentes de l'existence nutritive.

§ 6.

Le plus petit nombre est conduit à l'instruction supérieure volontairement recherchée, faisant suite à la précédente et préparée par elle ; elle comprend l'étude abstraite et concrète dans l'ordre le plus élevé d'une ou de plusieurs des sciences fondamentales, savoir :

1° La mathématique avec ses dérivés concrets et artistiques ou bien industriels d'ordre mécanique, géométrique, etc.

2° L'astronomie mathématique et physique avec ses dérivés concrets et industriels concernant notre globe, le seul directement abordable par l'homme, c'est-à-dire la géologie avec les diverses branches hydrographiques et météorologiques.

3° La physique et ses nombreuses branches, en tant que sciences concrètes, avec leurs dérivés esthétiques et industriels.

4° La chimie avec ses dérivés, au moins aussi nombreux que ceux de la physique.

5° La biologie abstraite et concrète, dont les dérivés agricoles, zootechniques, anthropologiques, médicaux, pharmaceutiques, etc., sont plus nombreux et plus compliqués encore.

6° Enfin la sociologie, avec les divers enseignements abstraits et concrets qui s'y rattachent, depuis l'histoire en général, le droit, la philosophie, la morale, jusqu'aux belles-lettres et aux beaux-arts, etc.

Toutes les notions fondamentales qui font le sujet de cet ordre d'instruction, exigent que toutes les facultés intellectuels et morales soient apparues chez celui qui aborde telle ou telle de ces branches.

Il ne faudrait pas croire, d'après ces indications, que les données précédentes constituent un programme d'enseignement destiné à faire des savants : il ne comprend, en effet, que l'exposé des clartés de la science à chaque époque donnée. Le savant est celui qui, par observation, épreuve et contre-épreuve, donne la démonstration de la vérité des suppositions ou hypothèses qu'il a faites sur la nature réelle des corps ou des phénomènes.

Il y a, comme on le voit, un abîme entre la clarté des notions acquises, que chacun doit connaître, et les conceptions de plus en plus profondes sur la nature des choses, dont les savants cherchent à prouver l'exactitude à cet égard. On peut apprendre à un autre ce que sont ces lumières et les procédés toujours perfectibles à l'aide desquels on en constate la réalité ; mais ces conceptions et les voies à suivre pour en démontrer l'exactitude ne s'enseignent pas. Delà vient que presque toujours le savant sort du milieu de ceux dont l'éducation a été imparfaite ou irrégulière au point de vue officiel, et reste inévitablement un original devant le plus grand nombre.

C'est qu'en effet, ses conceptions et ses procédés de

démonstration lui sont propres et personnels, quant à leur origine, mais non tirés des choses connues qu'il s'agit de vulgariser pour l'instruction générale. Cette rapide indication suffit pour faire sentir ce qui existe déjà et ce qui manque, touchant les divers ordres d'instruction, dans l'enseignement actuel.

Elle fait comprendre quelles sont les modifications à faire à ce dernier, tant par suppressions que par additions accomplies graduellement et sans rupture avec le passé. Ces modifications, quelque importantes et urgentes qu'elles soient, pourraient se faire en peu d'années sans difficulté avec l'enseignement gratuit et obligatoire d'une part pour les instructions primaire et secondaire, et avec son complément, l'enseignement libre, dans les trois ordres. De précieux renseignements existent déjà à l'égard des détails dans les publications de MM. Breal, Sabatier, Paul Bert, Lafargue, Picot, de Fontpertuis, etc.

Pour revenir aux généralités et résumer ce qui précède, nous voyons, en somme, que, dans la première enfance, l'homme observe d'une manière absolue surtout les êtres, les objets, et que c'est ce qui lui doit être offert avec les termes qui les désignent, sans le détourner des conceptions fétichiques et des fables par lesquelles il explique les phénomènes qui le frappent.

Déjà, dans la deuxième enfance, ces phénomènes le frappent, et son intelligence peut saisir en quoi leurs manifestations sont liées à l'existence des objets, à telle ou telle substance, et comment leur inséparabilité y constitue des individualités, sans intervention de puissances extérieures. Mais ce n'est, en fait, que de quatorze à vingt ans qu'on saisit graduellement la notion de lois, depuis celles qui concernent le cours des astres jusqu'à celles de la biologie et de la sociologie.

Alors déjà, l'homme peut sentir quelles sont les conditions d'existence de la famille et quelle est la nature des devoirs réciproques qu'elle implique, depuis la paternité, la maternité et la fraternité, jusqu'à la domesticité ; comment la notion du devoir, notion d'ordre moral, conduit à régler l'usage de la force matérielle, dont l'accroissement pousse à la violence ; il pourra voir comment la fortune est une charge ou fonction sociale imposant des obligations comme toute autre fonction. Il comprendra qu'alors même que l'homme a acquis cette fortune, et à plus forte raison s'il en hérite, il a reçu de la société plus qu'il ne lui donne intellectuellement et matériellement. Il verra encore sans danger pour son esprit que la morale, fondée sur l'ensemble de ces notions, s'affermit par la discussion, tandis que les théologies ne peuvent la supporter, nulle n'y résistant, justement parce qu'il n'y a pas d'actions auxquelles elles ne prêtent leurs pardons, pourvu qu'on soit croyant et pratiquant, ou tout au moins qu'on dise l'être.

En fait, jusqu'à vingt et un ans, l'homme reste sous la tutelle de la famille, alors même que, par l'apprentissage professionnel, il s'exerce déjà au côté actif et matériel de la vie sociale, qui bientôt deviendra pour lui un devoir : car l'humanité le nourrit encore, et il ne lui rend pas alors ce qu'il lui coûte, à la charge de le lui rendre ensuite.

A ce point de vue, en effet, l'éducation comme l'instruction doivent conduire finalement tout homme à choisir une profession, et à se soumettre à toutes les nécessités de l'apprentissage qu'implique la pratique de celle-ci, qu'elle doive ou non être continuée par la suite. Le retour intellectuel sur toutes les choses apprises théoriquement jusque-là, qu'exige l'examen de leurs combinaisons dans les applications professionnelles, devient un puissant moyen de

vérification de leur valeur, un complément de la plus
grande portée, au point de vue du développement des facultés sensorielles et intellectuelles surtout, et morales même.
Par là seulement, nous pouvons apprendre directement
que le véritable criterium du savoir est l'opportunité dans
l'action, et comment il se fait que, durant toutes les phases
de l'évolution sociale, le danger dans les transitions vient
de ceux qui vivent sans rien faire, autant que de ceux qui
ne savent pas.

Dans cette seconde édition de l'*Éducation positive*,
M. Bourdet, malgré les nombreux changements qu'il a
introduits, n'en est pas moins resté fidèle à la doctrine
soutenue et défendue honorablement par lui depuis plus
de vingt ans. C'est qu'en effet, le positivisme est moins un
dogme à part qu'une simple application sociale des procédés scientifiques ; c'est une méthode non pas nouvelle mais
complète, qui fait rentrer dans la conception que nous
pouvions avoir de l'univers et de notre monde tous les
phénomènes accessibles à nos moyens d'investigation.

Si le positivisme exclut systématiquement de ses recherches et de son cadre les questions dites spiritualistes ou
surnaturelles, ce n'est pas qu'il nie l'intérêt philosophique
des études qui partent de l'absolu et de l'infini, et qui n'en
sortent, par les efforts de l'esprit humain, que pour y
rentrer, mais sans jamais nous satisfaire par une solution
quelconque, sauf celle d'une révélation théologique illu-
soire.

Il est, en effet, devenu évident pour tous que ces études,
qui appartiennent au régime épuisé de la métaphysique,
sont, par leur essence même, en dehors des moyens
uniques d'action reconnus par la science, l'expérience,
l'observation, la comparaison et le raisonnement ; il est
donc interdit absolument aux savants de les accepter, en

raison surtout de la nullité, et même du danger, pour la société et la morale, des résultats auxquels conduit de nos jours la continuation de ce régime.

Mais ceux-là se trompent étrangement qui s'imaginent que la besogne humaine est imparfaite parce qu'elle se borne aux notions positives, aux acquisitions des six sciences fondamentales et aux applications qui en résultent à notre destinée. Tout est complet sinon parfait dans le positivisme; pas une découverte n'est possible qui n'y trouve sa place hiérarchique; pas un progrès n'est réalisable sans subir l'épreuve de ses procédés de classement; pas une vérité n'est acceptée si elle prétend échapper aux vérifications expérimentales incessamment renouvelables qui constituent le positivisme dans sa force indéniable, à l'opposé des incertitudes que provoque sans cesse le régime théologico-métaphysique.

Dans cette édition nouvelle, l'auteur présente plutôt l'encyclopédie et la sommaire synthèse de la doctrine que les divisions didactiques et les détails scolaires de l'éducation positive; mais, sous cette forme, qui trace la route à suivre par qui a charge d'âme, le livre mérite d'être lu avec la patiente bonne volonté qu'exigent les grands et sérieux sujets de ce temps difficile.

CH. ROBIN.

PRINCIPES
D'ÉDUCATION POSITIVE

CHAPITRE PREMIER

Exposé sommaire de la philosophie positive.

Le nom de « la philosophie positive » est aussi connu aujourd'hui que le fond en est ignoré, et l'on a pu dire sans étrangeté que c'est aux attaques dont elle est l'objet que cette philosophie doit sa publicité.

Il est vrai que la seule critique, si elle était sincère, suffirait à une vulgarisation encore nécessaire et aurait une importance qu'on ne saurait méconnaître ; mais la mauvaise foi, le parti pris, l'ignorance intolérante, remplacent trop souvent les procédés d'une polémique honnête, éclairée et par suite utile : c'est pourquoi, sans exposer ici d'une manière complète les éléments de cette philosophie, sans recourir aux formes de l'enseignement didactique, nous donnons d'abord à nos lecteurs l'esquisse rapide, les traits généraux d'une doctrine appelée, nous n'en doutons pas, à tenir une grande place dans le monde des idées et des faits de notre époque.

Contrairement aux doctrines qui se succèdent avec plus de bruit que de lumière, s'injuriant réciproquement et voulant dominer avec absolutisme, la philosophie positive ne veut aucune place, ne demande aucun rang dans la grande bataille que les spéculations philosophiques se livrent depuis tant d'années sur le terrain de l'humanité. C'est par sa position indépendante qu'elle prétend dominer l'anarchie intellectuelle, et du haut retranchement de la science, comme d'un sommet tranquille et serein, qu'elle veut contempler les luttes des partis : elle n'est ni radicale, ni conservatrice, ni protestante, ni catholique. Elle ne sort pas de toutes pièces d'un laboratoire, ni d'une formule mathématique; mais elle est le résumé de toutes les sciences qu'elle pratique avec impartialité. ne rejetant pas le passé en bloc, sous le prétexte insuffisant qu'il est le passé, admettant au contraire sa valeur et son utilité relatives. Elle reconnaît qu'on ne doit retrancher du cours des âges aucun événement sans l'étudier, aucune époque sans la discuter, et qu'il faut enregistrer tous les résultats légués par les siècles antérieurs, comme ayant leur rang utile dans l'évolution même contemporaine qui en hérite avec reconnaissance.

Le développement de l'individu est en corrélation avec le développement du monde extérieur. L'homme grandit et s'élève à mesure que le milieu s'élargit : la terre fouillée, la nature transformée par l'industrie, l'Océan traversé par la vapeur et l'électricité, tout cela procure autant de profits intellectuels que matériels à la collectivité humaine, et la réaction se faisant avec réciprocité entre l'être humain et le monde, il se produit entre nous et les choses une véritable solidarité organique qui fait le point d'appui principal de la philosophie positive.

Cette dernière procède donc de l'observation et de l'expérience, et tout en tenant compte des hypothèses et des prétendues révélations qui guidèrent les hommes avant qu'ils pussent se fier à la science et se diriger d'après ses principes, elle s'en tient strictement aux lois constatées dont l'origine est dans les phénomènes observables. C'est seulement devant les causes premières et dernières qu'elle s'arrête ; elle renonce systématiquement à s'en occuper, parce que ces causes, refoulées toutes deux dans l'infini, sont inabordables, ne donnent prise à aucun moyen d'investigation, et resteront à jamais aussi inconnues qu'incognoscibles.

Cela ne veut pas dire que l'absolu et l'infini, dans lesquels les causes premières et dernières vont se perdre, n'existent pas : nous ne méconnaissons pas ce besoin de rencontrer une solution à ces questions suprêmes du commencement et de la fin des choses ; mais l'homme se livre en vain à des rêves qui flattent ses sens comme à des espérances qui trompent un instant ses douleurs. Il n'a pour voyager sur cette mer sans rivages « ni barque, ni voile, » et s'il n'a pas assez de ce doute non sans charmes dans lequel le sage et le poëte s'enveloppent, avant de se livrer à « cet océan de l'infini, » ce n'est pas à la philosophie positive qu'il doit demander une impossible démonstration : c'est à lui-même, aux religions du passé, à la révélation religieuse qu'il doit s'adresser ; alors son égoïsme vivra par l'espérance d'un paradis, et il laissera ce monde « aller comme il peut » entre une Providence arbitraire et une fatalité inexorable.

L'homme n'a point systématisé ses connaissances avant d'avoir parcouru les diverses phases de la vie instinctive, sentimentale et intellectuelle. Depuis les premiers besoins d'alimentation et de reproduction jusqu'aux plus hardies conceptions de son esprit sur le monde et sur lui-même, l'homme ne retrouve rien de plus que la notion de ces diverses phases de son évolution; il ne voit que les efforts de sa race à travers les résistances de la nature pour élever incessamment l'individu privé et collectif sur l'échelle du progrès, lequel n'a été annoncé par aucune révélation et n'est que le produit accumulé du travail humain.

C'est ainsi que l'histoire déroulée sous nos yeux ne nous apparaît plus comme un tableau simplement chronologique d'événements sans liaison, de progrès fortuits, de perversités incompréhensibles ou de dévouements extraordinaires. Désormais la Providence n'est pas plus féconde en générosités arbitraires qu'en sévérités inexorables, et l'histoire est considérée comme ayant un développement déterminé par l'état cérébral de l'homme, par son activité vis-à-vis du monde tel qu'il se présente. Elle prend rang dans la série des sciences qui représentent les acquisitions successives de l'humanité ; elle se place à côté de la biologie, dont elle émane comme la fonction émane de l'organe.

Dès lors s'amoindrissent ces questions irritantes autant qu'inutiles du libre arbitre plus ou moins absolu ou de son assujettissement à une volonté extraterrestre, questions qui, mal posées et soutenues sans franchise, ont fait couler des flots d'encre ou des flots de sang, selon les temps et les lieux. Le libre arbitre subit les lois de la vie comme l'individu subit les transformations de l'âge; le libre arbitre de telle époque n'est pas celui de telle autre, non plus que l'enfance n'est la maturité, et de même que des modifications accidentelles dans le cours physiologique de l'existence ne font qu'en contrarier les fonctions, qui reviennent bientôt à l'état normal, ainsi les maladies intellectuelles, les perversités et les crimes de certains hommes ou leurs brillantes qualités ne font que gêner ou hâter les évolutions logiques et forcées de l'histoire, sans jamais infirmer les conditions de son développement. Rattacher l'histoire, ou science de l'être collectif, à la biologie, science des individus en particulier, c'est compléter les degrés d'une échelle où se montrent d'abord les notions primitives de l'humanité, et en haut les lois qui dominent aujourd'hui nos destinées.

On comprend pourquoi la philosophie positive, héritière et gardienne de tout le savoir humain, se présente pour tenter de remplacer les conceptions antérieures sur le monde et sur l'homme par les lois qu'elle a découvertes.

La biologie, qui est, comme nous venons de le voir, le point d'appui de l'histoire, est une conquête moderne; c'est une conquête nouvelle qui ne pouvait être faite qu'à son heure, avec l'aide des sciences qui la précèdent dans l'ordre chronologique comme dans l'ordre logique. Elle n'est en effet science positive qu'autant qu'elle emprunte à la mécanique, à la physique, à la chimie, qui y touchent, les éléments qui entrent dans sa constitution.

Le détail comme l'ensemble, l'analyse et la synthèse des choses vivantes, l'étude de l'organe et de sa fonction, tout relève inexorablement des connaissances mathématiques et physico-chimiques; car la forme, le nombre, le poids, les rapports et les réactions réciproques des parties sont incompréhensibles à quiconque manque des données scienfiques dont nous venons de parler.

La vie organique n'existe pas sans la présence et l'union de plusieurs principes élémentaires, mais quatre d'entre eux suffisent à constituer quelque chose d'animé.

Beaucoup d'êtres vivants sont composés uniquement

d'oxygène, d'hydrogène de carbone et d'azote; les plus compliqués, comme l'homme, possèdent en plus cinq ou six corps simples, comme le soufre, le phosphore, le fer, le potassium, le calcium, le sodium.

Veut-on prétendre que la matière organisée ne se suffit pas à elle-même, qu'il existe par exemple une matière sans propriétés ou des propriétés sans matière : on est réduit à invoquer des causes impalpables, intangibles, surnaturelles, à faire, en un mot, de la métaphysique plus ou moins théologique, à l'occasion de laquelle Newton disait, avant de songer à traduire l'Apocalypse : « O physique, méfie-toi de la métaphysique. »

Ainsi que nous le verrons, toutes les sciences, après avoir vécu isolément et sans action directe sur l'ensemble des intérêts humains, n'en font plus qu'une aujourd'hui. La conception positive ouvre de l'une sur l'autre des communications non plus arbitraires, mais logiques ; on peut, dans leur large domaine, aller, venir, descendre, remonter, passer de la sociologie à l'étude de la physique sans rencontrer d'obscurités, ajouter à une science une découverte, déplacer un détail, confirmer ou rejeter une expérience, mais tout cela sans sortir de la philosophie, qui réunit à tout jamais les rameaux épars de la science universelle en un arbre unique.

Ainsi, dans la pratique comme dans la spéculation pure, tout doit converger vers l'unité scientifique, afin d'exclure les tendances spéciales, que, sans détriment de l'ensemble solidaire des choses, on ne peut conserver désormais. La science, devenue générale par le concours inconscient des hommes autant que par l'évolution des choses, remplace donc les religions et les philosophies d'autrefois, fournissant mieux que ces dernières sur le monde et sur l'homme une explication d'ensemble dans laquelle sont compris une morale et un enseignement applicables à tous les besoins sociaux.

Si Auguste Comte est le chef de la philosophie positive, c'est que, venant après Galilée, Descartes, Lavoisier, Bichat et tous ces grands hommes dont le génie puissant ouvrit à l'humanité des horizons nouveaux, il sut rapporter leurs travaux à un ensemble conçu par lui, compléter leurs découvertes en les reliant les unes aux autres, et les rendre ainsi plus efficaces.

Avec la libre pensée inaugurée dans la philosophie par Descartes, avec l'indépendance astronomique conquise par Galilée, avec la grande synthèse physique de Newton, avec la notion exacte de l'organisme due à Bichat, de nouvelles forces étaient acquises au monde social, de nouvelles voies où s'engagèrent les sociétés. Le protestantisme avait secoué le régime autoritaire immobilisé dans la tradition, la renaissance s'était emparée de l'antiquité pour en faire réapparaître les qualités esthétiques et la haute moralité relative dans la famille et dans la patrie.

Le xviiie siècle, en France, n'étant pas entravé par le dernier rempart du régime théologique, qui, sous le nom de protestantisme, protége en ce moment encore les religions défaillantes de l'Europe, vit incliner notre nation vers l'athéisme.

Voltaire, aujourd'hui réclamé par les désespérés de la théocratie, comme ayant au moins professé le déisme, n'en a pas moins le mérite d'avoir, par sa critique judicieuse, aimable, spirituelle, mordante, amie de la tolérance et de l'humanité, ruiné la superstition catholique, et concouru indirectement à la préparation de l'ère moderne.

Mais aujourd'hui l'œuvre de Voltaire, toute de négation ou de destruction, n'est plus à refaire. Ce serait un anachronisme autant qu'une faute de combattre par l'injure ou l'ironie un ordre de choses impuissant, sans nouvelle influence, mais qui, par cela même qu'il a existé et conduit l'esprit humain, ne peut être considéré comme une erreur absolue. Il faut d'ailleurs, ici, faire la remarque que les religions, qui ne sont jamais en elles-mêmes ni fausses ni vraies devant la philosophie, ne constituent pas par elles-mêmes le régime appelé théologique.

Les religions sont choses sentimentales et non pas rationnelles, surtout dans le début; de sorte que le fétichisme, la zoolâtrie, l'astrolâtrie, n'ont pas fourni le vrai régime théologique, lequel, dans les religions avancées, tient sous sa dépendance les mœurs, l'éducation et la politique sociale. Le travail de l'esprit créateur de la théologie débute historiquement avec le polythéisme gallo-romain, et la durée de ce polythéisme, jusqu'à la synthèse monothéiste, fut pour l'humanité aussi glorieuse que profitable : mais l'inféodation des intelligences au surnaturel devait céder devant les progrès de la science, qui réduit les phénomènes aux lois permanentes accumulées par l'observation, dédaigne les trompeuses tendances de l'imagination aux prises avec l'inexplicable infini.

La philosophie positive n'est ni conservatrice, ni révolutionnaire, ni spiritualiste, ni matérialiste; elle est la science, c'est-à-dire l'ennemie du surnaturel et l'adversaire des religions, qu'elle veut remplacer socialement. Si elle fait opposition à l'athéisme aussi bien qu'à la théologie, c'est que pour elle l'athée et le théologien se ressemblent et s'unissent dans l'inacceptable prétention d'expliquer l'inexplicable, c'est-à-dire les causes premières et dernières.

Démocrite, Épicure et Lucrèce avec leurs atomes, aussi bien que Descartes avec ses tourbillons et Leibnitz avec ses monades, veulent se rendre compte de la formation des choses ; or, avec toutes leurs hypothèses invérifiables, ni les uns ni les autres n'arrivent à une certitude positive. Quant à ceux qui nous infligent leur Dieu extérieur, rémunérateur et vengeur, despote autocrate, arbitraire en ses décrets, omnipotent et inévitable, il n'y aurait pas lieu de les combattre s'ils se maintenaient dans les théories abstraites, et supposaient seulement que les événements ont pour principe et pour sanction leur Dieu-Providence, sans interpréter par eux-mêmes les volontés et les vues, et les appliquer ; mais cela leur est impossible.

D'ailleurs tout contredit désormais le pouvoir de la théocratie en face de la science. D'un côté sont les lois immanentes, les vérifications et les découvertes ; de l'autre l'hypothèse transcendante, l'essor vers l'infini et l'inconnu, qu'on voudrait ramener aux proportions du connu et faire peser sur nous, alors qu'il échappe sans cesse par sa contradiction avec le réel. La science qui attaque la nature pour la faire servir au bien-être de tous, qui arrête les faits au passage pour leur donner une place dans notre esprit ; la science qui se résigne devant les limites de l'intelligence et qui « voit encore avec admiration « les mondes portés sur l'abîme de l'espace, comme la « vie portée sur l'abîme du temps, » la science voit partout des citoyens et des frères ; des collaborateurs et des égaux, elle ne connaît ni élus, ni réprouvés. — Ce que nous avons gagné dans ce siècle présent sur l'intolérance religieuse mérite d'être noté : les mêmes lois civiles et politiques s'imposent aujourd'hui en Europe aux protestants, aux juifs, aux musulmans, aux déistes, aux catholiques, aux panthéistes et aux athées ; mais ce qui favorise le mieux la philosophie positive, c'est l'insuffisance

1.

avérée de ses adversaires sur toutes les questions pen-
dantes.

Un doute universel envahit les âmes, qui demandent en
vain à une décevante philosophie religieuse ce que la
philosophie positive peut seule donner : la religion qui
fait de la mort le but de la vie, qui nous promet un paradis insipide ou un enfer monstrueux, n'a plus d'encouragement à offrir à la lutte pour l'existence. La science procède autrement : elle fonde l'utile sur le vrai, elle charme
la pensée dans ses voyages à travers le savoir humain ;
elle nous montre l'univers avec les austérités comme avec
les encouragements qu'il présente ; elle nous fait échapper à cet égoïsme signalé par le poëte, qui assiste impuissant mais tranquille aux efforts des naufragés ; elle signale
les vrais besoins de l'humanité, et son intervention est
pleine d'opportunité lorsqu'elle constate la décadence des
régimes théocratique et métaphysique, tous deux incapables de nous satisfaire moralement et matériellement.
L'écart de l'esprit moderne avec le passé est, en effet, de
plus en plus grand. L'industrie et le travail nécessaires
à la densité des populations impriment aux efforts humains une direction positive qui ne s'accorde plus avec
les béates promesses de compensation extraterrestre.
Puisqu'il nous faut vivre sous la dure loi de la concurrence, c'est à la science qu'il faut nous adresser pour
obtenir de sa prévoyance et de ses lumières la protection, les garanties et l'impartiale adoption de nos intérêts
collectifs et privés : au seul point de vue de l'esprit, la
sincérité même ne fait plus que hâter la défaite des théologiens. Le type providentiel qu'ils conçoivent et nous
proposent est si loin de l'humaine nature, qu'il échappe à
notre poursuite imitative : l'idéal devient alors tellement
impersonnel, qu'il va se perdre dans l'ensemble des lois

abstraites et irréductibles, que nous jugeons les seules nécessaires.

Toute doctrine qui veut conquérir les intelligences doit se rattacher aux acquisitions déjà faites. Les innovations les plus modestes, qui sont sans racines dans le passé, dans la science ou dans les besoins de l'esprit humain, sont sans importance et demeurent comme non avenues. Sous ce point de vue, la philosophie positive satisfait à toutes les exigences logiques. Mais dans toute doctrine il y a deux choses, la méthode et les faits : la première consiste pour nous dans l'observation, l'expérience et l'induction ; les seconds sont les phénomènes naturels et spontanés, tels qu'ils se présentent. Par la méthode, nous avons une sorte d'outil qui trace les linéaments, le point de départ et l'aboutissant de chaque question ; il n'y a, dès lors, aucune déception, aucune contradiction à redouter ; à toute occasion la méthode reprend son travail, vérifie à nouveau les faits, les accepte s'ils sont conformes aux conditions qui la représentent, et les repousse dans le cas contraire. Pour arriver à donner des conclusions positives dans les questions politiques et sociales, nous fournissons les mêmes garanties que pour les résultats dus aux sciences antérieures, par le double motif que d'abord les mêmes procédés d'expérience et d'observation nous auront conduits, et qu'ensuite ces sciences premières nous conduisent seules vers la dernière. La biologie prête uniquement à la sociologie les moyens de se constituer, la trame de l'histoire n'étant faite que par les notions de l'homme physique et moral.

Cette histoire nous offre partout une même évolution spéciale : elle nous montre les diverses agglomérations humaines traversant toujours les phases du fétichisme, de la théocratie et enfin de la science. On se révolte en vain contre cette vérité ; on soutient que les sociétés ne peuvent vivre sans les principes théocratiques, seuls capables de fournir le souffle moral. Ici, nous répondons que ces principes n'ont rien de certain et qu'en particulier, depuis la fin du moyen âge, où les gouvernements civils, avec l'esprit régnant des populations, n'ont pas cessé de saper le pouvoir de la théocratie, il n'y a pas eu le moindre abaissement de la moralité, mais au contraire une amélioration des mœurs, soit privées, soit publiques, soit internationales. Depuis cette époque, les guerres sont moins féroces, la justice a diminué ses rigueurs en éloignant systématiquement les tortures ; on a mieux réparti les charges sociales et mieux compris la solidarité des citoyens et les moyens de protection réciproque ; la condition des femmes, des enfants et des infirmes a été l'objet de sollicitudes plus éclairées : tout cela pendant qu'un pouvoir plus dégagé de croyances au surnaturel succédait à la puissance sacerdotale, et que ce pouvoir devenait essentiellement laïque et temporel.

Jusqu'à présent, dans chaque Église, les prêtres avaient représenté le personnel enseignant du genre humain ; depuis ceux d'entre eux qui faisaient parler les entrailles des victimes jusqu'à ceux qui, avec privilége et monopole, interprètent les textes dits révélés ; mais le régime social du nouveau monde n'accepte plus leur intervention ; la science agit seule à l'exclusion des mystères, des miracles et des sanctions paradisiaques ou infernales, et nous pratiquons la vie avec nos lumières progressives plus moralement que jadis.

Il n'en coûte rien à la philosophie positive d'avouer que le christianisme a noblement introduit sur la terre le fécond dogme de l'universelle charité fraternelle, et qu'il n'a pas en vain prêché l'amour entre les hommes, l'assistance au prochain, la charité aux faibles; mais il ne s'est pas élevé jusqu'au sentiment très-différent, qui est l'amour de l'humanité, sentiment qui relie chacun aux destinées de tous et voit dans le genre humain un seul être collectif, vivant de sa propre vie, nous donnant la joie de ses triomphes, la douleur de ses revers, un besoin de collaboration à ses efforts et une série continue d'émotions solidaires de tous avec chacun et de chacun avec tous.

Notre place dans les mondes planétaires n'est plus celle que la tradition nous accordait. Elle est bien plus humble; ce n'est plus pour nous que les astres évoluent dans l'infini, l'atome humain ressemble à toutes les créatures que dédaignait son orgueil; mais l'homme n'a rien perdu, car une confiante adhésion à des lois fixes et permanentes lui donne une force qui défie l'arbitraire et le surnaturel : il trouve dans ces lois des garanties pour lui et ses descendants, et apprend d'elles une résignation impossible devant une Providence qui distribue le mal d'une façon plus large que le bien. Dénoncée comme subversive de la société et de la morale, la philosophie positive renvoie aux théologiens les accusations qu'ils profèrent. Elle prouve que ses proselytes lui arrivent sans provocation, détachés qu'ils sont spontanément des anciennes croyances, affligés de leur isolement, découragés dans le vide de leur âme, et demandant à la science un refuge, une consolation, une espérance. Quelle que soit la complexité de l'histoire, en dépit des difficultés qu'elle présente aux investigations laborieuses qui cherchent le progrès, on y reconnaît une incessante accumulation de procédés et de théories s'étendant à l'industrie, aux arts, à la morale et au bien-être collectif. Cette extension chronologique se mesure par des dégrés dont l'importance n'échappe à aucun de ceux qui s'occupent soit des sciences spéciales, soit de la grande science unitaire.

Envisagée dans le temps ou dans l'espace, la grande famille humaine montre par ses groupes divers une marche incessamment progressive sans banal optimisme. Le globe nous est aujourd'hui assez connu pour que chaque population puisse subir un examen et un classement. Au premier plan sont les nations civilisées de l'Europe et leurs essaims, en Amérique et en Australie : au second plan, tous les musulmans. Ensuite les Chinois, les Indiens et les Japonais; après eux, les peuplades nègres de l'intérieur de l'Afrique, puis les Peaux-Rouges des Amériques. Enfin, et au dernier rang, les sauvages de la Nouvelle-Hollande. La notion fournie par cette série, c'est l'absorption graduelle des êtres arriérés par les plus civilisés. On peut compter maintenant les rares représentants des sauvages américains ou australiens, auxquels le terrain non plus que l'indépendance relative ne manquèrent pas, mais qui ne purent supporter le voisinage trop substantiel des civilisés. Les peuples jaunes se sont mieux défendus en raison de leur densité, comme les nègres, à cause de leur bonne constitution; mais on ne saurait oublier les tristes conditions de leur concurrence, leur outillage industriel si rudimentaire, leur vocabulaire restreint. leurs idées encore fétichiques.

Vues sur les pentes du temps, les nations semblent encore placées selon des degrés de développement hiérarchique. Les Gaulois nos pères n'étaient déjà plus des sauvages il y a 2,000 ans, mais des barbares; ils ne fabriquaient pas le fer, ils ne connaissaient pas l'écriture et se transmettaient oralement leurs dogmes, leurs coutumes, leurs traditions. Mais ce type des Gaulois n'est représenté dans la société ancienne que par les Grecs du temps d'Homère, c'est-à-dire par des peuples d'il y a 3,000 ans. Les nations modernes sont filles du moyen âge, qui vient de la décomposition du monde romain, comme le monde romain procède de la Grèce, et la Grèce de l'empire d'Assyrie, et celui-ci de l'Egypte. Une évidente élévation résulte de cette superposition historique. L'Orient est resté en arrière, dominé par l'élément gréco-romain. A notre époque, la race d'Europe l'emporte par les résultats effectifs; dix-huit cents ans ont suffi à épuiser la notion utile du monothéisme succédant au polythéisme dont se contentait une antiquité ingénieuse, et dont nous sourions de voir aujourd'hui le Japon, l'Inde et la Chine accepter les restes. Nous ne prenons plus pour l'histoire le récit des événements qui se passent entre les peuples ou chez les peuples, mais la recherche systématique des conditions par lesquelles les diverses sociétés se sont succédé selon un ordre déterminé. Les événements perdent alors leur importance, dominés qu'ils sont dans l'évolution humaine par les lois qui la constituent. Sans doute les passions, toujours puissantes, et les intérêts momentanés interviennent et modifient en bien ou en mal la marche normale des choses, mais ils ne l'empêchent pas. L'histoire peut enregistrer des encouragements ou des protestations, distribuer le blâme ou l'éloge, la renommée, la gloire; mais rien n'entrave la résultante nécessaire des forces de l'organisme social vers un but commun et progressif, qu'il s'agit de reconnaître et de signaler comme étant la loi, c'est-à-dire le vrai et le bon ainsi que le beau, splendeur du vrai. C'est en vain que l'intolérance théologique s'en prend à notre orgueil, parce que nous envisageons les croyances comme autant de phénomènes transitoires, utiles d'abord, inféconds ensuite , enfin hostiles et dangereux par leur présence obstinée. La haine des théologiens correspond à l'immobilité dogmatique où s'enferment les prêtres de chaque religion se refusant à toute transaction.

Souvent dupes d'eux-mêmes et de leur imagination, ils ressemblent à ces maîtres en prestidigitation qui simulent une surprise joyeuse, quand ils exhibent aux yeux du vulgaire des objets du fond d'un sac où la prévoyance métaphysique les avait déposés. Mais si, au lieu de partir de l'homme pour aller vers le monde, ils commençaient par l'étude patiente des faits cosmiques, ils en verraient bientôt les lois étroitement superposées, et reconnaîtraient qu'ils n'y a pas moyen d'intercaler entre les faits le moindre arbitraire divin, la plus petite action surnaturelle; ils observeraient, ils expérimenteraient, ils n'inventeraient plus. Jusque-là, ils ne sont pas les juges compétents de la philosophie positive, ils ne peuvent décider qu'elle manque à la morale, à l'idéal et au respect d'une cause suprême dans un ciel inconnu. Elle n'offense personne et s'inquiète fort peu qu'on la prenne en pitié : nous constatons que l'homme est peu de chose en ce monde, mais au moins qu'il ne dépend pas d'un arbitraire providentiel ; et ce que les théologiens ne peuvent nous pardonner, c'est d'avoir affirmé la grandeur de ces lois éternelles, dont le caprice divin n'interrompra plus le cours depuis que nous avons défendu au miracle d'intervenir et au surnaturel de nous entraver.

S'il y a orgueil de l'intelligence, c'est du côté de ceux qui insistent sur une croyance sans preuves, sur une doctrine créée sans matériaux et sans rapports avec les choses.

Pour ceux qui n'admettent rien sans démonstration et n'ajoutent rien de leur fonds pour remplacer ce qui ne se prouve pas, ils n'ont rien à changer à leur situation, ils se maintiendront au-dessus des menaces, des anathèmes et des dénonciations.

Nous ne connaissons rien dans la philosophie positive qui ne soit fourni par les procédés de la science ; c'est pourquoi nous resterons toujours fidèles à ces procédés, contrairement à nos adversaires, qui, sciemment ou non, s'en écartent. La logique, science des formes de la pensée, étude intellectuelle des conditions psychiques par où passent nos connaissances, distingue partout l'objet et le sujet. La manière d'être de l'objet ne variant jamais, et la manière de l'étudier restant la même, il faut suivre les lois qui constituent leurs rapports ; mais la logique, qui est indépendante des réalités, peut fonctionner à vide, comme on l'a vu sous le long règne du syllogisme scolastique : elle ne recevait alors que des figures, et ne rendait que des figures. Dans les sciences où les faits ne sont pas au complet, le jeu de la logique est en défaut, il y a perturbation et chance d'erreur ; car d'un côté la rigueur de l'exercice logique est inexorable, et de l'autre les hypothèses étant traitées comme des réalités, le vrai se trouve identifié avec le vraisemblable, ou bien on invoque des forces et des entités, autant d'artifices qui vous rapprochent des explications par la théologie et le surnaturel.

On a considéré à tort les mathématiques comme appartenant à la logique ; s'il en était ainsi, les autres sciences ne pourraient les accepter parmi elles, et surtout à leur tête ; les mathématiques ne sont pas de simples vérités innées, consacrées par les diverses formes de l'entendement : leurs axiomes ne dérivent pas de l'idéalité métaphysique, c'est une expérience positive qui les fournit, et si cette expérience se confond avec l'intuition, c'est parce qu'elle se fait vivement et incessamment ; mais elle n'en est pas moins très-réelle et concrète.

Nous devons à Stuart Mill, l'illustre et regrettable penseur, ancien ami d'A. Comte, la démonstration du point de départ expérimental de la science mathématique.

La logique s'incorpore forcément à tout travail consistant à la fois dans la recherche des propriétés de la matière et dans l'énumération de ses lois ; il faut donc posséder la puissance matérielle et la puissance du raisonnement, dualité de forces qui correspond à la pratique et à la théorie, aux choses abstraites et concrètes, et qui, malgré les difficultés de l'acquisition de nos connaissances analytiques et synthétiques, n'a pas cessé de se rencontrer parallèlement en nous.

Tous les âges sont unis par une suite de causes et d'effets ; c'est le fait de l'enchaînement et de la filiation logique des phénomènes. Le monde présent est fils du passé et père de l'avenir ; chaque siècle ajoute au trésor commun les acquisitions qu'il a faites, et le genre humain, considéré depuis son origine, n'est qu'un seul être immense ayant eu comme tout individu son enfance et sa virilité. Pascal, qui a exprimé cette pensée en des termes dignes de son génie, l'avait laissée confinée dans la spéculation métaphysique ; mais la science, qui la reprend pour son compte, en fait voir la réalité positive.

Les vérités de raison et les vérités de sentiment, les choses de l'esprit et celles du cœur aboutissent au même confluent.

Vauvenargues disant « que les grandes pensées viennent du cœur, » pensait donc que l'esprit est subordonné au cœur ; mais l'activité humaine n'a pas moins sa source dans l'intelligence que dans le sentiment, et il n'est pas démontré que, dans aucune circonstance solennelle, l'esprit se soit insurgé contre le cœur. Le but de la vie est assurément la découverte du bon et du vrai ; mais les principes de l'un et de l'autre sont à la fois dans la connaissance et dans la sensation, dans la raison et dans le sentiment, dans la froide lumière de l'une et dans la fécondante chaleur de l'autre. Se livrer aux aberrations de l'émotion, sans le correctif des sages réflexions, ce serait compromettre le but moral de l'humanité, à la fois intelligente et sensible, juste et affectueuse, agissant pour produire et produisant pour améliorer sa destinée.

Pendant le moyen âge, la foi régnait en souveraine : nous ne renions pas cette époque, sans laquelle la nôtre n'aurait pas sa raison d'être et serait comme isolée dans le temps. Mais la foi n'est pas toute du cœur, et, même au moyen âge, l'esprit n'abdiqua pas près d'elle; il fit prévaloir la notion des droits de la famille et des agglomérations communales, il régla les effets du principe de charité envers les faibles et les malheureux, et poursuivit l'application de la justice sociale dans la répartition des charges. Quant à la concordance physiologique des facultés affectives avec les facultés intellectuelles, la biologie nous dit comment elles se développent variablement avec les âges, les races et l'état des sociétés. Au commencement des choses, les impulsions sont prédominantes : c'est l'âge des sentiments égoïstes, qui assurent l'alimentation des individus et la reproduction de l'espèce; mais déjà, dans l'association des êtres pour la génération, apparaissent les sympathies, les attaches de la famille; l'intelligence s'éveille, et accorde une réflexion aux mouvements variés des sentiments qui réagit sur leur marche utile, leur assure une heureuse continuité, provoque le dévouement, la reconnaissance, le respect, et finalement pousse aux créations idéales des religions.

Tout le développement de la civilisation est marqué par l'abaissement des instincts de l'animalité et l'éléva-

tion correspondante des qualités vraiment humaines de
la sympathie solidaire. La foi elle-même cesse de s'attacher à des révélations exclusivement autoritaires, pour
invoquer des lumières capables de la relever de son humilité, et se met presque du côté de l'esprit. Aujourd'hui
l'intelligence, vivement consultée sur toutes les questions,
ne laisse approcher, ni les conceptions imaginaires, ni
les prétendus équivalents de la foi religieuse pour les
explications qu'elle cherche ou qu'on lui soumet.

Nous avons dit que la philosophie positive n'avait de
mandat légitime qu'autant qu'elle pouvait montrer ses
attaches avec le passé par une filiation assurée : A. Comte
devait donc avoir des précurseurs qui, sans donner à leurs
idées l'ensemble doctrinal qui fait la force et la gloire de
notre maître, ont apporté par une initiative opportune un
concours indirect à l'établissement ultérieur du régime
positiviste. Turgot en 1750, dans un discours sur le progrès, mentionne l'évolution dite des trois états, c'est-à-
dire le passage de l'esprit par les formes successives de la
théologie, de la métaphysique et de la science positive.
Cet éminent citoyen rattacha aussi le moyen âge à la
chaîne de l'évolution sociale; il montra comment cette
époque, mal comprise et tant décriée, avait contribué au
développement non interrompu de la société en Europe,
et comment, tout en donnant tête baissée dans l'ascétisme
religieux et dans les excès d'une foi fanatique et barbare,
elle nous avait laissé dans les arts l'architecture ogivale,
la peinture des vitraux, la musique d'Église; dans le
commerce la lettre de change, dans l'industrie les hor-
loges, les montres, les glaces, le papier; et dans la science
l'aiguille aimantée, la poudre à canon, l'imprimerie. Dès
lors, entre l'antiquité, dont la renaissance allait rappeler
les nobles titres, et l'ère moderne vivifiée, se retrouve la

parenté méconnue par ceux qui négligent les lois de l'histoire et de la nature au profit des individualités éphémères et misérables.

Après Turgot, nous rencontrons Condorcet, qui serait l'un des plus authentiques apôtres de la philosophie positive s'il n'avait nourri contre le clergé une antipathie exagérée; il établit que le progrès peut et dut se produire en dehors des religions, ce qui est une erreur, celles-ci ayant toujours répondu à des nécessités mentales contemporaines de leur apparition dans les sociétés, et ne méritant d'être combattues que là où leur caducité leur impose le devoir de disparaître après leur office accompli.

Au commencement de ce siècle, Kant publia parmi ses grands travaux un opuscule où il émit, entre autres propositions favorables à la philosophie positive, cette pensée : qu'il y a une évidente nécessité de concevoir l'histoire comme réglée par des conditions inhérentes à la nature humaine. Mais il fit dépendre cette idée de l'opinion préconçue que les passions égoïstes jouaient le principal rôle, et que les révolutions provoquées par elles n'étaient pas compensées par la science maintenue à l'état subalterne.

Saint-Simon, qui donne son nom à la secte dite saint-simonienne, célèbre il y a déjà quarante ans, eut avec A. Comte des relations personnelles qui ne furent pas sans importance dans l'élaboration de la doctrine positive. Ses arguments ne furent pas décisifs; mais par son activité originale, ses aventures, son prosélytisme et ses hardiesses de plume, il attira l'attention sur la philosophie nouvelle. Dans une brochure qui le fit poursuivre devant les tribunaux, il supposa gratuitement la mort subite de trois mille des premières personnes officielles de l'État, roi, princes, ministres, députés, prélats, juges, etc., et opposant à cet événement l'hypothèse de la disparition également subite d'un nombre égal de grands industriels, commerçants, producteurs, contre-maîtres, etc., il démontra aisément que, dans le premier cas, le cours de la vie sociale et économique pouvait à la rigueur continuer, tandis qu'une gêne très-visible et une série de dommages incalculables devaient être le résultat de la mort des vrais travailleurs et collaborateurs pratiques de la société. C'était faire ressortir l'inanité des prétentions de la politique, et relever en face de la métaphysique gouvernementale l'importance du régime industriel moderne; c'était aussi désavouer les luttes internationales et dépouiller de leur prestige autoritaire les principaux soutiens du trône et de l'autel, gens de robe ou d'épée alors réagissant; mais ce n'était pas constituer le moins du monde le régime de la philosophie positive.

En somme, ni Turgot, plus métaphysicien que savant, ni Kant, qui refaisait Platon, ni Condorcet, qui haïssait trop les prêtres, ni Saint-Simon, qui ignorait la science biologique, aucun de ces collaborateurs de l'avenir n'enlève à A. Comte l'honneur de sa grande construction.

Mais les théologiens virent dès ce moment que la science allait prendre leur place, et que celle-ci, avec sa prévoyance réelle, ses conseils efficaces, ses procédés pratiques, augmentait à leur détriment sa puissance, son crédit et ses bienfaits sur la société ; ils virent que même usant, comme eux, en certains cas, des hypothèses, elle savait en mesurer la portée en se réservant toujours de les vérifier en temps opportun, au lieu d'en imposer comme eux la perpétuité.

Descartes avait, sous ce rapport, depuis deux siècles, fourni à la science le plus solide point d'appui, quand, avec son système des tourbillons, « il arracha des mains

« de l'imagination, pour le remettre dans celles de la
« raison, le sceptre que tenaient les théologiens; » et il
émancipa l'esprit humain le jour où il osa dire : « Donnez-
moi de la matière et du mouvement, et je vous ferai un
monde. » On objecte que ce grand homme ne cessa de reconnaître un Dieu, et de professer ostensiblement le catholicisme; on sait même qu'il refusa d'adopter les
découvertes de Galilée : mais grâce, à cette prudence
et à cette condescendance nécessaires à son époque,
il chassa au moins du ciel les essences, les inter-
ventions surnaturelles, pour remplacer par des dé-
monstrations physiques les abstractions insuffisantes, et
il ouvrit à ses successeurs la voie pour reconnaître les
forces inhérentes à la matière, forces qui constituent les
lois de ce monde. Luther fit dans le domaine des religions
ce que Descartes avait ensuite fait dans la science. La
liberté d'examen introduite dans le dogme dit révélé
prépara le règne actuel, tout en prolongeant le règne de la
théologie par les subtilités de la dispute. Au seizième
siècle, la France échappa au protestantisme, parce que son
gouvernement se trouvait être relativement populaire, et
dominait assez la situation politique pour repousser toute
tentative d'émancipation en dehors de l'intérêt national,
résumé bientôt dans le parti d'Henri IV. Cette condition
spéciale a permis à notre pays d'arriver plus vite à la libre
pensée, et la France se trouve, sans regain théologique,
très-désabusée du côté des papistes et toute préparée à rompre avec tout despotisme religieux quel qu'il soit. C'est
pourquoi, d'accord avec de telles tendances, la philosophie
positive peut travailler dans notre pays à la réorganisation
sociale, déclarer la morale indépendante de l'Église, et
par suite progressive et scientifique, et la politique soumise
aux lois de la biologie et de l'histoire.

Sous le nom de socialisme, on range l'ensemble des doctrines réformatrices plus ou moins applicables à notre époque; il y a donc plusieurs sortes de socialisme, et il ne faut pas *à priori* repousser l'examen de toutes les théories qui se présentent sous ce titre pour la recherche des lois et des procédés d'amélioration de notre sort humain. Nous ne sommes plus au temps où le bûcher, l'exil, l'injure et le mépris remplaçaient les raisons dans la polémique. La concorde, la conciliation, l'indulgence doivent s'introduire peu à peu dans les rapports entre citoyens. Nous avons l'égalité civile et politique, nous vivons par la solidarité industrielle et commerciale, l'intolérance sacerdotale n'est plus à craindre : voilà un commencement de socialisme pratique sous la protection duquel les travaux théoriques doivent se faire jour et se ranger dans la science dernière, la sociologie. Il y a seulement trente ans que le mouvement socialiste se sépara du mouvement politique dans notre pays; il essaya brutalement le sort des armes en 1848 et fut cruellement réprimé avant qu'aucune formule pratique eût pu traduire son progrès. Sous le règne rétrograde et humiliant de Napoléon III, le parti socialiste, loin de disparaître, se fortifia par le fait même de la corruption de la classe gouvernementale, et aujourd'hui il n'y a pas une nation en Europe où le socialisme ne soit un élément considérable: la prodigieuse insurrection de Paris en 1871 a ouvert les yeux aux moins clairvoyants. Écrasée non sans peine par les anciens partis, elle demeurera dans l'histoire, comme un témoin indéniable des aspirations des travailleurs dans la société moderne. Jacobine, c'est-à-dire autoritaire et politique, par un de ses côtés, mais profondément socialiste par ses éléments prolétaires, elle dut succomber dans son anarchie; mais les divers gouvernements limitrophes ne s'y sont pas trompés, et par prudence ils ont refusé d'extrader les victimes réfugiées qui avaient chez eux échappé à la sanguinaire vindicte des vainqueurs de Versailles. Leur mansuétude hospitalière était favorisée autant qu'il le fallait par l'attitude des membres de la grande affiliation internationale, qui montra en Belgique, en Angleterre, en Suisse, en Allemagne, en Espagne, et même en Russie, la solidarité des socialistes contemporains.

Le militarisme, remis de nouveau à l'ordre du jour par les événements de la guerre, aura pour contre-poids la question sociale, qui gênera le despotisme des armes, et nous évitera peut-être les guerres nationales, seules entraves au progrès.

La philosophie positive, par les procédés qu'elle emploie, est peu apte encore à fournir des conseils, mais elle peut faire des remarques. La position théorique où elle se maintient lui impose une grande réserve qui lui laisse la compensation d'échapper à la responsabilité d'une intervention pratique. Toutefois, elle observe que les associations contre le chômage, la résistance contre les coalitions du capital, la mutualité pour l'instruction technique, la surveillance de l'éducation en dehors du clergé, les mesures d'hygiène, les soins de maladie, tout peut être demandé aux débuts du socialisme. Celui-ci se distingue en deux écoles, le communisme et l'individualisme. Si nous reconnaissons à chacune d'elles une sollicitude également consciencieuse pour l'amélioration humaine, nous n'accordons pas la même valeur aux conceptions premières qui dirigent l'une et l'autre : les individualistes, laissant à la personne humaine toute son initiative et sa spontanéité, feront plus pour l'avenir que les communistes, trop enclins à livrer à l'aristocratie, fa-

cile à renaître, ou à des Césars, faciles à trouver, les destinées humaines, qui s'abandonnent, et il arriverait
bientôt qu'une délégation trop absolue des pouvoirs
sociaux et politiques ferait retomber l'humanité sous le
joug des traditions d'autorité abstraite propagées par le
clergé, trouvant leur prétendue filiation dans le droit
divin, la papauté, la monarchie et le césarisme. On a
accusé le matérialisme et l'athéisme d'avoir dirigé les
incendiaires de la guerre civile de 1871. Outre que la
philosophie positive répudie ces doctrines qui cherchent
une solution à l'inabordable et inexplicable absolu, elle
trouve aussi ridicule d'imputer ces excès à une doctrine
quelconque que de mettre par exemple sur le compte du
vrai catholicisme les meurtres de la Saint-Barthélemy,
les supplices de l'Inquisition et autres aberrations de
sectaires encouragés par l'ignorance et nourris de leurs
propres sophismes. Ce que perd chaque jour la théologie
est d'autant mieux perdu, qu'aucune force dans le monde
désormais ne la soutient; impuissante à retenir les
esprits modernes, entraînés par la science, incapable de
maintenir le monde dans l'hypothèse biblique, ayant
perdu le pouvoir temporel, qui lui était d'un grand secours, ne disposant ni de récompenses, ni de punitions, ne
pouvant intimider, ni corrompre, la théologie est épuisée. Tout passe du côté de la démonstration, c'est-à-dire
du côté de la philosophie positive, et la science qui la
résume tient sous son égide pacifique, prévoyante et
protectrice, la morale et la politique, l'instruction et le
bien-être.

CHAPITRE II

De l'espèce humaine.

Les races humaines qui couvrent notre globe peuvent être considérées comme une espèce unique, puisque toutes leurs variétés se reproduisent entre elles dans tous les mélanges possibles, de blancs, de jaunes et de noirs; or, c'est le caractère attribué en histoire naturelle à l'espèce d'être constituée par une collection d'êtres ayant entre eux plus de rapports qu'ils n'en ont avec d'autres, et pouvant toujours se perpétuer. Par contre, on admet que, si l'union de deux individus voisins n'est pas féconde, ou s'éteint rapidement dans sa fécondité, l'espèce n'existe plus, il y a seulement un produit hybride.

On distingue trois grandes races d'hommes : 1° la race dite caucasique ou type blanc, venant, en dépit de son nom donné par Cuvier, du plateau supérieur de la Perse ou Iran, et répandue dans l'Inde, l'Arabie, la Syrie et toute l'Europe; 2° la race mongole ou type jaune, qui occupe la Chine, les presqu'îles de l'Inde et la Malaisie, en s'irradiant vers les deux pôles; 3° la race noire, qui s'étend dans l'Afrique occidentale et centrale, aux deux cercles tropiques et en Australie.

Six sous-races dérivent de ces trois types par des mélanges ayant fixé en elles certains caractères suffisants pour les faire reconnaître : 1° la sous-race boréale, formée de blancs et de jaunes; 2° la sous-race malaio-polynésienne, où les trois couleurs, noire, jaune et blanche se sont confondues; 3° l'égypto-berbère, composée des races blanche et noire, et occupant le nord et le nord-est de l'Afrique : 4° l'américaine rouge, produite également par le mélange blanc et noir sous des influences spéciales de climat; 5° la sous-race hottentote, provenant des types jaune et noir; 6° la sous-race papoue, qui est une modification de la race nègre, et se fait remarquer par sa teinte olive, ses cheveux touffus ébouriffés.

Les nègres ont un squelette plus blanc et plus lourd que les blancs; leur peau veloutée, épaisse et glanduleuse est désagréablement odorante; la tige de leurs cheveux est aplatie, ce qui produit l'aspect laineux; ils ont les muscles moins colorés et le sang moins brillant. Leur apparence, depuis plus de six mille ans, est restée la même, puisque les peintures pharaonesques retrouvées nous les reproduisent tels qu'ils sont aujourd'hui.

Les nations jaunes mongolo-chinoises ont des pommettes saillantes, des oreilles énormes, un nez écrasé vers le front, une barbe dure, des cheveux rares et noirs, des yeux obliques très-foncés et expressifs.

Dans la race caucasique, le foie, le cœur et le bassin ont un diamètre transversal plus prononcé et une forme ovalaire plus accusée que dans la race jaune.

La race blanche a formé très-positivement deux grandes familles : 1° la race sémitique ou syro-arabe à mœurs pastorales et patriarcales, à l'esprit calme et peu initiatif, à taille petite, à front marqué d'une protubérance, nez aquilin, yeux renfoncés : on en voit les produits mélangés avec la race africaine se répandre jusqu'en Espagne, et sur son parcours disséminer les variétés errantes des Bédouins.

Le domaine des Indo-Européens s'étend du Caucase au Gange, à travers la Bactriane. On distingue nettement sur les bords du fleuve hindou le type caucasique dans sa correction ethnographique.

La branche européenne a envahi la Grèce, l'Italie méridionale, l'Étrurie, le Latium, les vallées alpestres, les Gaules et l'Allemagne. Le poids absolu de l'encéphale varie, chez l'homme adulte et sain d'esprit, de 1,830 grammes, qui est le poids du cerveau de Cuvier, à 872, qui est celui d'une femme Boschimane étudiée en Angleterre; mais ce sont des faits exceptionnels. Sa moyenne à l'âge de 30 à 40 ans dans la race blanche, et lorsque l'organe a atteint son maximum de croissance, est de 1,410 grammes pour les hommes, et de 1,262 pour les femmes, ou en nombres ronds 1,400 et 1,250. Le cerveau de la femme pesant 100, celui de l'homme pèserait 112. Le poids absolu varie du reste suivant la taille, le sexe, l'âge, l'intelligence et la profession. Le cerveau s'accroît toutes choses égales en proportion de l'activité vasculaire dont il est le siége, avec l'usage qu'on en fait en un mot. Son poids est de 567 sur le gorille. (Topinard. *L'Anthropologie*, Par's, 2ᵉ édition ; 1877, page 122.)

On a avancé, comme argument en faveur de l'invariabilité des races en général, la description identique des auteurs anciens et modernes, Jules César, Tacite, Strabon, pour les Germains-Gaulois, Bretons, avec nos Français, Allemands et Anglais actuels; mais les observations plus récentes des Pritchard, Charolson et autres,

2.

sur divers caractères de la taille, de la couleur et des aptitudes, tendent à la négation d'une ressemblance absolue, et par suite d'une fixité du type.

Quant à l'infériorité relative des Sémites, auxquels, en dehors de l'idée monothéiste, on doit la fondation des grands empires assyriens, la culture de l'astronomie et des arts que les Grecs et les Romains étudièrent d'après eux, et qui enfin établirent les trois principales religions de ce monde, la juive, la chrétienne et la mahométane, rien en eux ne prouve cette infériorité. M. Renan pense que la constitution du polythéisme, si brillant en Grèce et à Rome, atteste dans ses auteurs une supériorité imaginative et intellectuelle dont la famille caucasique pouvait seule donner l'exemple, favorisée qu'elle était par un climat tempéré, une distribution heureuse des pays qu'elle habite, coupés de mers et de continents ayant une végétation abondante et variée, des horizons pittoresques et une vie sociale plus active.

Le désert, selon M. Renan, par sa triste monotonie, immobilisa dans une stérilité déplorable les Sémites, qu'elle empêcha de s'élever jusqu'à la brillante et poétique conception des dieux multipliés par le paganisme; cette opinion n'est pas conforme à l'observation historique, et reste sous la responsabilité do son auteur. — L'homme date-t-il de la dernière transformation géologique de sa planète, ou bien est-il contemporain des premiers animaux fossiles dont Cuvier a procuré la connaissance? Les doutes qui restaient sur ce point sont dissipés par les nouvelles études du globe. L'homme fossile existe, c'est-à-dire que, dans les terrains quaternaires et peut-être tertiaires, dont la formation dépasse de bien des millions d'années toutes les notions historiques, des hommes ont vécu, et leur vie reconstituée apparaît à nos yeux par leurs

propres vestiges osseux, par les instruments rudimen-
taires de leur humble génie, les silex diversement taillés,
les dessins sur les os ou les cornes des animaux, les abris
qu'ils se ménageaient dans les cavernes, et les détritus
de leurs foyers.

L'homme antédiluvien n'avait pas le développement
physique et par suite moral de sa descendance; mais il
différait assez des animaux ses voisins pour attester
l'authentique supériorité spécifique constatée en lui par
l'observation.

Un des plus anciens squelettes antédiluviens a été
trouvé à Gibraltar; il présente une compression du tibia
qui le rapproche de celui des singes, où le mollet, par suite
de cette disposition osseuse, n'existe pas, ce qui rend impossible la station verticale. Les crânes de cette époque
ont aussi dans leur partie pariétale et supérieure un os
surnuméraire appelé *os des Incas*, parce qu'on le croyait spécial à la race péruvienne. Cet os, qui disparaît plus ou moins
rapidement dans le squelette de tous les vertébrés, n'y fait
jamais défaut; cependant au début, et sur 200 crânes de
ces races recueillis dans de vieux cimetières, seize présentaient l'os en question : il y avait un crâne péruvien, deux
indiens, un celte, un javanais, un tartare, un negrito :
ils avaient en outre la forme prognathe ou à mâchoires
saillantes, forme qui ne fait jamais défaut aux crânes de
haute antiquité. L'homme préhistorique présente encore
une grande épaisseur des os, dont les courbures et saillies
d'attache sont si marquées, qu'on les donne comme
caractéristiques d'étude dans la lente évolution de la race
préhistorique.

Le professeur Virchow a fait toutefois la réserve que
cette apparence pouvait provenir du rachitisme ou d'une
autre maladie constitutionnelle, comme la goutte, la scro-

fule, la syphilis ; mais il est peu probable que ces maladies, produits d'une civilisation avancée et d'une alimentation riche, aient été l'apanage de l'existence des hommes antédiluviens, qui disputaient aux animaux la nourriture, l'abri, le repos. On découvre à chaque instant des restes humains préhistoriques, parce qu'on sait où il faut les chercher dans la science récente. A Coblentz, en septembre 1873, à sept pieds au-dessous du camp romain qui entourait une partie de la ville, près du sol de la rue où des ouvriers 'élevaient une cave, deux squelettes furent découverts portant les caractères géologiques et ethnographiques propres à consacrer leur antiquité préhistorique : la capacité crânienne très-petite, les sutures de l'os des Incas très-apparentes, le plan du nez confondu avec la partie antérieure de la face, une proéminence de la mâchoire inférieure, les fémurs courbés, les tibias avec leur compression postérieure et les humérus avec le trou de la poulie de l'avant-bras : tout attestait l'infériorité du développement observé sur les très-anciennes races.

Les animaux sont soumis dans leur évolution progressive à la double loi de concurrence et de sélection naturelle. Non-seulement la découverte de Malthus sur le chiffre arithmétique de la progression des ressources alimentaires, opposé au chiffre géométrique de l'accroissement de la population, est vraie, mais le combat pour la vie « *struggle for life* » se continue sur le terrain des organismes, et chaque appareil, chaque organe prépondérant, s'imposent victorieusement dans les individus et dans les espèces, où ils obtiennent des résultats perturbateurs de l'uniformité primitive.

Les milieux, c'est-à-dire le climat, le sol, la position topographique, exercent en outre leur influence pour ou contre l'individu ou l'espèce : on ne comprendrait rien à la biologie si l'on ignorait les conditions de milieu faisant la prospérité, l'atrophie, l'abondance ou la rareté de tel animal ou de telle plante, selon la latitude, les ressources, les privations, les protections, la persécution, les soins ou l'abandon.

L'homme résiste seul dans une certaine mesure aux fatalités de la sélection naturelle ; mais il sait en apppliquer les lois à la nature végétale et animale qui l'entoure, et c'est ainsi que de notables changements dans les variétés d'espèce ont été obtenus par les croisements, le régime, les changements de température et autres procédés artificiels se rapprochant de la sélection naturelle.

L'anatomie et la géologie ont déjà beaucoup étendu les notions qui concernent les races humaines et leur filiation ; mais un secours nouveau est donné à cette étude par la philologie, ou connaissance des langues mortes ou parlées sur le globe : c'est un autre fil historique qui nous conduit à travers le passé humain. On poursuit les racines du langage, comme on dégage les os dans la terre, et l'on reconstruit les parentés, les origines, les mélanges et les unités dans un cas aussi bien que dans l'autre.

Si les races et sous-races humaines ont pu former des tribus, des peuples et des nations par des communications géographiques, des rapprochements d'instinct ou d'intérêt, les langues ont suivi et imité ces changements, qui ont coïncidé avec les colonisations, les émigrations, les échanges, les absorptions et extensions.

On distingue deux familles primitives de langues, L'aryenne et la sémitique, sœurs au point de départ sur le plateau persan ou iranien, des flancs duquel s'épanchent les quatres fleuves des Écritures plus vraisembla-

blement que les fleuves de la Mésopotamie confondus avec
les premiers. En tout cas les deux sœurs se sont séparées
très-anciennement, et fournissent chacune des rameaux
distincts. Pour la famille sémitique, c'est d'abord l'hébreu,
qui engendre le syriaque, puis l'arabe, né du syriaque, et
dont la littérature écrite ne date que de Mahomet,
au vii° siècle. La famille aryenne a donné aux Perses,
aux Indiens, aux Thraces, aux Slaves ou Scythes, aux
Celtes, aux Greco-Romains, aux Germains et aux Gaulois
toutes leurs langues, dérivées de l'idiome zoroastrien,
zend ou sanscrit. On suit ainsi les deux grands courants
philologiques, l'un indo-européen, l'autre syro-africain,
dont les subdivisions s'éparpillent sur le monde et racontent son histoire.

Les changements dans les langues sont plus rapides
que dans les races : certaines espèces animales fossiles se
montrent les mêmes depuis des centaines, des milliers
d'années, tandis qu'on ne connaît pas de langue ayant
vécu plus de mille ans. Les recherches de la filiation
philologique sont donc favorisées par ces conditions relativement rapprochées d'espace et de temps.

La multiplication des dialectes est quelquefois si
grande, comme dans l'Inde, qu'elle a été une entrave à la
civilisation. C'est par centaines qu'au Mexique de Hum-
boldt compte les idiomes pratiqués par des peuplades
réfractaires à toute centralisation.

Il suffit d'un court isolement colonial pour maintenir
et protéger un dialecte au point d'en faire une nouveauté
par sa réapparition près du langage de la mère patrie.
Des Allemands émigrés en Pensylvanie étant restés de
1793 à 1815 sans communication possible avec l'Europe,
le duc de Saxe-Weimar trouva qu'ils parlaient comme
au siècle précédent, c'est-à-dire avec des mots et des

tournures tout à fait tombés en désuetude. Le Canada, qui fut français, conserve aujourd'hui encore beaucoup d'expressions de notre dix-septième siècle; certains mots sont ou modifiés dans leur sens ou abandonnés avec le temps et les changements qu'il amène par des substitutions. Dans la poésie de Ronsard, les yeux d'une jeune fille pouvaient « étinceller comme des chandelles; » dans la comédie de Molière, les mots *cocu, carogne* etc., semblent un excès.

Les langues résistent en raison du nombre de ceux qui les parlent, comme les espèces animales résistent mieux à la concurrence sélective en raison de leur densité et de leur fécondité ; mais les unes et les autres, une fois tombées, ne se relèvent plus.

De même encore que les individus et les espèces s'améliorent par les efforts sélectifs, ainsi les langues s'épurent et s'enrichissent par un travail organique entre elles, et le profit de l'une est souvent le fait de l'appauvrissement de la voisine. Une langue, comme un animal, possède une constance de structure par ses flexions, ses agglutinations, ses radicaux, qui reproduisent autant d'appareils fondamentaux. Au début un mot signifié plusieurs choses; de là l'obscurité de la pensée, qui se dégage peu à peu au moyen des éliminations restrictives apportées à l'ampleur compréhensive des premiers vocables pour la plupart des mots. Quand on tient compte des éléments, des atrophies, des contractions syllabiques et des simplifications d'orthographe, on voit les parentés, les alliances et les origines se dessiner et se dévoiler avec une irrésistible évidence. En réalité, il y a donc, pour les langues comme pour les animaux, des lois généalogiques, des conditions de concurrence et de sélection se correspondant identiquement, et qu'on peut ramener aux propositions suivantes : 1° Les espèces animales varient par le fait des réactions physiologiques, comme les langues varient sous l'influence des mœurs. 2° Les espèces vivantes se rattachent aux espèces disparues par des analogies organiques, comme les langues vivantes procèdent des langues mortes par leurs éléments constituants. 3° Les espèces se modifient indéfiniment par les croisements, comme les langues se modifient plus ou moins profondément par les relations de voisinage. 4° Dans la supériorité physique et morale des individus, il y a des occasions et des motifs certains d'accaparement au profit de leur espèce; il en est ainsi pour les langues, dont les plus riches et les mieux faites finissent par s'emparer de leurs voisines et les font disparaître. 5° Dans les animaux, le chant, la couleur, la vigueur, l'élégance, obtiennent le succès électif, dont l'analogue se retrouve, pour les langues dans leur concision, leur euphonie, leur précision. 6° La structure fixe et fondamentale d'une espèce animale ne contrarie pas la variabilité des organes secondaires; de même la structure des langues reste fixe quant aux radicaux de haute importance et variable pour les suppléments de flexion et d'agglutination. 7° Il y a dans les animaux, comme dans les langues, des vestiges de leur phase embryonnaire, des rudiments d'organes atrophiés, des connexions et des affinités qui rapprochent, dans un cas, certaines espèces disséminées géographiquement, et dans l'autre certaines langues séparées politiquement..

Ces faits, si bien compris et développés par Darwin et son école, acquièrent de jour en jour une importance scientifique qu'il est difficile de méconnaître.

Ils confirment le principe de la lutte pour la vie entre toutes les espèces et la conséquence, qui est la conquête et l'absorption par les mieux armés ; ils disent que la destinée de l'espèce est de varier ou mourir, et que les variations expriment un écart de type entre des limites indéfinies, qui permettent de se demander si, dans le passé et dans l'avenir, l'epèce a pu ou pourra résister aux changements imprimés par la nature ou par l'art, sélections volontaires ou forcées, systématiques ou empiriques, dont les effets nous remplissent d'étonnement ou de profit.

Il y a, en effet, dans cette double loi de concurrence et de sélection, applicable peut-être à l'espèce humaine, des résultats aussi inattendus qu'intéressants dans l'histoire naturelle des plus petits êtres. Plusieurs plantes ne sont fécondées que par le transport du pollen, opéré par certains insectes. « Les bourdons visitent seuls le trèfle rouge, dont les pistils ne peuvent être atteints ni par les abeilles, ni par les papillons, trop faibles pour déprimer les pétales de la fleur et s'insinuer dans le fond nuptial ; il arrive alors que, si les bourdons disparaissent dans une contrée, le trèfle, qui ne peut plus être fécondé, finit par disparaitre à son tour. Mais le nombre des bourdons dépend des mulots, qui leur font la guerre et détruisent leurs nids ; à leur tour, le nombre des mulots dépend des chats, qui mangent les mulots tout en respectant les bourdons, et les laissant féconder le trèfle : d'où il suit que la présence ou l'absence du chat, dans une circonscription agricole donnée, y décide l'abondance ou la rareté d'une plante fourragère très-importante. » (DARWIN.) Pour en revenir à l'homme, c'est en dehors des transformations de l'espèce et des accidents de son évolution privée et collective qu'il convient de déterminer sa place dans l'échelle animale.

L'homme a été placé par Linné dans l'ordre des primates, avec les singes, qui, malgré la manière de voir de Blumenbach et de Cuvier, ont bien deux pieds et deux mains et d'autres nombreux rapports de structure anatomique avec l'homme, mis au jour par Isidore Geoffroy-Saint-Hilaire, Carl Vogt, Huxley, Broca et autres savants. Si l'homme tient à assigner une place exceptionnelle à son espèce, c'est le seul point de vue des facultés animiques qui doit l'arrêter, et là c'est une question de mesure et non de nature. Les exemples contemporains encore fournis par nos semblables, devraient amoindrir nos prétentions, et les plus exigeants sous ce rapport peuvent se ranger de l'avis de l'éminent naturaliste Agassiz, qui, tout aussi spiritualiste que religieux, disait: « Il est « impossible d'apercevoir une différence entre les pas- « sions des animaux et celles de l'âme humaine, bien « qu'elles puissent différer beaucoup dans le degré et « dans l'expression ; on ne saurait dire en quoi les fa- « cultés mentales d'un enfant diffèrent de celles d'un jeune « chimpanzé. » (*L'espèce,* p. 90, édit. Gr Baillière.) On peut aussi ajouter avec Huxley « que le poëte, le philosophe « ou l'artiste, dont le génie est la gloire de son temps, « n'est pas déchu de sa haute dignité, à cause de la pro- « babilité historique, pour ne pas dire de la certitude, « qu'il est le descendant direct de quelque sauvage, nu « et brutal, que son intelligence suffisait à peine à rendre « un peu plus rusé que le renard, ou un peu moins dan- « gereux que le tigre. Faut-il que l'homme aboie ou mar- « che à quatre pattes, parce qu'il a été un œuf comme « celui du chien, et l'amour maternel est-il vil parce qu'une « poule le possède ? »

L'homme ne peut pas non plus s'enorgueillir d'avoir reçu le don de la parole, il est prouvé que l'origine du langage n'a rien de surnaturel. « La combinaison des

« sons du larynx, comme signes de la pensée, n'est pas
« l'ouvrage d'une raison présente à elle-même. » (Turgot.)
Les interjections plus où moins articulées, qui reproduisent les émotions, dépendent physiologiquement de la faculté d'arrêter l'expiration de l'air dans l'organe de la voix; et il a suffi de leur répétition imitative des bruits, et des cris de la nature, pour en fixer dans la mémoire privée et collective la portée voulue par des circonstances déterminées; ce sont les onomatopées des langues, elles tracent dans le cerveau les mouvements occasionnés par les sensations, et y laissent en échange les idées correspondantes.

Par ces motifs, les langues ne possèdent d'abord que des monosyllabes, vocables, concrets, où l'on saisit la prédominance de l'impression dans le choix du signe : ces racines démonstratives et prédicatives s'agrégent ensuite avec des racines accessoires pour former les rudiments embryonnaires des langues.

Bientôt la prononciation emporte par l'accent tonique ces racines secondaires avec leur sens isolé, ce qui procure la synthèse du polysyllabisme.

Dans les langues d'agglutination et de flexion, l'unité du mot tient de la fusion et de l'altération réciproque de la racine principale avec les racines accessoires. Le chinois, qui est à peu près la seule langue vivante monosyllabique, donne des sons produits dans une seule émission de voix : les racines secondaires d'un mot renferment les verbes et les substantifs; elles expriment une idée en dehors du radical, et le mot placé variablement ne laisse apprécier son rôle que par la place qu'il occupe à côté d'un autre dans une phrase quelconque. Les langues indo-européennes et orientales ont pris des formes de grammaire et de prononciation qui modifient les rapports

des radicaux avec les sons par des flexions et des agglutinations favorables à l'extension féconde du langage.
Une écriture particulière correspond à chaque famille de
langues : pour celles monosyllabiques, l'écriture, au lieu
d'être phonétique, est surtout idéographique, c'est-à-dire
que les idées y sont représentées par des images ou des
abrégés d'images, au nombre de cinquante mille, par
exemple, dans le chinois. Il devait en être ainsi ; car, en
supposant exprimés tous les sons et leurs articulations
par des signes conventionnels, comme dans l'écriture phonétique, la grande quantité de mots monosyllabiques
figurés de la sorte aurait provoqué une confusion inex-
tricable. L'alphabet des Phéniciens fut tiré des hiérogly-
phes d'Égypte, ou mieux de l'écriture des prêtres, qui
en avaient fait une abréviation cursive ; mais l'écriture
hiéroglyphique, née comme celle des Chinois de la représentation des objets, se forma du triple mélange des signes vocaux, des images réelles et des images symboliques. Les Japonais n'ont pas obtenu avec leur système
alphabétique, extrait de l'écriture figurative chinoise, les
grands résultats que les Phéniciens et les peuples de
Tyr et de Sidon ont obtenus de l'hiéroglyphique d'Égypte.

En somme, l'homme, avec son langage civilisé, a des
titres à un certain orgueil, quand il considère qu'il a pu,
par la constance de ses efforts et l'action de son génie,
conquérir la sécurité imperturbable d'un lendemain collectif et social, porter un défi tranquille à l'arbitraire des
miracles, et les déclarer incapables de déranger en quoi
que ce soit l'harmonieuse distribution des choses pré-
sentes, prévues, et soumises à des lois immanentes.

Cette sérénité de l'homme moderne, en face des grands
faits de la nature et de la vie, lui laisse un dédain profond
des menaces de la théocratie devant les punitions extra-

errestres. Déjà, de nos jours, des gens très-religieux refusent de croire à l'enfer, comme à une chose incompatible avec la puissance bienveillante d'une Providence qui serait logiquement indigné, si elle osait équilibrer les courts instants d'une vie, même coupable, avec une éternité de souffrances déjà trop raffinées et d'invention si barbare.

Depuis que la science a constaté l'état de la planète dans l'univers, depuis que la terre est reconnue ronde, renflée à l'équateur, aplatie aux pôles, animée d'un double mouvement de rotation et de translation, qui dépasse six cents kilomètres à la seconde, les prétentions théologiques qui donnaient à l'homme une prépondérance magistrale ont dû céder la place à une conception plus humble, et en tout cas bien différente en astronomie. Notre globe ne fut d'abord qu'un amas de vapeur et de gaz, puis un liquide igné et aqueux, peu à peu refroidi ; nous savons que sa densité moyenne est cinq fois celle de l'eau, que l'or, le platine, le mercure et autres métaux, pesant deux et trois fois ce nombre, se sont superposés dans les couches terrestres selon leurs divers degrés de densité, et nous avons tiré parti de ces notions scientifiques. Si la température s'accroît d'un degré par trente-cinq mètres de profondeur, il en résulte à l'extrémité du rayon terrestre une chaleur de 194,234 degrés, ou bien, à une distance cinquante fois moindre, une température, encore impossible à reproduire ici-bas, de 3,880 degrés, qui suffirait à liquéfier et vaporiser toutes les substances connues, ce qui réduit le domaine de la vie à la plus légère excentricité terrestre, alors que la composition de l'ensemble du globe se trouve, par l'analyse spectrale, identifiée à celle des planètes et des soleils de l'univers connu.

Soumise aux vicissitudes de la rotation et de la translation dans l'espace, la terre a dû représenter dans sa constitution les conséquences de ces deux conditions premières; c'est pourquoi le refroidissement et l'évaporation ont produit, du centre à la surface, des dépôts rocheux, des couches, des sédiments, des alluvions, souvent déplacés par des irruptions ignées où aqueuses, sans cesser d'obéir aux lois physiques de la pesanteur et de la densité.

La vie, qui dépend quant à ses modes de manifestation du milieu où elle se produit, n'apparaît, en aucune façon, dans les premières assises du globe, où la chaleur exclut toute transformation stable de la matière et même toute combinaison chimique capable d'inaugurer la vie.

C'est pourquoi les végétaux, et parmi les végétaux ceux qui ont la plus simple structure, se montrent d'abord au géologiste comme les algues, les mousses, les fougères, puis apparaissent les animaux-plantes, coraux et éponges; les coquilles précèdent les poissons, les poissons précèdent les reptiles, puis viennent les oiseaux et les mammifères: tous ces êtres sont unis les uns aux autres par des analogies de structure et de fonctions, en rapport avec les changements successifs des milieux, jusqu'à l'homme, contemporain des grands singes.

Placée en dehors de la tradition qui ne parle que d'un seul déluge, la science reconnaît quatre époques géologiques ou assises terrestres, correspondant à diverses apparitions de plantes ou d'animaux, ajustées dans leur existence aux conditions particulières de ces terrains et de la température externe. Il a donc fallu réformer les dires de la tradition écrite ou parlée, et constater que la chronologie du globe est bien différente dans la science; la complication ascendante de la vie est en corrélation avec l'état physico-chimique plus avancé des couches où elle s'est produite: cela vient de ce que la stabilité relative d'un milieu est nécessaire au perfectionnement des espèces vivantes, et assure leurs progrès. Les six mille ans de la Genèse ne sont qu'une respectable erreur, à laquelle, toutefois, nous ne pouvons substituer qu'une approximation. Le basalte des entrailles de la terre, pour descendre de ses 20,000 degrés de chaleur fusible à 200°, aurait, selon le professeur Rischoff, exigé trois cent cinquante millions d'années, ce qui recule le dernier soulèvement, puisque ces 200 °/₀ révolutionneraient encore notre globe. Comment donc établir avec des chiffres un rapport entre l'état de la nébuleuse échappée du soleil pour devenir notre orgueilleuse planète et l'état actuel que nous constatons ? N'est-ce pas le cas de dire que l'histoire de l'humanité n'est elle-même qu'une ride sur l'océan des âges ? Mais dans cette contingence des choses, une certaine grandeur nous reste ; la nature interrogée nous a livré beaucoup de secrets ; la terre donne l'or et le fer de ses entrailles, le blé et les fruits de sa surface ; nous exploitons les animaux de l'air, de l'eau et des champs ; nous ne connaissons plus les distances.

..... Les continents énormes
Ont pour lien un fil qui tremble au fond des mers.
Une force inconnue, empruntée aux éclairs,
Mêle au courant des flots le courant des idées.

V. Hugo.

CHAPITRE III.

De la Femme.

> Adressez-vous aux femmes : elles reçoivent
> promptement parce qu'elles sont ignorantes,
> elles répondent avec facilité parce qu'elles
> sont légères, elles retiennent longtemps parce
> qu'elles sont têtues.
>
> SAINT JÉRÔME.

Il faut arriver aux époques grecque et romaine, aux temps où Solon et Platon, Alexandre Sévère et Constantin cherchaient à relever dans l'estime publique l'épouse qui n'avait connu qu'un mari, aux temps où ces ·législateurs punissaient de mort l'adultère, devenu un crime seulement alors que l'engagement conjugal fut libre et consacré, pour commencer dignement l'histoire de la femme.

Au moyen âge, la famille est constituée par l'omnipotence du chef, l'assujettissement de la femme et des enfants ; l'époque moderne voit naître une émancipation relative de la mère et une limitation consentie du pouvoir paternel. Est-ce à dire que le mariage actuel reproduise dans notre société l'idéal de justice auquel nous aspirons ?

Non, sans doute, et jamais, peut-être, plaintes plus acerbes ou regrets plus amers n'ont signalé et accusé l'insuffisance des conditions matrimoniales. Tantôt les âges, confondus avec la plus choquante inégalité, associent la jeunesse qui s'en va avec la puberté à peine éclose, ou bien l'attente, prolongée indéfiniment, flétrit les charmes, dont la perte est vengée par les perturbations morales qui font la pathologie des mariages. Ce qui empire la situation, c'est encore la facilité pour les hommes d'échapper d'une façon égoïste au mariage lui-même, remplacé pour l'instinct par une vague et irresponsable polygamie. La faiblesse de la femme la livre, sous le titre ironique de maîtresse, au caprice despotique de l'homme, et elle parcourt, avec la valeur rapidement décroissante de ses qualités, une route fort courte, qui va de la fortune à la pauvreté, entre les soucis et les regrets.

On proteste contre l'amour vénal, après l'avoir encouragé ; on jette la pierre à celles qui ont spéculé avec plus ou moins de bonheur sur les passions qu'on attise ; on condamne l'hypocrisie de leur dévouement ; on a peur qu'elles ne prennent dans la société morale une place imméritée par leur maintien trompeur et leurs allures hautainement séduisantes : mais, au point de vue du résultat, l'équité ne leur défend pas de prélever sur les vanités qui les poursuivent un impôt pour échapper à l'obole de l'assistance publique. Une des plus grandes défaillances dans la dignité du mariage vient précisément de la soustraction des prémices de l'amour entre les époux : l'homme faisant de l'énergie de ses impulsions un argument pour les avances qu'il prend, et la femme perdant par l'inquiétude sur sa destinée le charme de l'innocence et quelque chose de sa santé.

Ses avocats prétendent qu'il suffirait d'une égalité sociale entre les sexes pour rendre à l'union conjugale son équilibre, son harmonie et ses joies compromises; mais la question est précisément de savoir si cette égalité est possible, si la femme ne possède pas et n'a pas toujours possédé la quantité du pouvoir proportionnel auquel sa force lui permet de prétendre dans l'influence qu'elle exerce, selon les temps et les lieux, sur la famille et la société. Tenant pour exagérées les réclamations qu'on élève à ce sujet, nous voulons démontrer que toutes les acquisitions progressives, intellectuelles et physiques en lesquelles se résume le sort actuel de la femme, sont moins des conquêtes personnelles ou spontanées de sa part que des changements dans la conduite de l'homme à son égard, et qu'il faut y voir un produit de notre moralité ascendante et non le résultat d'une condescendance irréfléchie vis-à-vis d'elle. L'initiative en toutes ses manifestations, devait partir de l'homme, seul capable de conquérir et de fixer les sécurités matérielles et morales qui sont le but de nos instincts; c'est donc avec le sentiment de sa force et de sa justice qu'il a émancipé peu à peu sa compagne, à mesure qu'en lui-même il ressentait plus de moralité. Ce n'est pas en raison de la prédominance de sa valeur physique que tout lui reste soumis, mais en raison de sa supériorité mentale, et le triomphe de celle-ci sur les résistances de toutes sortes est trop général et trop évident pour avoir manqué son effet dans les rapports de l'homme avec la femme.

La dissolubilité du mariage serait-elle un utile moyen d'émancipation pour les femmes ? Cela est peu probable, car il est témoigné par l'histoire que leurs vertus ont été appréciées et suivies des garanties qu'elles comportaient dans un rapprochement plus complet avec les destinées de la famille.

En Orient, elle est traitée comme une enfant ; en Italie, c'est une adolescente ; dans les Gaules, sa jeunesse inspirée lui conquiert des respects religieux : mais elle reçoit seulement dans les temps modernes la consécration d'une indépendance relative. A Rome, son père commence à se faire payer, avant de la céder à un citoyen, le prix qu'elle peut procurer sous le titre de *mundiun* ; assez longtemps après, c'est l'époux qui rend à la femme ce *mundiun* déplacé ; puis viennent la dot, le douaire et les successions, comme signes de plus en plus importants de la personnalité de la femme dans la famille.

Sous le régime évangélique lui-même, elle n'est pas à l'abri de la répudiation autorisée par saint Marc et saint Mathieu ; mais, pour ne parler que du divorce institué par l'Assemblée constituante de 1790, ce divorce avait été si peu réclamé, comme sauvegarde du bien-être féminin, que, dans les deux premières années de la loi, avant que le Code eût civil multiplié les difficultés de l'instance, six cents demandes seulement avaient été portées devant les tribunaux. En 1816, pour faire prévaloir la doctrine de l'indissolubilité du mariage, on fit intervenir la recrudescence du sentiment extérieur de la religion, et l'on remit sous la sanction ecclésiastique un contrat qui n'a d'afférence qu'avec les intérêts sociaux.

Les causes principales qui peuvent fournir une demande de divorce sont, du côté masculin, les excès provoqués par la colère et l'esprit de domination, les sévices et les grosses injures ; du côté féminin, ce sont les traces de ses infidélités, sa coquetterie, ses révoltes contre les intérêts du ménage. S'il paraît que la femme subit plus de sacrifices dans le mariage, c'est sans doute le fait prévu de sa faiblesse, puisque la loi lui commande la soumission aux conseils de son mari et l'obéissance à ses prescriptions.

Toutefois, la femme est aujourd'hui une personne civile, une individualité sociale, une puissance non contestée dans la famille, elle ne peut plus être répudiée. L'adultère n'entraîne qu'une peine légère, et avec l'égale responsabilité de l'époux, dont le privilége, en ce sens, injuriait le bon sens et la morale.

La femme est, au besoin, tutrice de ses enfants et maîtresse de ses biens : l'objet de ses réclamations, c'est la subordination où la maintient encore le chef de la communauté, qui autorise, surveille ou ratifie ses actes civils, comme il la dirige dans sa coopération domestique et lui impose le concours qu'elle doit fournir aux intérêts du foyer conjugal.

Voudrait-elle une concurrence rigoureuse de sexe à sexe, une rivalité absolue dans les œuvres industrielles, artistiques ou scientifiques, un concours pour les divers postes administratifs? Personne ne s'y oppose, rien n'y contredit, sinon elle-même dans sa propre nature et dans sa condition, réellement si différente de celle de l'homme de société, au triple point de vue du physique, de l'intelligence et de ses qualités morales.

Pour établir la position hiérarchique de la femme, il faut déjà mettre de côté ces tentatives vulgaires d'assimilation qui l'excitent à certains travaux contraires à son hygiène, à sa santé et à sa dignité : elle ne doit pas prétendre à des travaux musculaires continus, non plus qu'à une assiduité cérébrale prolongée; certains emplois lui semblent inabordables qui exigent des fatigues incompatibles avec sa constitution, comme des stations, des ascensions, des attitudes commandées par la vie des commis de magasin, et dont les rigueurs ne sont connues que par les jeunes garçons dont elles envient le sort industriel.

Relativement à cette thèse sur les différences constitutionnelles qui subalternisent la femme, observons combien est générale, à travers l'histoire et les temps, l'affirmation de son importance et voyons ensuite dans les faits, en dehors des questions de critique ou de sentiment, les vérités qu'il s'agit de consacrer.

D'Homère à saint Grégoire de Nazianze, en passant par les Grecs et les Latins, Euripide, Simonide, Anacréon, Sophocle, Ovide, Juvénal, Plaute, Térence, Tite-Live et Strabon, c'est une série non interrompue d'aphorismes malsonnants et de remarques brutales sur les vices et les défauts féminins, sur les dangers du commerce qu'on entretient avec les femmes, sur leur pernicieuse influence. A cet abaissement systématique infligé par les poëtes et les historiens, voici Hippocrate et Galien qui ajoutent que la femme n'est pas ambidextre, et doit s'abstenir de pratiquer la saignée. Marcile Ficin et Plotin disent que la nature ne produit d'intention que des mâles, que par conséquent la femme n'est que le produit d'un arrêt de développement dans la génération de l'être humain, opinion que l'anatomie générale ne désavoue pas complétement.

Platon, par la création de son type « l'Androgyne, » ne considère la femme que comme un complément de l'unité de l'homme, et c'est sans doute en raison d'un tel point de départ qu'il a été conduit à professer la communauté des femmes, celles-ci n'étant que le moyen de maintenir le nombre voulu des citoyens de sa république.

Moïse, Salomon et les rabbins n'accordent pas aux femmes la même place auprès de Dieu qu'à leurs époux, et Mahomet les exclut de son ciel, où la présence des houris d'une nature supérieure prouve que sur la terre les femmes ne peuvent donner que l'avant-goût des voluptés qui seront complétées après notre mort (c'est Mahomet qui parle), par des instruments encore plus délicats.

Le christianisme, qui passe pour avoir entièrement réhabilité la femme, lui a porté un coup fatal par son mépris mal contenu contre le mariage, relégué parmi les choses que Dieu tolère, mais ne préfère pas.

L'Église, en idéalisant le célibat, a été obligée de protester contre les séductions émanées de la femme, et de s'entourer de toutes les précautions imaginables pour échapper aux embûches que le démon de la chair n'a pas cessé de tendre à la chasteté ascétique depuis saint Antoine jusqu'au frère Léotade et au jésuite du wagon de Morlaix, il y a peu d'années.

Qu'est la femme ? demande le *Directeur du prêtre*, imprimé à Lyon avec autorisation du cardinal de Bonald, et destiné aux désservants des campagnes, sous forme d'un questionnaire mêlé de latin aux endroits scabreux pour éviter que l'indiscrétion profane y dérobe le secret des sévérités orthodoxes. Donc, *quid est mulier?* Le voici : saint Jérôme, saint Maxime, saint Anastase le Sinaïte, saint Bonaventure, saint Ignace, disent : « C'est la porte du
« diable, le chemin de l'iniquité, la morsure du scorpion,
« le feu, la mèche d'étoupe, l'éventail du démon, le nau-
« frage de l'homme, la captivité de la vie, l'étreinte de la
« lionne, *læna complectens*, un groupe orné, un animal
« perfide, une vipère habillée, la compagne de Satan,
« l'office des démons, une fournaise ardente, une lance
« perforant le cœur, la tempête dans la maison, *tempestas
« domus*, un chef des ténèbres, un professeur de fautes,
« une bouche affamée, la calomnie des saints, l'épée du

« démon bien effilée et bien tranchante, si elle est (la
« femme) ou belle ou bien parée,. et le commerce qu'on
« entretient avec elle sera toujours suivi de feu ou de
« fumée.»

Et l'auteur du petit livre donne aux jeunes prêtres les
derniers conseils qui suivent : « N'ayez avec la femme que
« des conversations rares, courtes et graves ; désertez tout
.« ce qui engendre les familiarités; abstenez-vous de linge
« fin (sudariola), de mets délicats, de petites correspon-
« dances littéraires, de salutations gracieuses; car, prenez-
« y garde, tel est, dit Cyprien, l'incroyable endurcissement
« du cœur humain, qu'en voyant et en entendant comment
« meurent les autres, il ne croît pas encore à leur trépas,
« avant d'avoir senti qu'il meurt lui-même. »

N'avons-nous pas raison de soutenir que la haine dé-
daigneuse perce sous l'allure décente et respectueuse
affectée par les prêtres envers les femmes, et n'est-il pas
déplorable de voir celles-ci les écouter avec tant de déférence et se joindre à eux pour laisser sans défense
leur propre cœur et l'avenir de leurs enfants ?

Ce que la femme a gagné au régime chrétien n'appartient pas spécialement à ce régime, mais résulte des
applications coïncidant avec celles du christianisme à
la société, et ses fondateurs mêmes n'ont pas réussi à
étendre sur la femme la mansuétude rappelée par l'épisode évangélique de l'Adultère qui échappa à la lapidation,
épisode qui a été remis en doute par des gens très-
compétents, le texte de la légende manquant dans l'historien Eusèbe et dans les copies grecques ou syriaques
des Évangilistes.

Théodore de Bèze, Grotius et Leclerc, connus par leurs
études sur les concordances des Écritures, révoquent la
réalité de ce pieux événement; mais peu importe ! Si la

famille grecque et romaine ne doit rien au christianisme, si la femme du moyen âge supporta encore un assez lourd despotisme, il est juste de reconnaître que la création du type de Marie a fourni un idéal tout nouveau de justice, de dignité, et l'avenir comblera peu à peu la distance encore énorme qui existe entre le sort de la femme moderne et celui qu'il est permis d'espérer pour elle, par le divorce légal ou autrement.

Maintenant encore, comme le dit Marmontel, le nom de femme touche l'âme, mais ne l'élève pas, et le philosophe pensant l'étudier n'est bientôt que l'homme qui la désire, ou au moins l'amant qui en rêve; c'est pourquoi il faut que nous mettions à contribution la science et l'histoire, la physiologie et la morale pour connaître ce sujet *a merveilleusement divers et ondoyant,* » et conduire sagement aux réalités qui l'attendent en lui épargnant les fictions qui la trompent, cette créature dont le bonheur n'est pas séparé du bonheur commun.

Dans tout le règne animal, la femelle représente, sous le rapport de la taille et des forces, une atténuation marquée à côté du mâle. La coloration des tissus chez elle est moins énergique, et l'enveloppe cutanée, couverte de poils, de plumes ou d'écailles, n'offre jamais l'abondance, l'éclat et la puissante vitalité qui indiquent dans l'autre sexe la tendance périphérique des forces de la vie. C'est la sexualité qui commence à établir des oppositions marquées entre le petit garçon et la petite fille ; de telle sorte que, s'ils marchent en sens inverse de leur nature propre, ils se rapprochent entre eux. L'homme chez lequel les progrès de la masculinité sont entravés, retenus ou supprimés, devient un être féminin atrophié en énergie morale ou physique, tandis que la femme dépassant par son activité vitale la sphère qui lui est assignée s'appelle *virago*, c'est-à-dire homme-femme. Elle prend des poils au menton et s'éloigne de l'aptitude génératrice ou maternelle en proportion de ses progrès dans un sens masculin : par là on reconnaît la subordination et la passivité d'un sexe essentiellement initiable, destiné à la reproduction, et représentant le milieu où le germe humain doit prospérer.

On s'est beaucoup attendri sur cette considération que les accidents de la santé mettent sans-cesse la femme dans la dépendance de l'homme, et on a pensé que les nouvelles doctrines physiologiques sur la constitution féminine devaient servir à une réhabilitation rétrospective.

Il est vrai qu'avant les recherches de MM. Negrier, Pouchet, Coste, Raciborski, Ch. Robin, l'assujettissement hémorragique des femmes, attribué jadis à l'influence de la lune, puis à la station verticale, et en tout état de cause considéré comme une crise, un émonctoire, un dépuratif, mettait la femme dans une situation si désobligeante, que les peuples ignorants et grossiers lui infligeaient alors un stigmate d'impureté, et en faisaient une paria à type intermittent; mais on admet aujourd'hui que la fonction hémorragique dont il s'agit, est le résultat de l'élimination périodique d'ovules ou œufs détachés mensuellement de l'ovaire, et donnant lieu par eur maturité, leur acheminement et leur tendance à la nidification dans la matrice à diverses congestions et excrétions sanguines amenées au dehors. Mais, dit Michelet dans son livre de l'*Amour*, la semaine qui précède cette crise est déjà troublée, et dans les jours qui suivent chaque époque douloureuse, « se prolonge une « langueur, une faiblesse qu'on ne savait pas définir..... « C'est la cicatrisation d'une blessure intérieure qui, au

« fond, fait tout ce drame ; de sorte qu'en réalité, quinze
« ou vingt jours sur vingt-huit, on peut donc dire presque
« constamment : la femme n'est pas seulement une malade,
« mais une blessée. »

Ce tableau est trop chargé en couleurs : le sort des
époux serait en ce cas bien lourd ; la jeune femme, sans
cesse inhabile aux fatigues, aux soins, aux plaisirs de sa
condition, ne laisserait que les plus pénibles préoccupations à l'époux : il n'en est pas ainsi, et c'est par exception que les jeunes ménages présentent cette nosophobie
par cause amoureuse qui les exposerait au plus funeste
marasme hypocondriaque.

De même que chez les enfants l'évolution dentaire ne
devient laborieuse et morbide que si elle les surprend
dans de mauvaises conditions hygiéniques ou sanitaires,
de même la fonction hémorragique des femmes s'accomplit sans retentissement pénible, quand elle trouve
toutes les autres fonctions d'accord entre elles et en
équilibre. Il est impossible d'identifier les résultats de
l'activité des deux sexes ; mais c'est sans exactitude qu'on
prétend soustraire durant quatre-vingt-seize jours par
an au travail de la communauté la femme qui continue
de donner ses soins et son temps à la commandite conjugale, alors même qu'elle est sous le coup de sa « *blessure d'amour* ;» il faut seulement s'abstenir de juger ses
forces avec les mêmes procédés dynamométriques qu'on
emploie pour l'homme, dont la puissance n'est ni analogue
ni identique. On a longtemps et longuement discuté la
question de l'infériorité intellectuelle de la femme : les
doctrines théologiques, en admettant le principe de l'individualité immortelle, conduisent à reconnaître l'égalité
d'essence ; car si l'âme est la cause de la vie et de l'intelligence, ces deux dernières ne doivent leurs variables

manifestations qu'à une source unique, indivisible et identique dans chaque être qui a reçu l'existence. Mais entre cette importante conséquence et la différence des résultats fournis par l'intellect féminin et masculin, on a hésité quelquefois à reconnaître aux deux sexes la même origine, et l'on a entendu traiter dans les conciles cette importante question : « Les femmes ont-elles une même « nature spirituelle que l'homme? » Simon Gedicus les fait venir d'un satan femelle, Acidalius les exclut formellement du genre humain; le moyen âge a eu beaucoup affaire avec elles, mais il les a si souvent trouvées les interprètes du démon, qu'il les a brûlées en grand nombre.

Quoi qu'il en soit, et pour s'en tenir aux faits, aucune œuvre réellement sérieuse en philosophie, en science, en industrie ou en esthétique, n'est encore sortie de leur cerveau à plis moins nombreux ou de leurs mains plus délicates : et si l'essence de nature est, au moins, de même valeur, les entraves organiques n'ont pas laissé à leur vie une même qualité effective.

Chez elles, les conceptions abstraites, opérées par les facultés de synthèse et d'analyse, manquent de vigueur et de suite, et tandis que la science, chez l'homme, se convertit en raison, elle se transforme en sentiment chez les femmes. On ne leur doit aucune invention dont le point de départ ait été puisé dans les éléments déjà importants de leur instruction actuelle; et depuis l'époque où elles ont commencé à connaître le calcul, la cosmographie, un peu de physique et de mécanique et les applications de ces sciences dans les affaires de commerce et d'industrie, on ne les a vues coopérer à aucun perfectionnement de fabrication ou de métier. Sur 54,000 brevets d'invention depuis 1791 jusqu'en 1856, il n'y en a eu que six réclamés par des femmes pour modes et confections : au xviiiᵉ siècle, plusieurs d'elles traduisaient le grec, le latin, et commentaient Newton et Leibnitz ; mais le rouet, la quenouille, l'aiguille et l'épingle n'ont pas été inventés par celles qui négligeaient les lettres. Elles fréquentent peu les bibliothèques, les archives historiques, les musées : soumises d'elles-mêmes à l'éducation cléricale, elles apprennent le système de Copernic, sans connaître le martyre de Galilée, et se laissent affirmer que les Anglais ont brûlé Jeanne d'Arc, parce qu'on leur cache que c'est un jury ecclésiastique français qui envoya au bûcher cette sublime hallucinée.

Cependant tout le monde convient qu'il faut modérer chez les femmes le désir exubérant de se faire écrivains, désir qui en tourmente nn grand nombre, sans leur faire produire autre chose, comme l'observe leur ami M. Legouvé, que des tableaux de leur oisiveté : il y a lieu, en effet, de réagir contre les prétentions littéraires des femmes auteurs, qui se révoltent sans cesse contre leur destinée, moins douloureuse, en somme, que celle de l'homme, puisque les instincts les plus doux à satisfaire y dominent, tandis que les hommes ont à conquérir les sécurités les plus disputées.

Au début de ce siècle, Mᵐᵉ de Staël a commencé la lutte de l'émancipation féminine, et pour une telle croisade, ce premier champion prouvait mal, car son intelligence présente par son côté viril une exception, alors qu'il s'agit précisément de montrer la part spéciale des aptitudes à intégrer dans le concours des deux sexes pour l'œuvre collective.

Corinne est le plaidoyer, non pas de l'amour plus ou moins idéal et dégagé des entraves sociales, mais de l'orgueil dans les conquêtes de l'esprit ; c'est la peinture

des souffrances endurées par celles qui ne savent pas
allier dans une juste mesure les satisfactions instinctives et les satisfactions intellectuelles, et qui croient leur
nature privilégiée quand elle n'est qu'opprimée par la
funeste prépondérance des facultés d'un certain ordre
sur d'autres facultés destinées à établir un ensemble
harmonique des fonctions ; car, dans l'économie humaine,
comme ailleurs, tout se réduit à une question d'équilibre,
équilibre entre la raison et le sentiment, entre l'esprit et
le cœur, entre la science et l'émotion.

Le livre sur « l'Allemagne » est un examen encyclopédique assez érudit des richesses intellectuelles d'un pays
alors mal connu, et l'auteur s'est complu, non sans
malice, à étaler les pensées hardies qu'on trouvait dans
cette nation victime d'un néfaste conquérant, et qui con-
trastaient avec les infirmités de la littérature française de
l'empire napoléonien. C'est pourquoi Mme de Staël eut
les honneurs de l'ostracisme, et son livre eut la grande
publicité qui ne fait jamais défaut aux ouvrages poursuivis. L'auteur dont nous parlons a aussi écrit un livre
sur la révolution française qui fait surtout honneur à son
amour filial, car il ne s'agissait de rien moins que de
justifier M. de Necker dans sa participation à la chose
publique, et d'exalter avec lui le régime protestant et
parlementaire, dont la valeur négative fait encore illusion
à beaucoup de gens.

C'est surtout au moyen du roman que le talent des
femmes s'exerce en faveur de leur thèse d'émancipation,
et alors les armes employées sont généralement celles-ci :
satire du ménage, glorification des amours indépendants,
lieux communs philosophiques. Mais c'est rarement de
leur propre fonds que les femmes tirent des idées générales et formulent, comme on dit en logique, des *catégories*

et des *universaux*. Elles restent toujours trop impressionnables et trop émotives; elles représentent, comme disent Gœthe et Hegel, une réceptivité végétante et se tiennent, selon le mot de Mme Daniel Stern, « à mi-côte des grandes conceptions. »

Lorsqu'une originalité relative distingue certains écrits signés par une femme, on peut encore y signaler une trace d'idées étrangères et un emprunt intellectuel résultant de la communion d'esprit qu'elle a établie avec une ferme intelligence. Si l'auteur de *Lelia*, de *Spiridion* et de tant de chefs-d'œuvre, à fait valoir des doctrines socialistes, humanitaires, religieuses ou métaphysiques, il faut y reconnaître l'influence honorable des Lamennais, des P. Leroux, des J. Reynaud et autres écrivains renommés.

D'autre part, quoique l'éducation ait rendu la femme délicate, réservée, pudique et chaste à un degré qui fait l'orgueil et la satisfaction de l'homme, il n'est pas impossible de reconnaître une certaine infériorité de moralité, qui n'est qu'une conséquence de l'état de dépendance de son intelligence et de ses forces matérielles.

En principe, l'intelligence considérée dans ses réalités efficaces, et non dans sa virtualité abstraite, se proportionne à la force, car c'est par l'intelligence qu'on triomphe de la matière, dont on réduit successivement les résistances en simplifiant les moyens de la vaincre.

Un être fort est celui qui est en pleine possession de son intelligence : alors il s'inspire de franchise, parce qu'il ne redoute rien; il connaît le courage, parce qu'il a le sentiment de sa personnalité active; il pratique la bonté, parce que sa nature expansive a besoin de multiplier ses ressources ; il prend en horreur le mensonge et la ruse, qui témoignent de la perte de sa dignité et de sa force.

Les femmes sont condamnées, en raison de leur faiblesse,

à remplacer tout ce qui leur manque par des efforts de
séduction, de flatterie et de dissimulation. Elles ne dis-
posent que des mêmes sentiments maniés en tout sens,
et pour des buts opposés; humbles pour dominer, on les
voit réclamer des préséances, emprunter des titres à
leurs époux, et écraser leurs pareilles sous le poids de
leur luxe emprunté.

L'égoïsme presse si étroitement la femme, qu'elle admet
volontiers les fautes provoquées par ses faveurs, et se laisse
toucher par un crime commis pour elle plus que par une
vertu qui la dédaigne, réalisant ce que lui dit un poëte
avec énergie :

> Qu'on vous fasse régner, tout vous paraîtra juste ;
> Mais vous mépriseriez l'amant le plus auguste,
> S'il ne sacrifiait au pouvoir de vos yeux
> Son honneur, son devoir, la justice et les dieux.
>
> CRÉBILLON.

L'antiquité a stigmatisé ses tergiversations capri-
cieuses ; elle choisit Vulcain suant et boiteux, puis elle
passe entre les bras d'Adonis, et revient à Mars, avec sa
vanité toujours vivace. Entre Vénus Uranie et Vénus
Bachique, il y a quinze Vénus, connues plus ou moins,
mais toutes en crédit dans la hiérarchie des vices
humains.

Chaque civilisation qui débute montre la femme vénale
ou prostituée. Les plus récents explorateurs de l'Océanie
racontent que les marins n'ont jamais assez de verroteries
et d'humbles clinquants pour rembourser les avances des
dames sauvagesses, s'élançant toutes nues dans les eaux
des navires et les prenant à l'abordage. La statistique
note dans les grands centres les progrès de la prostitution
dont on proclame la femme victime, sans comprendre que,

par un tel aveu, on met en doute la force ou la dignité de la femme pour y échapper.

C'est qu'en effet, partout et nécessairement, la femme attend et reçoit de l'homme son initiation morale et ses lumières intellectuelles. Le mythe « d'Adam et Ève, » continué sans démenti jusqu'à nos jours, indique qu'elle procède de l'homme, et qu'elle s'émancipera ou rétrogradera toujours d'une manière corrélative et parallèle à lui. S'il est sauvage, anthropophage ou esclave, elle sera maltraitée, dépouillée, craintive. Son compagnon atteint-il un échelon supérieur de la sociabilité, est-il moins malheureux, se sent-il plus moral, la femme prend aussitôt sa part de cette transformation progressive, elle a plus de garanties morales et matérielles ; la sphère de son importance s'agrandit, elle garde avec plus d'autorité le foyer domestique, les enfants et les emblèmes protecteurs de la paix intérieure.

Enfin, lorsque l'homme a une cité, une patrie à servir et à aimer, alors la mère de famille encourage ceux qui l'entourent; elle anime son époux, ses fils, et devient pour sa maison le type à imiter. Nous sommes à Athènes ou à Rome, la dignité des mœurs est trouvée ; mais partout où la civilisation est rudimentaire, la femme n'est qu'un accessoire compromis, elle manque de responsabilité; elle réclame en vain.

Sous le régime païen, lorsque la pluralité polythéique divisait les protections divines et les rendait antagonistes, il était impossible de réaliser de grands progrès. La morale dans la famille tendait à l'individualisme; mais quand surgit le christianisme avec son principe omnipotent et universel, imposant les règles absolues et unitaires de la conduite privée et collective, la famille, entraînée dans le progrès général, devint solidaire du bonheur commun. L'Église admit l'égalité civile des sexes dans le mariage ; mais elle fut forcée d'imposer au clergé un célibat qui était la seule condition de sa prépondérance sur les familles à dominer, et dont il se tenait ainsi à distance pour conserver son autorité. Si le pouvoir clérical fut sauvé grâce à cette intelligente précaution, la femme fut, par contre, sacrifiée ; car il devint impossible de l'éloigner sans l'abaisser ou de s'en défendre sans l'injurier. Toutefois la connexion qui existe entre la moralité de l'homme et le sort de la femme est réelle : la condition de celle-ci n'a jamais cessé d'être la véritable mesure du progrès social, et ses réclamations plus ou moins insurrectionnelles ne parviennent pas à rien changer à la mesure de son bien-être et de sa dignité peu à peu conquise par le temps et les choses. Présentement, d'ailleurs, ne sont-ce pas les femmes qui restent attachées au passé et qui favorisent les passions rétrogrades ? Par suite de leurs instincts affectifs, elles continuent de craindre et d'adorer ce que nous dédaignons comme inutilement despotique et corrupteur, c'est-à-dire l'influence sacerdotale ; elles mettent en la pratique de leur vie le sentiment au-dessus de la raison, leur cœur avant l'intelligence, et remplissent ainsi leur existence d'agitations, de passions malheureuses, au lieu d'y mettre simplement le travail, les douces sympathies et les salutaires résignations.

S'il pouvait se faire que la femme prît la même place sociale que l'homme, les luttes tentées par elle auraient eu un commencement de succès, et l'on devrait déjà voir aboutir quelques-uns des efforts tentés au profit de son ambition ; mais les faits jugent la question, car ils démontrent que, toutes les fois qu'une femme obtient une prépondérance notoire, c'est un résultat payé par des souffrances domestiques et des crises douloureuses.

Le pouvoir marital doit conserver dans toutes les familles son prestige et sa réalité, la tradition populaire est d'accord avec le bon sens sur ce point ; et dans certaines parties de la France, on célèbre encore une fête dont le roi est autorisé à découvrir le toit du ménage où la femme est trop connue comme étant le *maître*.

Il est vrai que c'est à l'abri de la grande devise moderne : *Liberté, Égalité, Fraternité*, qu'on a fait valoir ces tentatives d'émancipation dont nous discutons l'opportunité ; de sorte que l'homme semblerait infidèle aux principes qui le guident, et aurait fourni des armes contre lui-même : l'équivoque vient ici de ce que le sens, plus métaphysique que positif, de ces trois mots n'a pas été toujours bien compris. La grande nation qui espère trouver le « Sésame, ouvre-toi » du bonheur commun, a vu déjà bien des déceptions à leur occasion ; comment, dès lors, s'imaginer que la petite agglomération de la famille va rencontrer dans une formule abstraite le *palladium* de ses destinées ? Lorsque l'immortelle Révolution française arbora sur ses étendards ces mots de sympathique et ardente propagande, il s'agissait de substituer un régime nouveau et décisif aux ruines amoncelées par la critique scientifique, religieuse et politique ; les croyances n'étaient pas libres, la circulation des idées était gênée, la presse n'avait pas d'organes, on cria : *Liberté !* La royauté, la noblesse, le clergé, conservaient des priviléges abusifs contre la majorité des citoyens, on cria : *Égalité !* Enfin le besoin des efforts en commun et le sentiment d'une solidarité universelle se fit jour dans le cri de *Fraternité* ; mais tout cela se rapportait à l'état social et à la grande politique de ce moment célèbre, et rien n'est plus différent de la cité et de la nation que la famille. On fait, sans doute, une cité en réunissant des familles ; mais chaque famille reste par elle-même un élément indépendant, irréductible, autonomique, qui ne peut perdre aucune de ses qualités essentielles en formant des groupes nationaux.

C'est une source de mécomptes que l'assimilation de la famille à une nation ou cité. Dans la triade du père, de la mère et de l'enfant, de la puissance qui crée, de l'abri qui féconde, et du produit qui s'élabore, il n'y a pas association, mais dépendance déterminée, et les droits ou attributs de ces divers êtres ne peuvent passer ailleurs que là où ils s'exercent.

L'autorité d'un roi, d'un général ou d'un prêtre, n'a rien d'analogue avec celle d'un père, et c'est pour avoir persévéré dans une fausse assimilation que nous subissons le malaise social qui nous travaille. Les peuples et les nations sont des individualités plus ou moins avancées en âge et en raison ; mais leurs mandataires délégués, bien que responsables de la répartition des charges et avantages publics, ne devancent par aucun signe certain les vœux et les besoins de leurs associés ; ils n'ont procréé aucun des enfants de leur prétendue famille, et ne les aiment souvent que pour les mieux dévorer.

Il ne faut donc pas faire refluer de l'une à l'autre, c'est-à-dire de la cité à la famille, ou de la famille à la cité, les conceptions métaphysiques sur les pouvoirs sociaux et domestiques, ni faire du terme particulier « Égalité » un appareil désorganisateur de la hiérarchie familiale : l'idéal d'*égalité*, démenti sans cesse par les faits, est incompréhensible pour la science, et n'a de sens déterminé que vis-à-vis de la pratique sociale. Les relations de plus en plus complexes, multipliées, laborieuses des civilisations modernes, établissent une grande confusion sur la nature du but qu'on se propose dans l'aspiration vers le bien-être égalitaire. En revanche, la liberté et la fraternité ne cessent de progresser : les assurances mutuelles, les sociétés de secours, les associations de métier par coopération, consommation, production, ont remplacé les priviléges de la noblesse et du clergé ; l'émancipation politique par l'électorat, par l'admissibilité de tous aux emplois, une même situation vis-à-vis de la loi, la protection assurée au travail et au talent avec rémunération proportionnelle à leur développement : tels sont les résultats pratiques du dogme civilisateur de l'égalité. Mais dès que ces points de départ sont obtenus, que les distinctions de caste sont abolies et que le labeur prolétaire, honoré par l'opinion, conduit plus sûrement à l'aisance relative, en même temps que les jouissances artistiques se généralisent dans l'éducation commune, tout autre égalité est une chimère poursuivie par une méprise de l'orgueil, et incompatible avec la tranquillité de l'esprit et la dignité de soi-même. Ce n'est plus qu'un rêve de metaphysique sentimentale propre à fourvoyer l'humanité, à compromettre l'ordre et le progrès positifs et à détruire dans la famille l'ordre que la nature y a établi. Ce qui est un besoin incontestable, c'est le triple régime de la liberté, de la justice et de la fraternité. C'est l'extension des vérités scientifiques d'où sortent les pratiques les plus variées de l'industrie avec leurs conséquences sur leur bien-être collectif et les garanties sociales collectives. C'est en cessant de confondre les suggestions d'une vanité intéressée avec les inspirations d'une conscience plus éclairée qu'on se résignera à la disproportion des dépenses individuelles, dont la limite est impossible à fixer pour chaque tempérament et chaque cas particulier, comme pour les conditions de l'intelligence et de l'éducation : ainsi comprise, l'inégalité est même une loi sociale qu'il s'agit de mettre à sa place dans le cadre commun. C'est parce que la sociabilité est une qualité primitive et fondamentale de notre nature qu'elle est sujette à des aberrations et à des déviations : on en abuse dans les doctrines communistes, quand on éteint toutes les initiatives individuelles dans la collectivité ; on la méconnaît encore dans le système opposé, qui absorbe dans l'égoïsme étroit des individus les forces auxquelles a droit toute l'humanité, formant un seul être.

Sans doute le souci quotidien du bien-être, les combinaisons nécessaires au lendemain, les prévoyances indispensables à l'avenir, rendent le travail peu attrayant et mêlé de plus d'amertumes que de consolations ; l'insuffisance du salaire, l'arbitraire répartition des bénéfices, qui méconnaît si souvent l'importance de la main-d'œuvre pour accroître la prépondérance du capital, tout retentit douloureusement sur le bonheur des familles. Mais s'il y a un leurre dans les calculs de l'imagination pour des jouissances identiques et illimitées, il faut reconnaître aux prévisions de la science une nouvelle importance, qui permet d'entrevoir sans utopie une moyenne plus large de bien-être et des sécurités privées et collectives plus complètes par l'évolution du génie industriel et économique, par l'épargne, l'assistance et la mutualité. L'avantage de l'irresponsabilité des prolétaires en face des soucis de la fortune, à tout instant soumise aux chances des événements divers, sera mieux appréciée, et la vie privée en recevra une direction plus paisible, et par suite plus heureuse. Nous pouvons donc résumer ce chapitre par les conclusions suivantes :

1° La *Famille* est l'unité, le noyau, le cristal, c'est-à-

4.

dire l'élément stable par excellence qui·résiste à toutes les analyses et synthèses sociales ; elle possède une autonomie spéciale qui l'empêche d'être absorbée dans les combinaisons communistes, dont elle est l'antithèse.

2° La famille suppose le pouvoir paternel, qui est le produit de la triple prépondérance physique, intellectuelle et morale de l'homme unifiée dans ses manifestations, car l'intelligence, la moralité et la force coexistent dans une même production et se confondent dans leurs résultats communs.

3° La supériorité de l'homme, se rapportant nécessairement au but qu'elle doit accomplir, n'implique aucun droit despotique et arbitraire du mari sur sa femme, et ne suppose aucun dédain pour ses facultés différentes ; elle indique seulement que la femme peut et doit recevoir de l'époux le complément de son instruction, de sa moralité, pour accomplir sa grande mission reproductrice.

4° L'assimilation métaphysique de la famille à un petit État est fausse, et ne peut conduire qu'à des conséquences fâcheuses, parce que les conditions respectives de la famille et de l'État sont fondamentalement distinctes et différentes. La moderne devise de la République sur la *Liberté*, l'*Égalité*, la *Fraternité*, appartient au domaine sociologique, et doit y rester confinée, car, du moment où elle prétend s'introduire dans la famille, elle perd sa signification, et devient l'occasion d'une déviation dans l'évolution normale de la famille.

5° Le sort de la femme épouse, bien que subordonné, présente encore des conditions suffisantes pour combler ses vœux légitimes ; car, sans rien perdre du côté des acquisitions compatibles avec son degré de force et la nature de son intelligence, elle possède dans la vie sen-

timentale un terrain considérable où l'amour, le dévouement, les sympathies, les affections de toute sorte s'épa-
nouissent à l'aise, et font incliner son existence du
meilleur sens, en lui fournissant la part du cœur, lequel,
en se livrant, procurera le bonheur, le mérite et l'élévation de la destinée.

6° Quand la femme, mal inspirée, a cherché dans les
attributions sociales ou dans les lettres un moyen d'indépendance et d'égalité, elle n'a éprouvé que malaise et
déception. Sapho, uniquement occupée d'idéal et de
poésie, succombe devant le dédain qu'elle rencontre ; Corinne ne peut vaincre dans Oswald l'inquiétude que provoque sa tendance exaltée vers la gloire artistique, tandis
que Werther ne triomphe pas de la vertu de Charlotte,
dévouée aux affections domestiques, et trouvant dans les
salutaires occupations du ménage et dans la dignité de
la foi conjugale une protection suffisante contre les embûches et les perturbations d'un amour persécuteur.

7° La recherche du bien-être et de la fortune est nécessaire ou légitime ; chaque famille doit tendre sans
interruption à augmenter l'un ou l'autre ; c'est à l'accumulation de ces deux choses, sous les noms de santé et
d'abondance, qu'on doit les garanties de l'avenir, les
relations aimables, les charmes de l'éducation, les jouissances délicates de l'art, avantages multiples dont l'absence donne une signification très-pénible aux inégalités
des situations dans le monde, tandis que leur intervention
fait taire les suggestions de l'envie, aux prises avec les
calculs de l'orgueil et de la vanité.

8° L'instruction, trop peu répandue chez les femmes,
doit être plus vivement encouragée ; si les inventions et
les initiatives industrielles, si l'originalité scientifique et
les prépondérances administratives ne sont pas de leur

ressort, il y a, par compensation, dans leur activité intuitive, dans leur curiosité ardente et dans leur réceptivité intelligente, de quoi suffire aux acquisitions utiles au commerce de la vie, et dont elles feront profit pour elles comme pour leur entourage.

9° A mesure que les efforts matériels seront diminués dans les divers travaux, à mesure que la science transportera dans la vie les fruits encore cachés de ses conquêtes, le foyer domestique s'échauffera et s'illuminera à de nouveaux rayons : la protection par l'hygiène sera mieux raisonnée, l'alimentation dépendra d'une chimie culinaire savante; chaque ménage citadin ou rural devra posséder un laboratoire et une bibliothèque, une encyclopédie pratique et théorique, où la femme puisera pour ses enfants les notions de santé, de force, de bien-être et de liberté.

CHAPITRE IV.

De l'Enfant.

Age serein, où l'âme, étrangère à l'envie,
Se prépare en riant aux douleurs de la vie,
Prend son penchant pour guide et, simp'e en ses trans-
Fait le bien sans orgueil et le mal sans remords.   [ports

V. Hugo.

Il faut préserver le génie qui est au dedans de nous de toute ignominie, de tout dommage ; vaincre le plaisir et la douleur ; ne rien faire au hasard, et n'user jamais de mensonge ou de dissimulation.

Marc-Aurèle.

Le mariage n'est pas fait essentiellement pour l'amour ; la présence de l'enfant venant si promptement emprunter à ses parents des secours, une tendresse et une sollicitude plus instinctives que raisonnées, atteste la subordination nécessaire des sentiments érotiques aux affections plus larges et plus désintéressées de la famille.

Il ne s'ensuit pas, toutefois, que le mariage doive être conclu sous d'autres influences que la sympathie, l'estime, la confiance et l'attrait réciproque : il faut désespérer des unions contractées, sous la pression de l'égoïsme, avec des préoccupations cupides et ambitieuses, dans l'imprévoyance du caprice et l'inexpérience de la jeunesse. Mais puisque le mariage n'est pas fait pour les jouissances exclusives de l'amour entre deux individus, et qu'un troisième être vient les appeler à un but nouveau, il faut sinon immoler l'amour sur l'autel de la raison, du moins sacrifier en vue des nécessités de la famille, et pour la mieux servir, tout ce qui pourrait, par un excès d'appropriation égoïste et d'autolâtrie sensuelle, gêner l'essor des instincts protecteurs de la paternité. Si le mariage n'avait pas cette portée, on ne le verrait pas sanctionné d'une manière si sérieuse par les pouvoirs sociaux et religieux ; il importerait peu à la morale de l'État qu'on pratiquât l'amour sans le mariage et qu'on encensât Vénus en oubliant Lucine : le code s'occupe des intérêts et non des sentiments. Les prescriptions préliminaires qui sanctionnent les conditions du mariage demandent aux époux la fidélité, sans se préoccuper des sympathies préalables. On suppose que la constance est un mérite nécessaire aux intérêts engagés ; mais la mesure de cette constance n'est obtenue par aucun témoignage ; on l'exige comme moyen, mais on ne sait de quelle source morale elle peut provenir.

Ce n'est pas pour complaire aux instincts passionnels dans le couple humain que les religions ont pris l'union conjugale sous leur autorité : elles recommandent de mettre de côté un entraînement trop spontané pour écouter les sages conseils d'une prudente association, dans laquelle elles font toutefois prédominer les intérêts de la religion avant ceux de la société. Mais le voici cet enfant but du mariage, cause efficace du développement prochain d'un sentiment puissant, énergique, et si indépendant des autres, qu'il commande en tyran aux êtres supérieurs de la création, et qui ne se transforme pour nous en lumière morale qu'à la suite des plus sérieuses épreuves et des plus longs tâtonnements. Combien, en effet, laissent à désirer nos moyens éducateurs ! quelle immense variété de préceptes, quelles incertitudes dans les règles pédagogiques ! C'est à peine si la jeune mère ose croire à ses inspirations dès les premiers moments où elle entre en possession de son enfant. Bientôt, dans la confusion de toutes les impressions qui l'assiégent, elle se sent plus insuffisante que le modeste animal rigoureusement limité au cercle de ses impulsions primitives. Rien ne prouve mieux que cette défaillance de nous-mêmes, en face du plus puissant intérêt de la vie, la solidarité de toutes nos facultés appelées à un concours simultané et harmonique dans l'individu et dans la société. — Il nous faut d'abord distinguer dans l'enfant ce qui constitue sa puissance propre, afin d'apprécier comparativement ce que l'hérédité, l'éducation et les modificateurs externes ajoutent ou retranchent à sa constitution physique et morale.

On s'est beaucoup préoccupé de l'influence de la santé morale de la mère sur son enfant pendant la grossesse : il n'est pas douteux qu'une certaine agitation s'empare de la plupart des femmes enceintes, et les pousse à s'interroger sans cesse afin de savoir si le développement normal et plastique de l'enfant n'est pas compromis. Mais on ne peut en déduire avec certitude l'influence de l'imagination : il faudrait, pour cela, être maître de cette double hypothèse : 1° L'idée prend-elle toujours un corps ? 2° Existe-t-il une communication directe entre les vaisseaux et nerfs de la mère, et les vaisseaux et nerfs de l'enfant ? Or, d'une part, il est impossible d'affirmer que

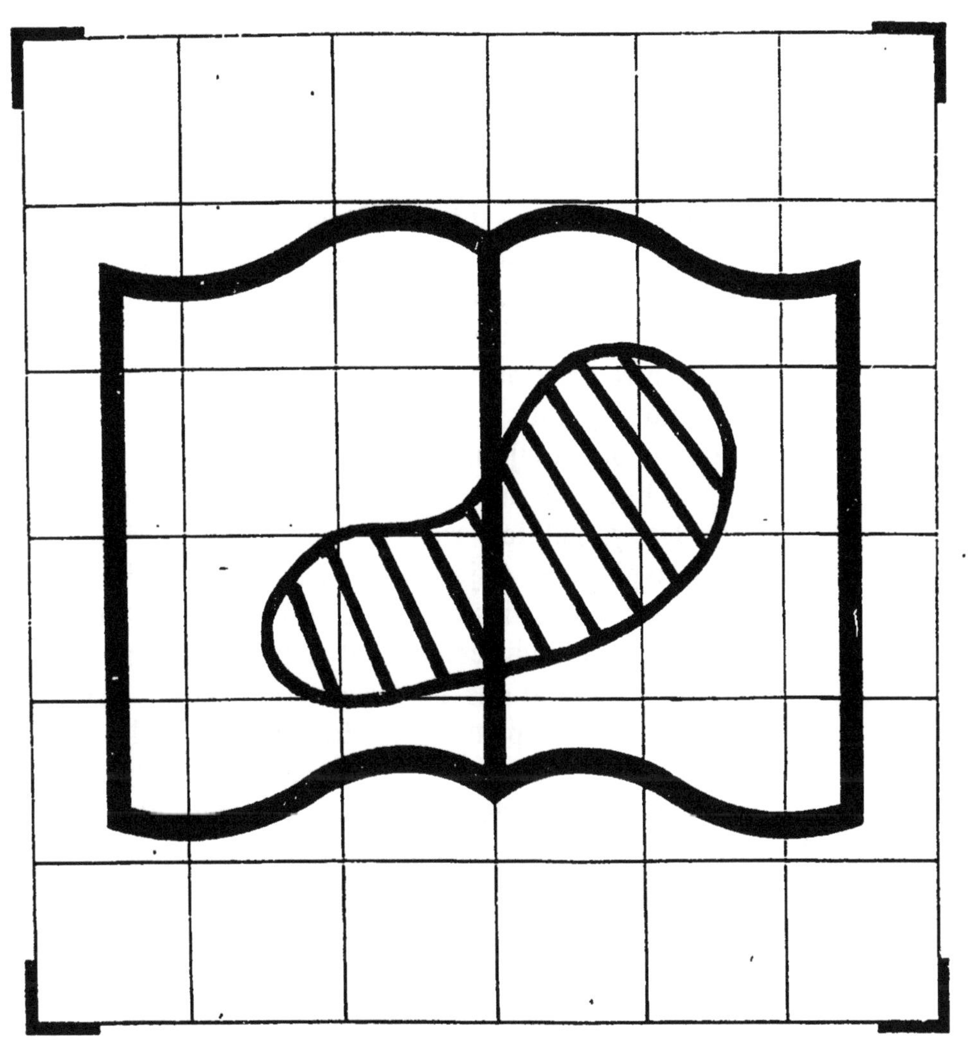

toute conception intellectuelle aboutisse à une réalité substantielle et, d'autre part, si la communication vasculaire existe entre la mère et l'enfant par le placenta, qui représente le terrain où les radicules du fœtus pompent des matériaux concentrés, drainés et améliorés, il n'y a rien de pareil pour les éléments nerveux, invisibles dans ce placenta.

Toutefois, il est permis de croire que, l'état nerveux de la mère modifiant sa propre circulation et sa nutrition, il s'ensuive pour l'enfant des déviations de l'un ou de l'autre système capables de changer les conditions de sa conformation normale. Ce que l'on appelle sympathies organiques, c'est-à-dire réactions physiologiques ou morbides entre deux ou plusieurs organes à distance, ne peut dépendre que du système nerveux, et cependant on ne découvre pas toujours les filets de communication organique. Entre la matrice et les mamelles, dont on ne peut nier les sympathies, rien d'apparent qui les réunisse pour les expliquer. Aujourd'hui les monstruosités de naissance, les anomalies d'origine, les lésions du fœtus, sont classées méthodiquement et expliquées par des causes rationnelles et des modes connus comme l'excès ou l'arrêt de développement, les transpositions des viscères, etc.; de même, au point de vue de l'action du moral, l'intervention de l'imagination maternelle, perdant au travers de l'organisme son essence idéale, doit seulement être envisagée dans son action secondaire et indirecte, et non comme l'expression primitive et essentielle de ce qu'on nomme le Moral.

Voltaire, qui croyait fermement aux effets de l'imagination, et qui, par compensation, niait la présence des coquilles marines dans l'intérieur des terres actuelles, cite le fait d'une femme qui, après avoir assisté au supplice d'un malheureux condamné à la roue, accoucha d'un enfant sur les membres duquel on constata cinquante-six fractures ; mais en même temps on put reconnaître sur un autre enfant rachitique, dont la mère n'avait eu aucune envie de voir l'affreux supplice de la roue, un nombre considérable de lésions des os.

Souvent on rencontre une sorte de rapport entre l'aspect des désordres de l'enfant naissant et le genre de trouble organique accusé par la mère : il n'y a pas là d'hérédité, mais un fait de coïncidence fortuite. Toutefois, les compressions dans la matrice, l'engagement des membres du fœtus dans les membranes de l'œuf, les nœuds du cordon ombilical autour de ses membres, peuvent produire des sections, des déplacements et des dispositions très-originales, sans rapport avec aucune cause déterminante spéciale, malgré les apparences bizarres et en dépit des changements de forme ou de couleur dans les parties compromises.

La nature vise plus à la reproduction de l'espèce qu'à celle des individus ; c'est pourquoi les parents porteurs d'une mutilation quelconque ne la transmettent pas à leurs enfants, tandis qu'on voit dans les animaux et dans l'espèce humaine une fécondation imprimer son cachet à plusieurs conceptions successives d'une femelle qui a changé de géniteur. Les enfants d'une veuve remariée ressemblent souvent au premier mari de cette femme. Un âne accouplé à une jument laisse aux produits ultérieurs de cette bête une tâche très-redoutée des éleveurs ; il en est de même pour les chiennes et autres femelles, indéfiniment influencées par le premier mâle qui les a couvertes.

Attribuer les ressemblances et les aptitudes physiques et morales des individus à l'imitation ou à l'éducation,

c'est faire une part trop grande au libre pouvoir des individus, et méconnaître la prépondérance de l'hérédité pour
la taille, la santé, le moral ; toutefois, si les tendances
héréditaires sont trop exclusives et très-spéciales, elles
sont bientôt arrêtées ; c'est ainsi que les races de géants,
de nains ou de métis, aboutissent prochainement à trois
impuissances, et que pour éteindre un vice marqué dans
une espèce animale ou végétale, il faut cinq ou six générations améliorantes.

Si les chevaux et les chiens dressés transmettent à leurs
petits leurs aptitudes individuelles, cela prouve que l'éducation est devenue héréditaire par l'impression préalable
dans la constitution physique des éléments de cette transmission. On a discuté d'une manière souvent légère les
occasions de ressemblance des enfants avec leur parents ;
des théories diverses ont été proposées avec l'appui incomplet des faits d'observation, qui ne se prêtent pas
encore à une généralisation quelconque. Les ressemblances ont paru se croiser entre les sexes, les filles reproduisant lee traits du père, tandis que les fils conservent
ceux de leur mère : il s'ensuivrait un équilibre d'harmonie,
les attributs spéciaux n'étant ainsi jamais fixés unilatéralement par le même sexe.

On a prétendu aussi, eu égard à la grande division en
vie plastique et *vie de relation*, que les enfants pouvaient
tenir par voie d'exclusion les éléments physiques et
moraux de leur existence héréditaire, de telle sorte, par
exemple, que ceux qui ressemblent au père pour le physique auraient la constitution morale de leur mère ; inversement, ceux dont la vie cérébrale ou de relation
viendrait du père, auraient le tempérament plastique de la
mère. (MOREAU, de Tours.)

Ces idées vérifiées auraient une grande importance,

puisqu'elles permettraient de préparer de bonne heure, par l'hygiène, le régime et tous les moyens dont l'éducation dispose, les modifications rationnelles à introduire pour rétablir l'harmonie organique et fonctionnelle à son point de départ; et nous savons déjà, par les différences constitutionnelles des sexes, ce qui doit physiologiquement prédominer dans l'un par rapport à l'autre ou, au contraire, être et rester subalterne, Le mouvement vital est expansif et périphérique dans l'homme, il est concentrique et réceptif dans la femme. Il est constaté que l'affaiblissement dans les groupes nationaux, comme dans l'intérieur des familles, s'accuse par une proportion plus élevée des naissances de filles, comme si la nature refusait à l'espèce son degré le plus élevé de force dès que le principe masculin s'affaiblit. En Orient, la rareté des naissances mâles a produit systématiquement l'abaissement des femmes. On n'ignore pas que les parents jeunes débutent par la procréation des filles; un père phthisique produit surtout des filles, il en est de même pour les hommes affaiblis ou délicats. Enfin les filles naturelles sont plus nombreuses que les garçons également issus du commerce de Vénus vague.

L'amour est une idéalité; mais dans la nature, le physique sert d'organe au moral, et l'amour qui porte dans l'espace, par ses branches, l'impérissable fruit de l'idéal, plonge ses racines dans la nature matérielle; il faut donc, sans désespérer de la poésie dans l'amour, s'abandonner aux instincts primitifs, aux impulsions de la génération et de la paternité qui s'enchaînent : c'est là le vrai mariage, son but physiologique et social.

Les protections des parents pour leurs enfants se mesurent sur les besoins que ces derniers témoignent. Les passereaux font des nids plus chauds, en proportion

de la nudité et de la faiblesse de leurs petits. Les carnas-
siers défendent leur progéniture avec une violence extrême,
parce qu'elle vient au monde très-débile ; les ruminants,
au contraire, s'inquiètent médiocrement de la leur, qui
se tient sur pied une heure après sa naissance.

On voit, dans toutes les espèces, l'attachement dans la
famille se développer avec la présence des enfants, l'amour
sexuel perdre en même temps sa violence égoïste, et la
nature poursuivre à travers ces transformations la loi et
le besoin de la perpétuité.

L'enfance se compose des premières années, pendant lesquelles la vie, essentiellement rapide, présente des phases,
sinon sans force et sans but, du moins sans individualité
et sans pérennité. Cet état transitoire vers l'avenir est
marqué par plusieurs conditions organiques, comme
l'évolution des dents de lait ; la plasticité végétative
ramène du dehors au dedans tous les éléments vitaux, jusqu'alors périphériques ; la circulation pulmo-
naire se centralise, au lieu de rester comme dans le fœtus
épanouie à l'extérieur ; les sens qui sommeillaient,
réduits à leur entretien organique, entrent en possession
de leurs propriétés perceptives, et des trois grands
centres de la vie : tête, poitrine, abdomen, partent, dans
une triple direction, des symptomes fonctionnels, dont
l'indépendance se dégage de la confusion inévitable des
premiers débuts de la vie.

Mais la nature, qui ne procède jamais par sauts et
bonds, laisse apercevoir les attaches de la mère avec
l'enfant qui résistent dans la mesure des besoins de ce
dernier, malgré les dispositions de l'espèce plus ou moins
réfractaires aux douceurs de l'attachement ; les souris
comme les chattes ont pour leurs petits aveugles ou nus,

pendant une période relativement longue, une sollicitude également prolongée. L'incubation donne au fruit une maturité proportionnelle au temps où elle persiste. Chez les marsupiaux, les vaisseaux du placenta sont peu développés, et ils le sont remarquablement chez les ruminants, parce que, dans le premier cas, la protection de la mère se prolonge au delà de la vie uterine, par une disposition spéciale, tandis que, dans le second cas, l'indépendance du petit est dénoncée par son accroissement plus avancé au sein de sa mère.

Les serpents, qui éparpillent sur le sol en continuant de ramper leurs petits, déjà agiles eux-mêmes, n'ont que faire de se retourner vers eux, et les laissent en effet à la merci de leur destinée. On voit, par contre, beaucoup d'insectes pourvoir à la nourriture future de leur descendance à l'état d'œuf, et les guêpes, en particulier, remplir d'aliments le nid des héritiers qu'elles ne connaîtront pas. Dans la classe des poissons, le frai le mieux ménagé par les femelles est celui qui attend dans le dangereux ballottement des vagues, près des rivages empierrés, une tardive et plus laborieuse vivification. Quand l'oiseau ou l'animal quel qu'il soit sont plus longuement unis en association conjugale, c'est toujours au profit des enfants que cette durée se prolonge, et c'est à tort que l'imagination érotique y voit le symbole des amours fidèles ; cet accord montre seulement que l'espèce tend à se conserver au détriment des intérêts égoïstes de chaque époux.

L'activité si prépondérante du premier âge se continue tant que l'harmonie des forces organiques n'est pas sous la direction des grands centres nerveux : c'est peu à peu que le cerveau se divise en spécialités fonctionnelles, à mesure que sa masse absolue diminue relativement au poids total du corps, et tandis que dans l'enfance le poids est :: 1 : 8, on le trouve dans l'adulte :: 1 : 50, quand toutes les parties fonctionnent avec ensemble.

Les jurisconsultes, qui ne considèrent pas comme un être moral l'embryon utérin, font de sa séparation à terme l'intérêt civil de sa vie; cependant, de même que la périphérie suppose un centre, et réciproquement, ainsi la vie du fœtus devrait avoir une signification légale, depuis son début par la conception.

Dès sa naissance, l'enfant témoigne que son mode vital est changé péniblement; il crie, s'agite, rougit et veut être promptement secouru, car l'air qui entre et sort sèche sa bouche, et excite par sa composition chimique, sa température, son état hygrométrique, des sensations douloureuses qui établissent un antagonisme définitif entre sa vie passée et celle qui lui succède.

Après cette sorte de suprise, l'enfant se calme et semble provisoirement retomber dans sa tranquillité embryonnaire; il en retrace les reminiscences par son attitude repliée et son sommeil immobile, seulement interrompu par les besoins alimentaires. Le sein de la mère fournit une liqueur douce et tiède qui humecte sa bouche, et s'il est obligé d'acheter par un effort de succion cette nourriture nouvelle, dont il était dispensé, un 'pareil travail lui fera aimer la vie, parce qu'il comble un besoin dont la réapparition est parallèle à la satisfaction qu'il rencontre.

Ce n'est que vers le troisième mois que les sens de la vue et de l'ouïe interprètent les données sur lesquelles ils s'exercent, et encore les impressions ne sont que superficiellement transformées par un cerveau qui n'a pas encore la fermeté nécessaire pour la conservation des traces sensorielles et leur coordination préparatoire à un résultat utile.

La sympathie aimable est certainement la première

manifestation des sentiments de l'enfant, et l'on voit qu'il l'éprouve par l'épanouissement de sa figure, quand une voix tendrement caressante, une expression des yeux adoucie et des mouvements badins attaquent à la fois ses oreilles, sa vue et sa petite personne remuée avec délicatesse. Bientôt il reconnaît ses premiers semblables dans d'autres enfants, qu'il accueille avec préférence, et vers lesquels le portent leur rire et leurs gestes fins et mignons. Le sort d'autrui commence à l'intéresser, et si l'on feint de battre sa nourrice ou que celle-ci fasse semblant de pleurer, il se chagrine, et tout en cherchant à se protéger lui-même, il la caresse des mains et offre son visage à ses baisers.

Au quatrième mois, l'idée de propriété se fait jour dans son esprit; il proteste contre le partage du lait qui le nourrit, même s'il est rassasié, ce qui peut faire supposer un besoin de prévoyante réserve, qui est le point de départ de cet intérêt.

Vers cette époque, la curiosité le fait s'avancer prudemment sur les objets placés à sa portée, et sa main est le premier instrument qui établit ses rapports entre le monde extérieur et lui, entre le *non-moi* et le *moi,* qui se dégagent peu à peu l'un de l'autre.

S'il veut boire, et que par bonté il patiente, il imite avec ses lèvres le mouvement d'avaler; il demande, il est vrai, presque tout avec passion, car il sait mal mesurer le temps, et se sentant limité rapidement, il réagit violemment contre les obstacles qu'il rencontre. Les soins de sa toilette lui semblent aussi longs qu'une opération de chirurgie pourrait lui paraître longue. Devenu vif, turbulent et gai en raison de sa sensibilité et de ses forces relatives, il reproduit le double aspect de son progrès physique et moral, le dernier n'étant qu'une extension de l'autre; son individualité prend donc possession des attributs qui lui sont réservés à mesure que la matière lui rend compte de ses propriétés. Après avoir prononcé avec affection le nom de sa mère, et avec une déférence plus craintive celui de son père, il dit le sien, et se désigne à la troisième personne du verbe, parce qu'il pose ainsi plus aisément son existence au milieu de celles qu'il distingue autour de lui.

Son langage est plus facile pour les mots où se recontrent les émissions labiales, et s'étend par l'introduction des lettres *d*, *t*, *l*, *n*. S'il crie depuis le premier jour de sa naissance, il ne commence véritablement à pleurer que depuis le quatrième mois, en ce sens que ses larmes sont le produit d'une réaction du cerveau, et non plus seulement une lubréfaction du globe de l'œil par l'action de la glande lacrymale.

On peut suivre pas à pas, dans la pratique, l'intéressante évolution de l'enfant, dont les parents sont si étonnés et émus à cette occasion qu'ils deviennent remarquables eux-mêmes par l'exagération de leur enthousiasme. Ce n'est pas à nous d'insister ici, par une minutieuse et microscopique description, sur ces progrès charmants. Voyons l'enfant d'un an : il est devenu assez adroit pour adapter ses mouvements à la station verticale; il marche en tremblant, parce que les muscles du mollet et des reins font à peine équilibre au poids de la tête et du ventre; mais il se sert de ses bras avec succès pour porter sans erreur à sa bouche les objets qui rencontraient précédemment les yeux ou le nez, et il sépare avec précision ses doigts au lieu de porter en masse son poing sur son visage. L'habitude qu'on a prise de le faire boire lui a fait perdre de son côté celle de sucer les liquides qui bientôt font place à des aliments plus consistants. Il conquiert avec l'âge de deux ans ses vingt premières dents, auxquelles succéderont cinq ans plus tard trente-deux autres dents successivement sorties jusqu'à vingt-cinq ans, ce qui forme la dentition la plus complète, mais aussi la plus lente qu'on observe dans la série des mammifères.

La plasticité albumineuse, prédominant dans l'enfant, lui donnne un aspect lymphatique avec les conséquences spéciales de ce tempérament, savoir la présence fréquente de vers ascarides et certaines affections parasitaires, comme le muguet, le favus et autres produits greffés sur sa nature exubérante en sucs nourriciers. Les premiers exercices de l'enfant doivent être très-surveillés, parce que l'état de ses muscles lui fait manquer les conditions statiques qu'il n'a aucun moyen intellectuel d'apprécier. Ainsi, tout d'abord, il court, il se précipite au lieu de se mettre en mouvement, et ne sait pas intercaler une prévoyante succession d'efforts entre le désir et le but, négligeant forcément les moyens pour recueillir avec étour-derie la fin. C'est par les jeux qu'il faut utiliser ses pre-mière forces, et il est remarqnable qu'en tout lieu et en tout temps, ces jeux se trouvent être les mêmes : lancer la balle, faire rouler le cerceau, tasser le sable dans des moules, tout cela appartient au petit Français, comme au petit Anglais, à l'Allemand comme à l'Italien. Est-ce que ces heureux enfants ont encore les traits communs d'une même famille, jusqu'à ce que l'antagonisme politique fasse de cette famille une tour de Babel avec la confusion du langage et des intérêts ? C'est plus simplement l'évo-lution physiologique spontanée de la nature de l'enfant non modifiée par le milieu,

S'il est certain que l'influence héréditaire se transmet quelquefois par des anomalies organiques et fonctionnelles dans les divers systèmes digestif, musculaire ou nerveux, il faut réserver tout ce que l'innéité de l'individu oppose de résistance à ces manifestations par hérédité.

Chaque individu réagit aussi par une force autonomique contre les conséquences du climat, du régime alimentaire, de la race et même de la famille. C'est cette force qui assure à chacun, dans la vie, la part responsable qu'il conserve vis-à-vis de tous et de chacun, avec bénéfice ou malaise.

L'hérédité se choque encore et avorte contre les combinaisons résultant de la dualité des parents, qui dans leur participation au produit de la génération l'impressionnement d'une manière variable et respective, selon leur âge, les moments de la conception, le tempérament et les conditions temporaires de la santé : voilà pourquoi les frères et sœurs présentent des contrastes si variés entre eux. Enfin l'influence des causes générales, la prépondérance du grand nombre sur la minorité, les mœurs et le régime, tout cela retentit sur les fait shéréditaires et. tend à les entraver. En France, aucune famille dite noble ne dure plus de trois siècles, au bout desquels le type physique a disparu. Quatre générations méthodiquement croisées suffisent pour obtenir un blanc ou un nègre ; et selon qu'on veut faire prédominer ou exclure l'une, ou l'autre couleur, on n'a qu'à mettre en première ligne dans le mariage le caractère le plus tranché dont on poursuit le type, associant par exemple, pour obtenir un enfant blanc, la quarteronne avec un mulâtre, et inversement, pour retourner au nègre, deux individus réalisant à peu près cette couleur. Les Hindous, si sévères sur la question de la pureté de race, considèrent que celle-ci est conquise ou perdue par sept générations dans le sens positif ou négatif, et alors la caste ne peut être refaite qu'au moyen d'alliances jusqu'alors interdites.

L'enfant obtient, dans l'espace de sa première année, l'accroissement considérable de vingt centimètres; pendant la seconde année, la croissance n'est plus que de dix centimètres, et dans le cours de la troisième, il ne grandit que de sept centimètres.

A partir de quatre ans jusqu'à seize et même vingt-cinq, c'est dans la même mesure annuelle d'environ cinquante-six millimètres que se fait la croissance. Ces renseignements n'ont pas seulement un intérêt scientifique abstrait, ils offrent un point d'appui à l'hygiène pour les prescriptions du travail et de l'alimentation.

L'emploi des substances féculentes et grasses ou sucrées est justifié dans l'enfance par l'accumulation nécessaire des matériaux carbonés et aqueux, servant surtout à produire le calorique largement dépensé dans cet âge de mouvement.

Les différentes parties du corps de l'enfant prennent un développement proportionnel utile à connaître : de un jour à un an, le diamètre longitudinal de la tête augmente de 122 millimètres, le diamètre transverse de 108 millimètres, et le diamètre oblique de 135 millimètres. L'accroissement de la longueur du tronc, jusqu'à neuf mois, est d'environ 81 millimètres; d'où l'on voit combien, en proportion, le principal instrument de la puissance humaine, le cerveau, se hâte de conquérir sa massive prépondérance. Toutefois l'enfant ne possède que les rudiments fonctionnels du sytème cérébral; il ne faut donc pas lui appliquer avec la rigueur systématique en rapport avec le développement normal de nos facultés les moyens de direction appartenant à d'autres âges, et il convient de se contenter des généralités qui n'entraveront pas les acquisitions spontanées qu'il doit faire en dehors de la pédagogie, et de laisser à ses instincts primitifs un essor relativement libre et normal, avant de prétendre en réformer les excès ou en encourager les défaillances.

Les fonctions du cerveau ne diffèrent pas seulement suivant le volume total de l'organe et sa densité, mais en raison de la prédominance de certaines parties et de la quantité de sang adressé par le cœur à la substance nerveuse, et encore de l'état des autres fonctions organiques qui réagissent sur le cerveau. C'est pourquoi, chez l'enfant, l'état moral et intellectuel, quoique virtuellement complet, est très-défectueux vis-à-vis de la pratique de la vie sociale; et jusqu'à ce que l'harmonie de l'ensemble remplace l'essor inégal et désordonné de ses fonctions, ses éducateurs doivent conserver une patience, une prudence et une discrétion extrêmes.

Il est des enfants vifs et souples, d'autres lents et paresseux : les uns sont emportés, actifs et mobiles, les autres impassibles, persévérants et opiniâtres; en consultant leur tempérament, on voit les premiers rougir et pâlir avec une rapidité d'alternatives à laquelle ils ne commandent pas, tandis que la figure placide et fort peu réagissante des seconds. atteste que leur sang est pauvre en globules et en fibrine; car ce qui se passe sur la figure de ces enfants est l'image de ce qui se produit dans la profondeur des organes. Si la face est vivement injectée, c'est que la pulpe du cerveau l'est aussi, et quand les tissus périphériques restent mous et décolorés, la substance cérébrale n'est pas davantage pénétrée d'un sang qui manque de force pour faire son chemin.

Ces considérations s'appliquent aussi bien aux dispositions primitives qu'accidentelles de la santé. La rapidité du cours du sang et la réaction sur le cerveau sont bien connues. Personne n'ignore la variabilité des appréciations morales et intellectuelles sur une même question, selon qu'on la traite à jeun ou satisfait d'estomac; le mal de mer retentit sur les fonctions digestives et nerveuses de façon à déterminer une prostration physique équivalente au découragement moral le plus complet, et les gastralgiques sont peu à peu conduits à une mélancolie hypocondriaque qui les rend insupportables aux autres et à eux-mêmes.

Il faut donc avant tout soigner le physique de l'enfant, et se pénétrer de la pensée qu'il sera toujours temps de le diriger magistralement lorsque son développement spontané sera complet. L'hygiène du corps est le plus ferme point d'appui de l'hygiène de l'âme, et les prétendues déchéances de notre nature ne sont que des accidents auxquels il est possible de remédier sans autre *grâce* que celle de la science. Dans beaucoup d'écrits sur l'éducation de la première enfance, on trouve le précepte malencontreux de chercher à endurcir le plus tôt possible les enfants contre le froid, sous le prétexte de les fortifier. Le souvenir classique des Spartiates a été mal interprété. L'Eurotas, complice de l'épreuve, conservait la vie des jeunes sujets vigoureux, et tuait, selon l'espoir barbare des législateurs, ceux que la république n'aurait pu utiliser.

Les expériences de Milne-Edwards ont démontré que la résistance au froid est d'autant moins grande et moins prolongée chez tous les animaux, qu'ils sont plus voisins de l'époque de leur naissance, même quand leur peau est bien couverte de poils. Le même savant a montré que les jeunes animaux de même espèce et de même âge succombent d'autant plus promptement à l'action d'un froid intense, qu'ils ont été antérieurement plus mal protégés, et que, par contre, ceux-là résistaient mieux aux épreuves d'une même réfrigération qui avaient été maintenus avant l'expérience dans une température plus élevée. On sait que la production de la chaleur animale est en rapport avec une grande dépense de force qui demande à être réparée promptement dans l'enfance; de là, dans leur régime, la grande convenance des substances d'une assimilation facile et généreuse, comme les fécules, le sucre, les crèmes, ayant par leur composition carbonée un pouvoir caléfacteur capable de procurer de bonnes réactions contre les températures froides et le séjour prolongé à l'air.

Il est aussi très-utile d'imposer à l'enfant un exercice modéré, mais sans aucune fatigue : les jeunes chevaux attelés ou montés trop tôt n'arrivent jamais à la taille voulue par leur race. Les grands marcheurs, comme les facteurs, les rouliers, les chasseurs, ont des membres secs, grêles et disgracieux, tandis que les danseurs, livrés à leurs exercices d'une manière régulière et périodique, sont remarquables par la perfection de leurs formes.

L'enfant n'apprend pas à courir, à sauter, à lutter, à escalader, autrement qu'il n'a appris à se tenir debout et à marcher seul, c'est-à-dire qu'il convient de l'abandonner, dans ces essais d'activité locomotrice, à son expérience privée, que rien ne remplace, et de surveiller simplement, afin qu'il rectifie seul par les tâtonnements de l'instinct ses premiers efforts, pour arriver peu à peu à des résultats conformes à ses aptitudes.

Quant aux exercices qui ne sont pas naturels à l'espèce humaine, et dont nous tirons cependant un grand parti, comme la natation et l'équitation, leur enseignement n'est pas à dédaigner. La natation est naturellement facile à tous les animaux quadrupèdes. Le principe d'hydrostatique qui fait qu'on est soutenu par l'eau consiste en ce que le volume d'eau qu'on déplace pèse sensiblement autant que le corps ; d'où il résulte qu'il suffit d'une coordination particulière des mouvements sans effort sérieux pour obtenir l'équilibre de flottaison par une bonne répartition des centres de gravité des parties immergées. La prudence exige cependant une direction et une surveillance rigoureuses, pour conjurer au début les accidents dus à l'inexpérience et à la crainte des débutants.

L'équitation est un art qui fournit didactiquement les moyens rapides de manier le cheval et de s'habituer aux diverses allures de la course ; mais on ne peut nier qu'elle ne fasse autre chose que de hâter les acquisitions personnelles que les gens de la campagne et les habitants primitifs de l'Amérique du Sud obtiennent tout seuls, au grand étonnement des gentlemen-riders et à la confusion des vieux Espagnols vaincus par les *gauchos* et les *inaleros* des pampas, indomptables centaures de l'indépendance des nouvelles républiques de l'occident du monde.

L'avantage d'une bonne éducation musculaire est de fournir d'abord par l'habitude une telle facilité dans la répétition de certains mouvements, que l'esprit se trouve dispensé de toute attention à leur sujet : on se rase en pensant à autre chose, ou joue de la musique, on copie, on coud, en combinant ses mouvements d'une manière si automatique, qu'ils sont d'autant plus précis et réguliers que l'attention y a moins de part ; les forgerons se fatiguent au métier des boulangers, et les rameurs se servent mal de la hache des charpentiers. Chez l'enfant, aucun mouvement spécial ne doit être prolongé, et plus on lui a demandé d'assiduité réfléchie pour un travail quelconque, plus on doit lui accorder de franche expansion dans la distraction qui suit, et de variété dans la succession de ses occupations : dans les écoles primaires, le chant, la marche en cadence, l'assemblage de modèles en bois, le jardinage, les dessins de géographie sur le terrain, sont d'utiles innovations.

Si les travaux sédentaires de la couture et de l'écriture sont en effet prépondérants, on voit se produire des difformités de la taille, corrigées par les exercices divers, opportunément intercalés : qui sait si l'habitude de vivre dans les jardins, sous les portiques, au forum et dans les amphithéâtres ouverts à l'air, n'a pas fourni chez les Grecs les types de cette beauté plastique dont ils ont transmis à la postérité les modèles qu'elle n'oserait dédaigner dans son esthétique?

L'éducation en commun ne comporte pas, comme on le croit, la nécessité de l'internement des enfants ni la séparation de la famille; les parents se donnent de faux motifs pour se dispenser de conserver sous leur toit leurs enfants, qui ne doivent pas échapper à la sollicitude des mères, sous peine de contracter des habitudes vicieuses que la vigilance maternelle saurait écarter d'eux.

Les limites de la journée suffisent à l'éducation collective pour les cours publics ou pour les exercices gymnastiques; il faut aussi proscrire des écoles et lycées la plupart des punitions en usage : pensums, piquets, pain sec, et surtout le cachot. Pour rappeler la jeune conscience de l'enfant au sentiment de ses obligations modestes, on devra se contenter d'une réprimande verbalement exprimée devant les camarades assemblés *ad hoc*, et ensuite de l'exclusion plus ou moins prolongée des cours et réunions. Tout en abandonnant chacun d'eux, dans une certaine mesure, à son imagination fantaisiste pour le choix des distractions, il faut les suivre pour extraire de leurs

jeux les enseignements plus ou moins cachés qu'ils contiennent, et au lieu de leur imposer des surveillants
maussades, qu'ils taquinent et n'estiment pas assez, il
sera bon de mettre à leur tête des moniteurs jeunes, mais
instruits, qui les édifieront sur d'importantes questions
scientifiques et industrielles dans beaucoup de circonstances propices. Ainsi faisait pour *Gargantua* son précepteur *Ponocrates*, car le grand *abstraicteur de quintessence*,
sous une forme que notre époque hypocrite trouve si
licencieuse, critiquait justement la sienne pour le profit de
l'avenir, qu'il entendait améliorer et sauvegarder.

CHAPITRE V.

Du jeune homme.

Jouissez du matin, jouissez du printemps,
Vos heures sont des fleurs l'une à l'autre enlacées:
Ne les effeuillez pas plus vite que le temps
V. Hugo. (*Odes et Ballades*)

La jeunesse est un moment d'équilibre entre la mobilité de l'enfance et la force de l'âge mûr : le retentissement de la vie embryonnaire qui se faisait sentir dans l'enfant a complétement disparu chez le jeune homme. Toute l'existence ayant désormais le monde extérieur pour but, dirige vers lui ses forces ; de là l'activité des facultés de relation et l'énergique sentiment d'une force intime destinée à attaquer le monde, et à l'identifier à son corps et à son esprit.

La résistance des fonctions est augmentée et la mortalité moindre, parce que les métamorphoses de l'organisme sont plus restreintes et plus ralenties : aussi l'âge de onze ans est-il, en France, l'âge minimum des décès constatés.

Les traces de la faiblesse constitutionnelle s'amoindrissent sous l'empire de l'activité générale. Les symptômes de la scrofule et du rachitisme sont atténués malgré la diathèse qui peut exister et persister. Les os empruntent aux sels terreux contenus dans les aliments la solidité qui manque au squelette, et l'appétit surexcité recherche les principes plastiques et calorifiants dont la respiration et les forces musculaires doivent profiter.

De huit à seize ans, le jeune homme a gagné 487 millimètres de taille et 33 kilogrammes de poids, et c'est surtout par le régime varié de viande, lait, vin, sucre, sel et fécules qu'il a pu conquérir ces résultats. Quoique le foie soit redevenu plus petit, le ventre s'est élargi, la poitrine est plus ample, la taille se dessine avec élégance ; la tête, perdant sa rondeur par un déplacement léger des mâchoires élargies, devenue plus altière, donne une nouvelle physionomie au jeune homme, dont les mouvements cessent d'être aussi brusques pour revêtir un caractère de souplesse montrant qu'ils appartiennent tout à fait à la volonté. Les caractères différentiels des deux sexes s'accusent dès lors très-rapidement ; il y a plus d'accidents maladifs et de mortalité chez les filles, dont les fonctions intellectuelles et morales suivent une direction spéciale. Plus confiantes et plus affectueuses, comparant et analysant moins, elles acceptent les explications générales, et conçoivent les simples rapports des choses avec une facilité que rien ne trouble, tandis qu'il faut aux garçons plus de détails et de preuves, moins d'images et plus d'idées. La soumission d'esprit des jeunes filles les rend plus insouciantes, plus aimables et gaies que les jeunes garçons, qui débutent volontiers dans la vie par le despotisme et l'entêtement, estimant très-haut la force qui leur arrive, cherchant à la prouver de toute manière, curieux d'ap-

probation, et se faisant les protecteurs zélés et officieux
de la faiblesse et du droit. Les jeunes filles qui ne songent
pas encore à s'éloigner des garçons par idée de sexualité
leur témoignent, au contraire, une certaine déférence pour
leurs conseils, et de l'empressement à participer à leurs
distractions, jusqu'à ce que les premières impulsions de
l'instinct génésique mettent dans leurs relations l'inquiétude et le malaise qui vont dans leur confusion primitive
de la douceur jusqu'à l'antipathie, et depuis la générosité
enthousiaste jusqu'à l'injustice réciproque. Nous sommes
arrivés alors à la deuxième jeunesse, qui durera de seize
à vingt-trois ans pour les hommes et de quatorze à vingt
pour les filles : dans cette période, l'individualité cède à
la sympathie; les jeunes gens des deux sexes sont disposés
à étendre sur l'espèce l'action qu'ils réservaient aux
choses, et à assurer à leurs semblables l'excès de vie
morale et matérielle qui déborde en eux. Leurs maladies
mêmes présentent une allure plus franche et plus rapide,
qui donne aux médications intervenantes plus de chances
de succès. La respiration, plus énergique, précipite des
stries de carbone sur le pigment de la peau, qui prend
plus de couleur. La sensibilité nerveuse est si généralisée,
que l'activité propre du cerveau, enchaînée par cette complication, est intervertie, et donne lieu aux phénomènes
de l'extase et du magnétisme.

Ces anomalies, plus spéciales aux jeunes filles, n'empêchent pas leur moral de se perfectionner; elles montrent
alors plus de prudence et de réserve, et ne se dévouent
pas sans réflexion, comme les jeunes gens.

Mais, au lieu de disserter d'une manière métaphysique
sur les qualités matérielles, morales et intellectuelles de la
jeunesse, il vaut mieux établir systématiquement la théorie
positive de notre constitution physiologique, et montrer

que la science, issue des données de l'expérience, suffit à l'ensemble dogmatique que nous allons exposer.

Avant que l'analyse pût établir le fait d'une façon irrévocablement confirmative, la commune raison avait distingué dans notre nature humaine ses trois attributs fondamentaux : *affectif, intellectuel, actif*, sous les dénominations correspondantes : *cœur, esprit, caractère*, et elle avait fait accepter la division de nos penchants en égoïstes et en sympathiques.

De tout temps, l'éducation privée ou publique a consacré l'existence de ces notions sur le dualisme de nos passions. La doctrine de Paul et de Thomas d'Aquin sur la lutte permanente entre la *grâce* et la *nature* ne contredit pas une pareille division de nos dispositions, ni bonnes, ni mauvaises, dans le sens philosophique ou religieux, mais devenant telles dans la pratique sociale.

Quand on méconnaissait la vraie physiologie du cerveau, on accordait une prépondérance excessive à l'intelligence, ainsi rendue trop responsable; mais depuis Bichat, Cabanis et Gall, la science moderne reconnaît en nous, au point de vue organique et fonctionnel, c'està-dire statique et dynamique, trois départements cérébraux : l'intelligence, la *moralité* ou les penchants, et *l'activité*, ou leur mise en pratique : dès lors se trouve réhabilité notre organisme dans ses diverses manifestations, affectives, sympathiques ou égoïstes, et dans la mesure de ses contributions purement intellectuelles. En même temps, les organes de la poitrine et du ventre, le foie, le cœur, la rate, furent déshérités de la présidence qui leur était trop exclusivement attribuée relavement à nos passions, et désormais l'amour, le courage, le dévouement, appartinrent au cerveau plus qu'aux entrailles, réservées à l'allégorie.

Souvent les moralistes ont reconnu que les hommes et les animaux, spontanément bienveillants et justes, devaient avoir une constitution identique, puisque le vulgaire caractérise par les mêmes expressions leur nature active, intelligente ou passionnée. Hume, dans ses recherches sur les principes de la morale, posa cette thèse avec succès. Georges Leroy développa plus tard les vues du philosophe écossais, en démontrant que les bêtes aiment, haïssent, observent, induisent et déduisent comme nous, sinon autant que nous. Cabanis, appréciant ensuite les modifications qu'apportent l'état social, l'âge, le sexe, le tempérament, la maladie, le régime, le climat, sur nos sentiments et nos idées, ouvrit enfin largement à l'étude de la nature humaine cette voie où les rapports de l'organe et de la fonction, c'est-à-dire de l'anatomie avec la physiologie, sont définitivement consacrés.

Toutefois c'est à Gall qu'il était réservé de préciser les conditions scientifiques de la physiologie du cerveau, en faisant une ingénieuse énumération de nos facultés élémentaires, détachées à jamais des hypothèses métaphysiques ou théologiques, qui infligeaient un si lourd despotisme à l'étude de notre nature.

L'analyse entreprise par cet homme éminent sur nos facultés affectives, intellectuelles et actives, fit connaître l'histoire naturelle de chacune d'elles; il n'inventa pas la mauvaise dénomination de *Crânioscopie*, appliquée à tort à sa physiologie, parce qu'il avait moins en vue d'établir une localisation empirique que de rompre avec les fausses traditions de la métaphysique, et qu'il s'agissait d'étendre le domaine de la biologie jusqu'aux plus délicates régions, sans pour cela fonder une spécialité.

Ici, la méthode qui consiste à déterminer les organes d'après les fonctions et à subordonner provisoirement

l'anatomie à la physiologie, est féconde en heureux résultats; avec elle, l'étude des fonctions morales et intellectuelles, permet de remonter jusqu'aux organes
cérébraux qui leur correspondent en restant la même,
soit qu'elle s'applique aux individus, soit qu'elle em-
brasse les espèces. Gall et ses successeurs ont ainsi
surpris dans l'observation des lois générales de l'humanité le secret de l'évolution spéciale des nos facultés,
qu'ils ont pu circonscrire dans les grandes divisions du
cerveau avec une probabilité relative. Comme les animaux possèdent seuls, par leur isolement particulier, les
mêmes dispositions innées, que le milieu social atténue
dans leur normalité chez l'homme, c'est dans l'histoire
des animaux que l'étude de nos facultés affectives et intellectuelles trouve un *criterium* excellent, capable de fournir
une contre-épreuve aux recherches en biologie humaine.
C'est ainsi que nous ne sommes autorisés à admettre
comme facultés irréductibles que celles qui apparaissent
nettement dans la série zoologique, et que nous devons
considérer comme des résultats complexes de l'association de plusieurs fonctions élémentaires tout ce qui,
dans l'animalité supérieure, n'appartient pas aux fonctions
primitives et fondamentales.

Le nom d'instinct convient pour désigner chacune de
nos qualités affectives, parce qu'il exprime une action
spontanée et rapide, une impulsion irréfléchie vers un
objet quelconque, abstraction faite de la modification
qui peut intervenir avant l'action sous l'intervention de
nos qualités intellectuelles.

Nous sommes portés à nous réunir, à nous nourrir, à
nous rapprocher sexuellement; mais, pour obtenir les
diverses satisfactions correspondant à ces penchants,
il faut le concours de l'activité et de l'intelligence : c'est

ce qui donne au mot instinct pour notre espèce une signification relative, tandis qu'elle est absolue pour les autres animaux. L'instinct nutritif occupe le premier rang dans la hiérarchie des penchants : il est le plus général, le plus universel et le plus indispensable; l'instinct sexuel et l'instinct de la famille viennent en second et en troisième lieu, étant moins intenses, moins personnels, sinon moins nécessaires que le premier.

Dès que la conservation des individus et de leur espèce se trouve garantie, on voit surgir deux autres instincts qui améliorent notre situation, soit en nous poussant à la suppression des obstacles, comme fait l'instinct *destructeur* ou *guerrier*, soit en nous rendant forts contre la nature, ce que nous procure l'instinct *constructeur* ou *industriel*.

Ces cinq motifs affectifs forment une première série de facultés cérébrales, séparées de celles qui vont suivre, parce qu'elles sont surtout relatives aux intérêts individuels, tandis que les nouvelles vont se rapporter aux intérêts collectifs. C'est ainsi que l'instinct d'*orgueil* ou de domination et l'instinct de vanité, ou besoin d'approbation, vont se réunir pour former la puissante passion de l'ambition, qui se décompose effectivement, selon qu'elle s'adresse aux choses temporelles et pratiques ou aux choses théoriques et spirituelles, en orgueil proprement dit et en instinct d'approbativité et de recherche d'estime.

Ainsi munie de ces sept penchants primitifs, la nature humaine pourrait, comme celle des autres animaux, évoluer déjà largement. Toutefois, d'autres instincts non moins précieux s'ajoutent aux premiers, et forment le riche apanage de la vie : ce sont les instincts de sociabilité, qui, nous faisant dépasser la sphère d'activité et le pouvoir

dû à nos débuts affectifs, nous font vivre de la vie collective et attestent une prééminence de destinée, comme :
1° l'instinct de l'*attachement* ou affection entre égaux;
2° l'instinct de *vénération* ou *soumission* affectueuse, qui
monte des plus faibles vers les plus forts; 3° l'instinct de
bonté ou amour social, qui, s'épanchant sur les semblables, descend des puissants sur les faibles.

Maintenant peuvent être vaincus nos égoïsmes grossiers, notre dureté accaparante et notre aveugle brusque-
rie dans la satisfaction des besoins individuels. L'amour,
l'amitié, l'assistance paternelle, donneront aux liens domestiques et aux relations des famille une garantie de
durée et d'agrément persistant. L'affection vénérante des
plus jeunes envers les plus expérimentés s'annonce dans
l'amour des enfants pour leurs parents et dans la reconnaissance des générations contemporaines pour les générations éteintes; enfin dans cette expansion efficace
d'amour général qui est la source des dévouements,
s'adressant à l'avenir, en vue du bonheur de l'humanité
solidaire : ainsi s'accordent entre eux dans leur évolution
progressive et minutieuse ces trois derniers instincts, de
moins en moins répandus jusqu'à présent, mais de plus
en plus précieux, qui assurent à notre espèce le présent et
l'avenir au moyen du passé.

Quant à l'intelligence proprement dite, elle est le produit de cinq facultés primordiales et irréductibles, que
Comte considère comme servant à la conception et à l'expression des phénomènes. Quatre d'entre elles président
à la conception des choses: 1° la *contemplation concrète*,
ou observation synthétique, à l'aide de laquelle chaque objet est estimé dans son unité entière : arbre,
maison, enfant; 2° la *contemplation abstraite*, ou observation des faits et attributs en dehors des êtres qui

les contiennent : son, couleur, température, mouvement.

Ces deux facultés rassemblent les matériaux objectifs sur lesquels vont agir les deux autres facultés dont se compose encore la conception intellectuelle, et qui sont la *méditation inductive* et la méditation déductive, l'une agissant sur les notions comparées pour les généraliser, l'autre prenant ces résultats pour les coordonner systématiquement.

Cette théorie de l'entendement nous le fait considérer comme le résultat d'un échange forcé entre le monde extérieur et l'homme, c'est-à-dire entre l'objet et le sujet, et nous permet d'apprécier l'état normal comme les déviations de l'intelligence.

Lorsqu'une subordination naturelle du sujet vis-à-vis de la matière laisse notre cervean s'emparer exactement des objets extérieurs, il y a alors une correspondance exacte entre les choses et notre intélligence : c'est l'état normal. Si, au contraire, entre les impressions faites par les objets et les réactions du *moi*, il y a défaut d'équilibre, il y a aussi anomalie fonctionnelle et désordre organique.

L'idiotisme est une insuffisance du cerveau en présence d'une objectivité excessive pour lui: la folie est une activité prépondérante du cerveau qui dépasse la mesure de l'objectivité qui lui est présentée par le monde externe. L'idiotisme est facile à reconnaître; la folie beaucoup moins, car le degré moyen de la raison varie suivant les temps, les lieux et les situations. L'entendement ainsi exposé, il n'y a plus avec les théories anciennes sur la source extérieure ou interne de nos idées de véritable opposition. La passivité d'Aristote et la spontanéité de Leibnitz sont expliquées par l'intervention réciproquement auto-nomique de l'objet et du sujet, et ce que les métaphysiciens reconnaissaient comme autant de facultés irréductibles sous les noms de mémoire, attention, jugement, conscience, est considéré comme un résultat complexe de plusieurs fonctions élémentaires coactives mises en jeu dans le *moi* par le *non-moi* ou matière.

Une dernière faculté de l'intelligence est l'expression qui crée des signes au moyen desquels nos sentiments comme nos idées se traduisent. Ces signes sont symboliques. hieroglyphiques, mimiques, et ont sous leur dépendance la parole, l'écriture et autres moyens de communication.

En résumé, des instincts affectifs, personnels ou sociaux, au nombre de dix, et des facultés intellectuelles de conception et expression, au nombre de cinq, réclament encore des facultés pratiques au nombre de trois: 1° la *fermeté* qui supporte; 2° la prudence qui maintient; et 3° le courage qui entreprend. Tout cet ensemble représente intégralement l'action du cerveau, l'âme humaine en exercice, avec sa division fonctionnelle en cœur, esprit, caractère, ou impulsion, conseil, exécution, et encore sentiment, intelligence et activité, multiples ternaires, triade multiforme, que le bon sens, l'expérience, la tradition, ont reconnue de tout temps, quelles que soient les hypothèses ajoutées touchant leur origine et leur essence.

C'est surtout à l'occasion localisatrice de ces dix-huit facultés dans l'appareil cérébral que la critique s'est exercée pour conclure contre une doctrine si rationnelle; mais une telle critique n'aura jamais gain de cause, du moment où, faisant bon marché d'une topographie crânienne tout empirique, on ne met en avant que les principes généraux de l'anatomie et de la physiologie, sur lesquels repose si légitimement la doctrine des facultés primitives.

C'est dans la partie antérieure du cerveau que sont contenus les organes de l'intelligence, tandis que la partie postérieure et cérébelleuse appartient aux penchants qui sont en rapport avec la vie végétative.

Les organes des facultés intellectuelles et morales occupent surtout la périphérie de la substance du cerveau, et communiquent largement entre eux, comme le font pressentir la simultanéité d'action et la solidarité des triples fonctions affectives, intellectuelles et pratiques. Le parenchyme cérébral se compose de deux substances bien distinctes : l'une blanche, composée de tubes et filets conducteurs d'arrivée ou de départ ; l'autre grise, où s'élaborent les impressions amenées par les filets blancs. La vie nutritive et la vie de relation sont stimulées par chacune des trois parties organiques du cerveau.

La région intellectuelle ou spéculative communique avec le système des nerfs de la sensibilité végétative. La région des organes qui président aux transformations pratiques est en rapport avec les nerfs moteurs émanés de la moelle épinière, et demeure sous l'influence de la volonté.

Le jeune homme dont nous continuons l'histoire possède intégralement les attributs de la triple vie cérébrale ; il s'agit donc d'apprécier ce que les éducateurs peuvent et doivent faire pour sa vie privée et collective. On a défini l'éducation l'art d'attirer ou de conduire les enfants vers ce que la loi dit être la justice : ce qui a été déclaré tel par les hommes reconnus sages et expérimentés. Mais, en principe, l'éducation est proportionnelle à l'état social correspondant : c'est l'ensemble des moyens propres à concentrer dans l'âme du jeune homme les rayons qui partent des divers points de la sphère où il se meut.

L'éducation a pour but de produire l'homme privé et

public, selon l'image en miniature de la société et par le développement méthodique de nos trois genres de facultés. Elle est la création d'un état moral dans le sujet humain. « *Quos iterum parturio,* » disait saint Paul. Par l'education, tous les modes de l'âme, sciences, arts, industrie, devoirs, droits, doivent être développés ; mais tandis qu'aux hommes le précepte suffit, il faut à l'enfant l'apprentissage du devoir, comme de tout le reste.

Comment procéder à cette initiation ? comment arriver aux notions de la science morale moins péniblement que par les dogmes de religion et d'autorité ? C'est en suivant les lois de la nature découvertes par les acquisitions de l'expérience.

Tout tend à l'équilibre, dans le monde moral comme dans le monde physique : *vertu,* c'est l'équilibre des facultés ; *ordre,* c'est l'équilibre des forces. Sans doute, nous voyons l'équité emprunter son symbole et sa figure à l'arsenal des religions, et celles-ci suppléer à la faiblesse de l'entendement par la poésie du culte, imposant la vénération envers un être suprême et collectif, qui serait l'incarnation de la justice. Les théologiens ont créé la *grâce,* qui n'est autre que notre tendance organique pour nous rapprocher d'un idéal du bon et du beau, toujours dérangé par le conflit des penchants et toujours vivant de l'espoir d'un équilibre impossible entre eux. Les théologiens ont inventé, en outre, les sacrements, c'est-à-dire signalé les traits d'union entre la famille et la société, supposant par symbolisme ou intuition le péché originel, qui n'est que l'aveu de notre subordination au monde extérieur, seule réalité dominatrice de notre faiblesse en l'absence de la science.

Aujourd'hui, l'humanité quitte l'âge des métaphores, des images et des paraboles pour entrer dans le domaine de la conscience et prendre possession d'elle-même. Appuyée sur le travail, qui lui apprend ce qu'elle est, sur la philosophie, qui systématise ses connaissances, et sur un dogme contenant l'idéal de l'avenir, l'humanité ne relève plus d'aucune fiction, et abandonnant résolûment la foi pour la science, l'espérance individuelle pour le devouement commun, l'égoïsme du salut en religion pour l'abnégation de chacun dans tous, elle s'avance vers un but nouveau réservé à ses efforts par les épreuves du passé.

La morale, qui est l'expression des rapports nécessaires entre les hommes, ne varie que selon le milieu social où ces rapports sont établis; loin de suivre les religions, la morale les juge et prononce sur elles, les trouvant souvent hostiles, rétrogrades ou insuffisantes. On n'a jamais versé pour les dogmes de morale les flots de sang qui inondent les chemins traversés par le fanatisme religieux; on ne s'est jamais battu pour savoir qu'il fallait être bon père, enfant soumis, ami dévoué, citoyen sans reproches.

Vers les derniers temps de la république romaine, la religion était devenue ridicule; les dieux s'en allaient et leurs prêtres étaient sans pouvoir; mais la morale consolait la terre, les Brutus et les Catons honoraient l'humanité. Saint Augustin constatant lui-même ce qu'il y avait eu de vertus sous le paganisme, et ne sachant comment la Providence s'arrangerait pour ne pas le reconnaître, suppose que Dieu s'est acquitté envers les Romains en leur laissant l'empire du monde.

Le jeune homme ne doit donc pas apprendre la morale religieuse ni connaître la doctrine didactique d'un catéchisme plus ou moins diocésain: « On ne lui versera pas « dans l'oreille comme en un entonnoir, ainsi que dit « Montaigne, les préceptes d'une conduite dont on lui

« doit l'exemple ; mais ses parents et ses maîtres trou-
« veront toutes les heures unes et toute place étude
« pour son instruction : jardin, cabinet, table, lit, soli-
« tude, matin, soir; ils trouveront aussi que c'est cruauté
« et injustice de ne recevoir pas ses enfants en partage
« de nos sociétés et biens, et compaignons en l'intelli-
« gence de nos affaires domestiques quand ils sont ca-
« pables, et de ne pas réserver ou retrancher nos commo-
« dités pour pourvoir aux leurs, puisque nous les avons
« engendrés à cet effet. » (MONTAIGNE.)

L'instituteur selon la philosophie positive n'invoquera
pas le dogme abstrait et incompréhensible dont un mi-
nistre homme de lettres, que ses erreurs politiques ont
justement condamné, dit « que c'est une chose grande et
« sainte (l'autorité) devant laquelle l'esprit s'incline sans
« que le cœur s'abaisse, » mais il vivra simplement avec
son élève, dans une permanente communion, lui donnant
non des formules, mais des preuves de sympathie, de
bienveillance et de douceur; n'oubliant pas que nos défauts ne sont que les excès ou les insuffisances de nos
qualités, puisque tout en nous est primordialement
instinct et passion.

Il élèvera le jeune homme avec les lois de l'hygiène et
selon les mesures correspondantes pour son bien-être et ses
plaisirs aux conditions de son âge ; de sorte que, si la destinée veut que son œuvre reste inachevée, il puisse se rendre
le doux témoignage que son élève a goûté entre ses mains
les encouragements et les joies dus aux proportions de sa
vie, de ses forces et de son intelligence : c'est ainsi qu'il
évitera les regrets et les remords qui pénètrent l'âme de
ces parents austères et plus maladroits encore, quand la
mort d'un enfant adoré leur rappelle des sévérités intem-
pestives. Tel fut le sort du farouche maréchal de Montluc,

qui écrivait ces mots d'expiation en pleurant un fils de vingt ans. « Pauvre garçon ! il n'a rien vu de moi qu'une « contenance réfroignée et pleine de mépris; il a emporté « cette créance que je n'ai su ni l'aimer, ni l'estimer se- « lon ses mérites ! A qui gardai-je de découvrir cette sin- « gulière affection que je lui portai dans mon cœur ? Je « me suis contraint et géhenné pour maintenir ce vain « masque, et y ai perdu le plaisir de sa conversation, et « sa volonté ne peut m'avoir été portée que bien froide, « n'ayant jamais reçu de moi que rudesse, ni senti que « façon tyrannique. »

Parmi les instincts dont l'évolution doit provoquer le plus de sollicitude de la part de ses maîtres, nous devons signaler celui qui porte le jeune homme à l'idéal, à la vénération surnaturelle et au mysticisme, c'est-à-dire le sens ou l'instinct religieux. L'homme est effectivement (comme on le disait bien avant la systématisation physiologique), l'homme est un animal adorateur : forcé par le sentiment de sa faiblesse de reconnaître à chaque instant des bornes à son pouvoir, et de s'avouer à lui-même que son bonheur ou son malheur dépendent d'une foule de causes étrangères, compliquées, inconnues, il est porté à une vague soumission et à une crainte respectueuse de la cause inconnue.

La marche des sentiments mystiques doit être l'objet de remarques spéciales, car la philosophie positive a reconnu les phases successives du développement de l'humanité dans le fétichisme primordial, dans l'astrolatrie, le polythéisme et le monothéisme, toutes croyances religieuses ou philosophiques peu à peu éliminées par la science et les notions démonstratives. Mais plus certaines opinions et certains usages paraissent rétrospectivement absurdes et antipathiques à la raison perfectionnée, plus il est important de reconnaître qu'ils tiennent à la nature de l'homme, dont ils accompagnent nécessairement le développement.

La discipline de l'éducation a emprunté à l'organisme les dispositions à l'idéal pour sanctionner les préceptes, les avis, les conseils ou les ordres qu'elle donne.

Le premier livre qu'on met entre les mains d'un adolescent est le *catéchisme* de sa religion. Aux premiers temps du christianisme, on instruisait avec ce livre les païens, les juifs, qui aspiraient au baptème. L'étymologie du mot est, en grec, *écho* ou *résonnance*, ce qui rapelle l'idée d'une transmission pure de la doctrine régénératrice.

Les catéchumènes, placés sous le portique et dans la galerie antérieure de la basilique, y recevaient l'instruction du diacre, qui invitait ensuite le peuple à se joindre à eux au moment où ils sortaient, c'est-à-dire à l'instant où on sacrifiait, ce qu'ils n'avaient pas le droit de voir : aujourd'hui l'initiation religieuse, successivement réduite de trois ans à huit mois par le concile d'Agde, en 506, est tout à fait supprimée. C'est après le baptème qu'un chrétien est instruit, c'est avec l'inconscience du premier jour qu'on est adopté par l'Église. Une pareille injure au bon sens, ce despotisme théocratique, ce *compelle intrare* dans une milice de hasard, devaient discrediter le dogme et provoquer en lui même des schismes et des hérésies, des guerres et des folies.

Les catéchismes des protestants sont plus simples que ceux des catholiques : le Décalogue juif y est conservé ainsi que le symbole des apôtres ; l'*Ave Maria* est rayé, Marie, mère de Jésus, n'étant ni déesse, ni immaculée pour la religion réformée. Quant aux catéchismes de la religion naturelle, ils seraient préférables pour la jeunesse s'ils ne contenaient pas, comme ceux de Saint-Lambert, de Volney et autres, un systématique dénigrement des textes dits révélés, au lieu de présenter les préceptes exclusifs de la morale, de l'hygiène et des lois sociales,

Comme il est impossible de fournir dans ces humbles petits livres un résumé intelligible et une notion explicite de nos devoirs et de nos droits, si abstraits (car, sous sa simplicité apparente, un catéchisme est un livre des plus difficiles à faire comprendre à n'importe quel âge), il faut s'abstenir de l'imposer aux jeunes gens élevés par la philosophie positive, appartenant à la science et toujours unis à leur famille, dont l'éducateur clérical prétend frauduleusement remplacer la bonne influence.

Baptisés sans le savoir, catéchisés sans rien comprendre, obligés de renier une raison qui se fait jour au profit d'un ténébreux mystère qu'on leur dit caché dans le fond de leur religion, les jeunes gens vont complaisamment et routinièrement communier sous la forme eucharistique ; le clergé impose cette discipline à l'Université, et l'État l'impose aux familles ; tous subissent par ricochet le joug d'un dogme suranné qui les rend solidaires les uns des autres, en dépit des divisions et contradictions dont les esprits et les corporations sont le théâtre.

Toutefois nous ne proposons pour réforme qu'une plus grande liberté générale ; car, pour qu'une rénovation mentale prévale dans le milieu où elle s'annonce, il est nécessaire d'attendre la ruine spontanée des théories qui lui font obstacle. Déjà d'importantes modifications concernant les sacrements rituels attestent la décadence de la doctrine catholique : nous avons vu l'enseignement des catéchumènes varier, nous avons vu le baptême primitif disparaître et le réalisme le plus étrange et le plus dépouillé de tout sens intellectuel s'emparer du petit enfant vagissant. L'antique symbolisme de la mythologie, dont les poëtes n'étaient pas dupes, se mêle à l'invention du baptême : la colombe qui descendit sur Jésus a été prise à la lettre par les Pères de l'Église, qui disent qu'elle fut vue distinctement de ceux qui étaient présents. Saint Augustin déclare que les chrétiens de son temps croyaient que le Saint-Esprit et cette colombe étaient unis hypostatiquement, et pourtant cette colombe née des eaux n'est qu'une réminiscence de l'hypothèse orientale sur l'origine cosmique neptunienne et sur l'oiseau de Vénus. Une dame romaine ayant demandé à Tertullien si l'on pouvait supprimer l'eau dans le baptême, Tertullien répondit, « que l'eau fut à l'origine des choses « le siége de l'Esprit-Saint, *Gratior scilicet tunc cæteris* « *elementis*; le monde en fut formé, les animaux en na- « quirent, et puisque l'eau engendra la vie, la vie dont le « baptême renouvelle la source doit être recherchée dans « l'eau. » Toutefois, si, d'après saint Jean, le baptême est une purification, il n'y a pas lieu à un complet renouvellement, et le symbole antique est mal copié, et de toute façon, le néophyte intelligent et libre qu'on interrogeait sur sa foi, qui récitait le *Credo*, qui était tenu de porter, pendant la semaine de Pâques ou de la Pentecôte, la robe blanche de la cérémonie, de recevoir la communion et la confirmation, et de porter un évangile suspendu à son cou; ce néophyte n'est pas comparable au petit être animal-plante qu'on baptise avec deux gouttes d'eau.

Pareille déviation théorique et pratique s'est produite pour les autres sacrements catholiques, et leur déconsidération est si bien indiquée, qu'il serait maladroit de hâter leur décadence prochaine par une polémique irritante. Disons seulement deux mots du dernier d'entre eux, l'*extrême onction*, à cause de ses rapports avec l'hygiène morale, les droits de la famille et l'intérêt des malades. Institué au double but d'un service physique et d'un pouvoir de salut miséricordieux, il était fréquemment employé contre les douleurs de la maladie et pour le salut des âmes ; le caractère thérapeutique, auquel saint Augustin et saint Thomas d'Aquin attachaient une grande importance, est à peu près abandonné par l'Église actuelle, qui en concentre les dernières forces dans la sphère spirituelle.

Rien n'est plus barbare que ce sacrement, qui, pour les vrais fidèles, douloureusement émus par le spectacle des mourants, semble si nécessaire ! « Car, sans l'extrême « onction, voilà le chrétien précipité dans la plus effroya- « ble profondeur ! » Si urgent qu'on trouble les derniers moments d'un être misérable pour tromper ses espérances, dénoncer à ses proches sa situation, trahir la générosité de la nature, cachant leur fin aux malades! Fouler aux pieds les plus intimes droits du foyer domestique : encore faut-il avouer les atténuations pratiques amenées par nos mœurs, qui ne permettent plus au clergé une brusque invasion dans la chambre d'un moribond, et repoussent toute intimidation de la part d'un prêtre pour l'exercice autoritaire de son prétendu mandat.

Voici le jeune homme préservé des écarts de l'instinct de la vénération théologique; il faut maintenant le protéger contre les suggestions plus ou moins désordonnées que la sexualité va lui fournir; car, si la nature accompagne cette impulsion de toutes les séductions propres à en assurer le but final, elle a semé d'écueils le chemin qu'elle nous fait parcourir.

L'amour surprend la jeunesse en fondant sur elle comme une furie, il s'associe à tous les sentiments sympa-

'thiques et égoïstes, et triomphe de la santé comme de la vertu. Le conflit de nos facultés affectives et intellectuelles étant porté à un très-haut degré par les progrès mêmes de l'éducation, il en résulte qu'autour du sentiment érotique se rassemblent et s'agitent une foule d'idées dont la confusion produit des chimères, comme la chaleur de la fièvre fait éclore des rêves dans le cerveau d'un malade.

Lorsque, vers dix-huit ou vingt ans, le moment est arrivé où l'union sexuelle est réclamée par les sens, et est encore interdite par les conditions sociales, le respect des préjugés, les scrupules d'une fausse chasteté, ou les préoccupations intéressées d'un avenir ambitieux, alors le jeune homme devient incertain, inquiet et souffrant. Il est exposé à toutes les déviations perfides dont l'instinct qui l'agite est la cause directe ou indirecte, déviations qu'on retrouve dans les mêmes circonstances physiologiques chez les animaux, troublés dans leur santé, leurs allures et leur caractère. Élevé avec décence, réservé dans ses propos, pudique dans ses manières, poli, honnête, loyal et suffisamment fier, le jeune homme se maintient quelque temps en dehors de toute relation amoureuse, heureux de caresser avec l'imagination le rêve de ses espérances, et de rester fidèle au type idéal qu'il a posé devant ses yeux. Sur la pente où il glisse avec ses illusions, il ramasse toutes les fleurs dont son idole peut être parée, et adorant avec exaltation son propre ouvrage, il lui trouve les grâces, les perfections, les vertus de toute nature; mais, au moment d'incarner cet ensemble de triomphantes merveilles dans une femme plus ou moins jeune ou belle, coquette ou sincère, il est saisi d'une telle crainte respectueuse, qu'il ne lève que des yeux tremblants sur l'objet de tant de charmes; il lui semble qu'il profane par ses désirs grossiers cette pure image de l'amour, et il impose de longs délais à ses prétentions trop viriles ; enfin, le dénoûment arrive, qui l'étonne plus qu'il ne le rend joyeux : le rêve cesse avec la satisfaction trop attendue, les guirlandes se fanent, les fleurs se dessèchent, et l'idole, sans parure, lui paraît presque flétrie. C'est que, dans le conflit des choses sociales, nos penchants se dénaturent au point de devenir méconnaissables, et perdent de vue leur objet naturel.

En dehors du petit nombre d'hommes occupés continuellement du soin de pourvoir à leur ambition accaparante, les autres sont conduits à mêler quelque chose de factice à leurs instincts naturels. Si le jeune homme rencontre rarement une maîtresse parfaitement digne de sa tendresse, son esprit, qui s'était pénétré d'un type perfectionné, n'en éprouve que plus fâcheusement les conséquences de son erreur.

Dans la pratique de sa vie, où le travail, les nécessités de la discipline et la vue des accidents se produisant autour de lui, retiennent sa détermination, il se sent loin du moment où une possession paisible, honorable, incontestée, donnera satisfaction à ses besoins. La réglementation de l'impulsion sexuelle avant le mariage est très-difficile ; et, d'un autre côté, comme la nature ne perd pas ses droits, il y a lieu à chercher une conciliation entre les exigences de la société et les satisfactions indispensables à l'individu. Dans la Rome de Caton, cette difficulté était connue, et le vertueux philosophe rencontrant à la chute du jour un jeune homme la tête enveloppée dans son manteau, entrant dans un lieu suspect ou en sortant, lui adressait ce propos : « C'est bien fait, mon enfant, persistez dans la sagesse :

Macte virtute esto...

> Nam, simul ac venas inflavit tetra libido,
> Huc juvenes æquum est descendere, non alienas
> Permolere uxores....

Dans les vieilles coutumes des monastères, on voyait souvent des mains s'élever vers M. le prieur : *Domine! ut eam ad lupanar !* Devons-nous nous mettre avec Caton et avec M. le prieur pour autoriser le jeune homme s'il est soumis à notre philosophie[1] ?

En Suisse, en Angleterre, en Amérique, l'éducation des

---

[1] Dans la première édition de cet ouvrage, j'ai eu le tort de proposer la solution païenne et monastique ci-dessus à une difficulté physiologique devenue une question sociale. Mgr Dupanloup (Athéisme et péril social) me l'a fait comprendre avec une pudeur farouche digne de Tartufe, jetant son mouchoir sur le sein qu'il ne saurait voir : en renonçant à me prononcer aujourd'hui sur cette grave question, ce n'est pas aux scrupules de Mgr l'évêque d'Orléans que je cède, mais à une voix plus autorisée que la sienne, je veux dire celle de l'honorable professeur du Collége de France, M. E. Havet.

Ce savant me dit « que l'intelligence de certaines choses morales lui « paraît devoir rester indéfiniment une affaire de tact et de goût, plutôt « que de science, ou du moins que la science, sur ces points, sera toujours « négative, consistant uniquement à écarter les fausses croyances, ce qui « sera considérable, sans doute, mais ce qui une fois ne sera plus à faire. »

Je reconnais volontiers que le double sentiment de l'éthique et de l'esthétique m'a fait défaut quand j'ai voulu sacrifier « au mâle qui veut se « satisfaire la femelle qui est victime, et qui ne doit plus l'être; » mais, cette amende honorable faite, j'appelle l'attention de M. Dupanloup sur le contingent fourni à la criminalité dans la catégorie des attentats à la pudeur par des individus non laïques dont l'instinct sexuel est, comme ou sait, si dévié. Les faits signalés et résumés dans la brochure de M. Issaurat (Alarmes d'un père de famille), en réponse à plusieurs pamphlets de l'évêque d'Orléans, en disent trop pour que les chefs du clergé se dispensent de proposer quelques réformes capables de *sanctionner* les préceptes dont ils abusent sur la chasteté.

jeunes filles et des jeunes gens laisse aux unes et aux autres une indépendance dont il n'est pas prouvé qu'ils abusent, et qui leur offre ce résultat utile de se connaître, de s'apprécier et de se fier à leur honneur réciproque, tout en leur laissant, pendant de longues années, le charme d'affectueux rapports.

Quand on examine les procédés préliminaires des mariages dans notre pays, on est attristé du cynisme qu'ils comportent. Les hommes, car déjà ce ne sont plus des jeunes gens, se présentent pour contracter une alliance, non pas avec certaines conditions harmoniques d'âge, de santé analogues de chaque côté, mais avec une sommaire énumération de la situation financière qu'ils exigent pour s'établir.

De leur côté, les jeunes filles, plus flattées dans leur vanité que satisfaites dans leur cœur, comptant sur une indépendance improvisée, sur des allures nouvelles dans le monde, donnent un assentiment qu'on dit raisonnable, et qui n'est ni prudent ni désintéressé. Au contraire, dans les pays dont nous venons de parler, les jeunes gens des deux sexes se rencontrent aisément, peuvent s'écrire sans contrôle, échanger des espérances et des serments, et passer ainsi des mois, des années, au bout desquels ils s'unissent avec connaissance d'eux-mêmes, avec confiance, et non sans avoir mûrement pesé l'importance de l'acte qui les engage tous deux.

Les loisirs de la jeunesse sont comblés par l'habitude très-répandue de lectures dont le choix impose aux éducateurs une certaine surveillance.

Ce qu'on fournit à nos enfants dans la librairie dite d'éducation, constitue une branche de spéculation considérable pour le commerce et pour quelques littérateurs qui en adoptent la spécialité. Le clergé intervient dans

cette industrie par ses *approbations*, où la complaisance
est encore plus visible que le sentiment de l'orthodoxie.
Ces livres, achetés à la grosse par catégories, sont cou-
verts de pauvres reliures, gaufrures et dorures luisantes
à l'excès ; les cartonnages sont estampillés d'armoiries et
chiffres où les croix, les cœurs percés, les étoiles, les
moutons symboliques, reproduisent, avec les blasons de
l'humilité épiscopale, toutes les fantaisies dues au génie
théologique du petit clergé. Ces livres sont donnés en
prix ou en cadeaux au jour de l'an, et vont orner les éta-
gères de leur jeune clientèle, qui heureusement les lit peu,
mais malheureusement ne lit rien en place : ils ne contiennent en effet que des exagérations idolâtriques et des
exemples de la plus niaise dévotion : le culte des saints
y efface celui de la Divinité, et le mysticisme y fait oublier toute notion de saine morale. « Souvent leurs ma-
« ladroits auteurs, dit M. L. Veuillot lui-même, prennent
« les éléments sacrés de la famille pour construire quel-
« que mélodrame absurde où le traître, le sot, le crimi-
« nel, l'infâme, sont toujours au nombre des plus proches
« parents. Le jeune lecteur est tout disposé à croire que
« le monde est une caverne dont la famille forme le plus
« redoutable compartiment : les passions, toutes les pas-
« sions viennent y jouer leur rôle; une inqualifiable sottise
« se pique de composer des romans, de vrais romans au
« goût du jour, pour des lecteurs et des lectrices de dix à
« quatorze ans. » Dans ces livres, où le style est au niveau
de l'invention, où il est sans cesse question des *orages* de
la vie, des *écueils* à éviter et des efforts pour atteindre le
port, jamais un Monseigneur ou une Éminence ne manque de laisser imprimer son approbation; c'est le pas-
se-port obligé de *Léopold* ou la tendresse d'un père, de
Julie ou l'erreur d'une mère. En revanche, il n'y a pas

d'encouragement pour les publications qui traitent des notions industrielles, des biographies des savants et de la critique historique.

Nous considérons, du reste, l'habitude de lire des romans comme plus pernicieuse qu'utile. Même bien faits, ces livres, consacrés trop exclusivement à l'idéal érotique, sont superflus : ils émeuvent la jeunesse par des fictions si bien anthropomorphisées, qu'ils déroutent son jugement, augmentent ses inquiétudes, substituent des habitudes subjectives aux sévérités de la science, et subordonnent l'intelligence aux instincts qu'elle doit dominer.

La culture des beaux-arts est pour la vie de la jeunesse un élément de moralisation plus encore qu'un moyen de distinction; on n'en commence jamais trop tôt l'étude selon les aptitudes spéciales et les goûts de chacun dans la série très-variée qu'ils représentent, depuis la danse, la musique, jusqu'à la peinture, la statuaire et l'architecture.

Une des singularités de la profession pédagogique, c'est d'avoir pour représentants actuels plus de célibataires que de pères de famille. Nul doute que les premiers, qui ne connaissent et qui n'acceptent ni la vie du monde ou de la famille, ni les angoisses de l'indigence, ni les nécessités de se respecter dans les enfants, ne soient incapables d'une bonne influence sur ces derniers. Un ecclésiastique qui s'avise de parler ou d'écrire sur la pudeur à une jeune fille est une choquante anomalie. Pour élever les enfants et savoir s'en faire comprendre, il faut avoir éprouvé tous les sentiments que leur présence dès le berceau inspire aux parents; il faut ce foyer intime qui les réunit avec leur mère sous les yeux d'un chef qui est aimé parce qu'il aime; et plus tard, s'il n'est pas possible de posséder ces petits jardins allemands du docteur

Frœbel, où les enfants apprennent entre les fleurs et les chansons comment se développent les choses de la nature et le cœur de l'homme, il faut au moins n'avoir pas quitté, pour les quatre murs d'un séminaire, son père, sa mère, ses frères et ses sœurs, le toit de la première enfance, et renoncé à jamais à toutes ces choses.

CHAPITRE VI.

Du Progrès.

I

Ce n'est pas à l'aide de la métaphysique, ni par des remarques purement spéculatives, mais, autant que possible, par l'histoire des faits et l'enseignement de l'expérience, qu'il convient de traiter la question du progrès.

Puisque le mouvement appartient à tous les êtres et qu'il est la représentation de leur spontanéité, il n'est pas douteux qu'il y a toujours eu et qu'il y aura toujours, pour signaler l'évolution humaine, une marche accélérée ou ralentie, circulaire ou courbe, rectiligne ou brisée. Mais pour se rendre un compte approximatif de la valeur de ce mouvement, il faut éviter tout *à priori* optimiste résultant d'une conception imaginaire plus ou moins poétique, dont l'intervention indiscrète peut troubler le résultat des recherches, et empêcher de poser avec opportunité les conclusions qui expriment le fait du progrès.

On doit surtout à la théorie du Dr Gall d'avoir fait justice de cette idée érronée qui faisait dériver l'état social de l'utilité personnelle et des satisfaction égoïstes que l'homme peut en retirer. En localisant dans le cerveau les facultés intellectuelles et morales qui y trouvent leurs organes matériels, Gall a fait comprendre que l'expansion de nos penchants était absolue et non conditionnelle, nécessaire et non contingente, et qu'elle avait eu pour conséquence un état social dépendant lui-même de toutes les vicissitudes d'un organisme collectif.

Dans les premiers âges de l'humanité, il est douteux que le groupement rapporte de grands avantages, peut-être même les charges en dépassent-elles les bénéfices; mais peu à peu la science, l'industrie, la concurrence provoquent des changements constatés par l'histoire, et l'union des êtres humains n'est vraiment avantageuse qu'à partir du moment où les instincts égoïstes, dirigés par les instincts intellectuels, peuvent se subalterniser et devenir altruistes dans une plus large mesure.

En effet, en dépit de toutes les protestations sentimentales qu'on élèvera, et quels que soient l'horreur et le dégoût que nous inspirent de pareilles découvertes, il faut reconnaître et avouer que les ancêtres de chaque groupe humain ont commencé par l'anthropophagie la mieux caractérisée, comme par le plus grossier fétichisme, deux états sensiblement corrélatifs, ainsi que nous l'établirons plus loin. Si nous nous glorifions d'être graduellement sortis de cette condition misérable, ce n'est pas que nous croyions à une morale innée et universelle dont les principes seraient, comme on dit, gravés dans toutes les consciences; nous prouvons au contraire par là que le sens moral, qui est une résultante cérébrale, s'est produit selon la loi d'évolution, qui règle toutes nos facultés organiques.

Supposons qu'aujourd'hui un observateur veuille reconstituer par l'examen direct sur la géographie phy-

sique l'hisoire de notre espèce; il peut, avec le contrôle
d'archives qui ne remontent pas au-delà d'un siècle, voir
les habitants de la Polynésie de cette époque et de la
notre reproduire les mêmes faits primitifs de la civilisation. Les premiers navigateurs, depuis Wallis et Bou-
gainville jusqu'à Dupetit Thouars et Mœrenhoet, en rapport avec des populations primitives placées en dehors
de toute communication, ont répété que les insulaires
étaient accapareurs et pillards, poussés à s'approprier les
objets menus qui frappaient leurs regards, comme clous,
boutons de métal, ustensiles et armes portatives, dont
ils cherchaient à s'emparer par surprise, ruse et guet-
apens. Dans la Nouvelle-Zélande et dans les îles des Navigateurs et les îles basses de l'archipel des Maldives, le
cannibalisme et l'anthropophagie existent encore manifestement. Le vainqueur mange le vaincu mort et les bles-
sés, comme les prisonniers échappent rarement au même
sort. Ailleurs, des sacrifices sanglants sont offerts aux
grands esprits, aux mânes des ancêtres ou des victimes;
les parents sont invités à se faire donner la mort quand
ils sont vieux, et lorsque la population paraît surabon-
dante, ce sont des enfants qui sont exterminés à des époques périodiques, comme aux premières époques juives.
Tout le monde assiste à ces carnages systématiques, et les
jeunes gens commencent par l'insensibilité une éducation
qu'on a considérée longtemps comme préférable à celle de
notre civilisation, et renfermant les éléments de la morale
de la nature, identique dans tous les esprits et correspondant à l'idéal de certains philosophes !

Connaissant l'antipathie des Européens pour ces coutumes, ces peuples dissimulent et cachent les preuves
que les explorateurs ne tardent pas à découvrir. Ainsi font
aujourd'hui, au rapport de Livingstone et de Schweinfurth,

les peuplades de l'Afrique équatoriale, comme aux îles de la Société les insulaires d'il y a cent ans, chez lesquels on retrouva le corps déjà en partie mangé du capitaine Cook.

Plusieurs causes produisent et entretiennent le cannibalisme : la vengeance, la haine réciproque, l'orgueil du triomphe, la pensée de s'incorporer les qualités du vaincu, le désir de plaire aux puissances surnaturelles, mais par-dessus tout, la faim, l'inexorable faim ! Cela nous parait impossible quand, loin des angoisses brutales de ce besoin dominateur, nous lisons comme au travers d'un roman les récits concordants des voyageurs ; mais qu'on se reporte avec réflexion vers les faits de l'histoire civilisée, vers les crises épouvantables de siége ou de naufrage ou de famine, et l'on trouvera des mères qui mangent leurs enfants, des soldats tirant au sort leur propre sacrifice, des passagers se livrant à la mort pour ceux qui flottent comme eux sur un radeau.

En considérant combien vite disparaissent, chez les sauvages, leurs ressources alimentaires : gibier difficile à atteindre faute d'armes perfectionnées, pêche mesurée par une faible digue qui conserve le poisson quand la mer se retire, œufs d'oiseaux dont la rareté est accélérée par la destruction des espèces, fruits, graines et racines maigres et sans saveur, parce que la culture fait défaut, on comprend pour ces sauvages le besoin de s'étendre au delà d'une surface limitée, et par suite les rivalités, les hostilités, les luttes guerrières, et, après le combat, l'assouvissement de la faim sur des restes qui ne se défendent plus. Qu'est-ce encore que cette migration incessante des sauvages de l'Océanie, au moyen de faibles barques, vers des îles distantes de deux et trois cents milles marins, et à peine émergées au-dessus de l'eau, sinon la preuve d'une nécessité pressante qui, sur la vue d'une terre moins inhospitalière, leur fait affronter les chances d'une énorme traversée?

Nos missionnaires qui, du reste, n'ont jamais eu de grands succès, trouvèrent les sauvages assez bien disposés sur l'ensemble de leurs idées, mais très-partagés sur la question théologique de la communion : en mangeant les plus braves d'entre leurs ennemis, les insulaires croyaient ou s'incorporer les intentions, les vertus guerrières des héros, ou les anéantir et les empêcher de se reproduire en dehors d'eux par la double extermination matérielle et morale; mais ils ne purent se décider à manger un Dieu qui jamais ne leur avait fait de mal, qui était bon, rempli de promesses et de pardon et appartenait à tout le monde.

Si les habitants des îles de la Société, depuis l'extinction ou l'amoindrissement de l'anthropophagie, se présentent aux nouveaux explorateurs comme les plus doux, les plus naïfs et les plus hospitaliers enfants de la création, c'est que les premiers navigateurs avaient laissé chez eux une foule de ressources contre la disette : des poules, des cochons, des graines, des plantes potagères, des instruments, des procédés de chasse et de pêche. Or tous ces moyens, combinés avec les générosités d'un climat enchanteur, avaient amené une abondance relative. Pomaré Ier, à *Taïti*, supprima, au début de ce siècle, les sacrifices quasi-hérodiens, qui avaient lieu tous les six ans, des trois premières filles de chaque mère, et défendit d'infliger la mort après le combat. A la Nouvelle-Zélande, les naturels encore, pressés par la faim, n'écoutent pas les missionnaires, et le courage de ceux-ci est aussi inutile que dédaigné de ces sauvages, qui ne redoutent pas la mort : une cargaison de moutons venant de la Tasmanie ou de l'Australie, où ils sont si nombreux, fera pour longtemps beaucoup plus de bien à ces sauvages que le plus gros stock de bibles protestantes

Dans l'Amérique, mêmes scènes primitives avant l'arrivée des Européens, mêmes conséquences après leur installation : un des triomphes dont les Indiens sont le plus fiers, c'est d'avoir su vaincre la faim, car c'est une ennemie acharnée; ils aiment les substances qui engourdissent les désirs de l'estomac sans nuire à leur énergie musculaire, comme la *coca* mêlé à une terre argileuse, et se sanglent le ventre pour éviter ses cris; mais l'impérieuse nécessité poussa longtemps les Caraïbes contre les Iroquois, les Natchez contre les Hurons, les Topinambous contre les Botocondes.

On dit que les Espagnols de Fernand Cortez trouvèrent les Péruviens et les Mexicains exempts de cannibalisme et de férocité, mais là seulement où il y avait des champs plus ou moins cultivés : d'ailleurs, l'Espagne se heurtait contre une vieille et grande civilisation dont l'histoire sera écrite un jour, et que le XVIᵉ siècle a ignorée complétement. Malgré les différences importantes de notre développement en Occident, il est permis d'y reconnaître de pareils débuts de civilisation, et avec les renseignements traditionnels, les fragments isolés, mais authentiques, de notre histoire, comme on refait une médaille fruste, de reconstituer notre passé, et affirmer, même en l'absence de preuves écrites qui font défaut à l'aurore de toutes les civilisations, que nos aïeux Scandinaves, Gaulois, Normands, étaient cannibales et sanguinaires comme les Indiens ci-dessus. Odin, leur dieu, promettait à ses braves guerriers qu'ils boiraient l'hydromel pendant l'éternité dans le crâne de leurs ennemis. Strabon, Tacite et César racontent les habitudes sanglantes des

Gaulois et des Germains, comme les Durville, les Franklin, les Freycinet, nous disent ce que sont encore la plupart des insulaires de l'Océanie. Nos ancêtres ornaient leurs demeures de dents, de crânes et chevelures disposés en trophées. César écrit que les Vascons étaient encore anthropophages de son temps, et c'est aux Romains qu'on doit la disparition des sacrifices humains qu'ils pratiquaient avant leurs traités de paix avec le peuple-roi.

A la vérité, le peuple-roi donnait lui-même par les saturnales des cirques, les combats des gladiateurs, le mépris de la vie des esclaves, des démentis cruels à sa conduite honorable chez les vaincus; mais il avait connu les excès qu'il condamnait, et protesté par sa morale mythologique contre leur continuité. Hercule étouffant dans la caverne du mont Aventin le brigand Cacus, et parcourant le Latium avec ses compagnons pour empêcher les holocaustes sanglants, terrassant Diomède qui nourrissait ses chevaux avec de la chair d'homme, c'est le triomphe prévu de la civilisation sur l'état primitif.

Les Grecs, qui devaient, aux temps de Périclès, de Socrate, de Platon et des Hetaïres, servir de type à l'élégance, à l'esprit, au génie des arts et des sciences, n'ont-ils pas eu besoin d'Ulysse pour dompter chez leurs ancêtres le représentant du cannibalisme et de l'anthropophagie, le géant Polyphème, dont la ruse pouvait seule dominer les grossières résistances, comme l'esprit seul doit dompter les instincts de la primitive nature?

Ce n'est pas sans raison que les peuples font remonter l'honneur de la direction civilisatrice et paternelle aux initiateurs dans l'art agricole. Le Thot des Égyptiens, l'Hermès des Grecs, et le premier empereur chinois, sont les trois chefs des principales divisions civilisées de nations. Avant eux, tout est donné à la force brutale, aux

succès dans le meurtre, aux conséquences fortuites de la
guerre, et alors les résultats sont pauvres, car c'est seulement par la patience et l'habitation sédentaire que le
travail produit les résultats de l'agriculture, par la conservation intelligente des espèces végétales et animales,
par la douceur envers les êtres vivants, qui sont nos
auxiliaires, que tout change et prospère. Alors, le développement moral marchant parallèlement avec le progrès
matériel, nous arrivons à la seconde phase de l'humanité,
qui, tout en admettant encore la nécessité de l'esclavage,
témoignera son progrès dans l'évolution humaine.

II

L'esclavage résulte de la guerre : les vaincus échappés
dans la bataille, à Rome comme à Sparte, comme en
Égypte, faisaient partie du butin à partager : on voit
encore dans la vallée du Nil, parmi les ruines des palais
de Sésostris, des bas-reliefs qui représentent des scènes
de combat. A Karnac en particulier, dans un épisode
séparé d'un tableau, on voit un individu ayant en main
des tablettes et un style; il est occupé à classer et à ins-
crire le nombre des poignets et des organes génitaux
entassés devant lui, pour en remettre la liste au vainqueur. Ces poignets coupés indiquent les forces diminuées
de l'ennemi, et les membres virils dénoncent que ceux
qui survivent ne concourront plus à l'accroissement du
peuple ennemi.

Dans l'antiquité, des marchands suivaient les armées
pour acheter en gros ou au détail les esclaves provenant
des combats et les revendre avec la plus-value du négoce

sur une valeur dégagée du marché et accaparée par les spéculateurs. Dans l'Attique, les créanciers réduisaient les insolvables à l'esclavage ; au temps de Lycurgue, la communauté des biens et le despotisme de l'État firent tomber les esclaves en propriété collective, et chaque citoyen avait droit de les tuer comme s'il était leur maître particulier, et si ces malheureux s'avisaient d'être trop nombreux, la jeunesse spartiate, au rapport de Xénophon, organisait des chasses pour faire disparaître l'excédant du bétail humain.

Plutarque, indulgent pour Lacédémone, n'a pas nié ces cripties ou expéditions meurtrières, dans l'une desquelles Thucydide dit que dix mille ilotes furent égorgés. Le contraste connu entre le sort des esclaves à Athènes, industrieuse, commerçante et libérale, et à Sparte, despotique, austère et guerrière, dit assez ce que valurent dans l'histoire les deux célèbres rivales.

Le pouvoir républicain à Athènes n'aurait pas souffert d'odieuses brutalités officielles, mais le gouvernement autocratique de Sparte les commettait impunément. C'est pourquoi l'on vit successivement à Athènes et la loi des Métèques, qui accordait des droits civiques aux étrangers et aux fils d'un Athénien et d'une étrangère. Sparte, qui resta rude et inexorable à ses esclaves, rude et inexorable à leur émancipation, fut sans cesse exposée à leurs révoltes, et finalement elle a succombé, laissant à peine sur la carte du monde la trace de l'endroit où elle vécut, tandis que sa brillante ennemie fournit à Rome et à tout l'Occident des artistes, des savants et des lettrés. Tel est, en effet, le triomphe de la morale puisée à la source féconde du cœur, qu'elle dépasse la limite des conquêtes procurées par les instincts de la force austère et du stoïcisme des sophistes.

Chez les Romains, le sort des esclaves varia selon le niveau des mœurs, selon les temps et les lieux; pendant des siècles, en l'absence de tout agencement mécanique tant soit peu ingénieux, ils tournèrent la meule grossière qui écrasait le grain. Plaute était surveillant dans un moulin lorsqu'il écrivit ses chefs-d'œuvre comiques; il raconte comment les esclaves devaient passer leur cou dans une planche trouée, afin de garantir leurs maîtres contre la fraude des mains ou de la bouche pendant le service. Plus tard, quand les gens riches possédèrent un nombre d'esclaves si grand qu'on ne pouvait les utiliser tous, il fut permis à ces esclaves de se louer de côté et d'autre, et de réserver sur leurs bénéfices un pécule qui fut bientôt la source féconde de leur émancipation en droit et en fait.

Toutefois, les esclaves des provinces et des campagnes trouvèrent seulement dans les insurrections le moyen d'avancer leur délivrance; il y eut, d'après Tite-Live, six guerres civiles en soixante ans, et, avant Spartacus, cet héroïque et *vil* gladiateur qui tint en échec un instant la fortune de Rome, le Syrien Eunus avait réuni 200,000 fugitifs, et Athénion le Grec, 80,000. Et, de même qu'en Attique on avait exploité la dureté des Spartiates pour favoriser la révolte de ses esclaves, de même les ennemis de Rome, comme Annibal, Mithridate, Jugurtha, enrôlèrent les esclaves romains avec profit contre leurs maîtres. Ainsi firent, dans les guerres civiles, Sylla, Marius, Pompée, Claudius, Catilina, qui purent en former des corps d'armée : si ces esclaves furent tantôt lâches, tantôt cruels, à qui ou à quoi le rapporter, sinon à l'éducation qu'ils avaient reçue et au mépris qu'on faisait d'eux? Le délicat Pollion faisait jeter aux murènes un esclave qui avait cassé un vase de cristal, et Auguste, transformant en droit l'infamie même, laissait crucifier l'intendant qui avait mangé une caille de combat.

A force d'entendre vanter par des hommes libres la dignité du repos et les honneurs de la paresse, l'esclave en était venu à tenir le travail pour honteux, et n'ayant d'ailleurs aucun intérêt à accomplir une tâche plus ou moins fructueuse pour le seul propriétaire, il subissait toujours à regret, et humblement, l'injonction de travailler. Aujourd'hui encore, aux colonies françaises, les travailleurs noirs libérés consentent difficilement au labeur manuel : il faut donc beaucoup de temps pour reprendre après l'esclavage l'entière possession de son âme, dont Homère disait que Jupiter retirait la moitié à celui qu'il plongeait dans la servitude.

Et cependant c'est à des esclaves dédaignés que nous devons, depuis les temps anciens, les plus pures maximes de la morale moderne. Ils se cachaient pour s'instruire ou s'affublaient d'allégories, d'apologues et d'abstractions, pour faire comprendre leur fructueux langage. Ainsi feront toujours les novateurs qui initient l'homme à l'avenir, en dépit des résistances du moment. Leurs premières formules empruntent les séductions de la poésie, parce que l'imagination devance toujours le jugement. Nous admirons Ésope et Phèdre dans la Fontaine et Florian : mais déjà les vers dorés de Pythagore ont servi la cause des esclaves et de la conscience humaine. — « N'abandonne « pas tes yeux aux douceurs du sommeil avant d'avoir « examiné par trois fois tes actions de la journée : 1° qu'ai-« je fait? 2° à quel devoir ai-je manqué? 3° quelle faute « ai-je commise ? » Voilà un examen de conscience comme le christianisme le proposera cinq cents ans plus tard. On doit à Bias, à Démocrite, à Phocylyde, ces aphorismes de haute moralité qui ont traversé des siècles : « Si tu

« possèdes des richesses, partage-les avec les malheu-
« reux. — Que l'indigence reçoive sa part de ce que les
« dieux t'ont prodigué. — Relève le cheval de ton ennemi
« abattu sur la route. — Ne fais pas à toi-même ce qui te
« déplaît dans les autres. — Bannis l'injustice de ta
« pensée. — Ce qui distingue le bon du méchant, ce ne
« sont pas seulement les actions, mais la volonté. — Ouvre
« ta porte à l'exilé : nous sommes tous soumis à l'infor-
« tune. — Désirer l'impossible et rester insensible à la
« peine des autres, sont deux grandes maladies de
« l'âme. » C'est ainsi qu'on parlait et qu'on écrivait plusieurs siècles avant l'ère chrétienne.

Dans la seconde période de la philosophie grecque,
celle de Socrate, d'Aristote, d'Épicure et de Zénon, l'ar-
gumentation prend la place de la sentence ; il fallait
opposer à l'impudence des sophistes, qui plaidaient le
faux et le vrai, une savante stratégie de langage et forcer
les esprits d'accoucher de ces grandes vérités morales à
l'abri de toute ambiguïté, et consacrées par l'éloquence
autant que par l'autorité des bons exemples : c'est ce que
fit Socrate, très-sérieusement préoccupé de la question
des esclaves. « Il importe, dit-il, de les associer aux
« intérêts de la famille, de choisir pour intendants ceux
« qui se distinguent par leur zèle et leur intelligence,
« parce que la justice est l'instrument le plus avanta-
« geux aux maîtres eux-mêmes, et que le travail de ces
« *humbles amis* réhabilite leur nature et prépare leur
« affranchissement. » Le dialogue d'Aristarque et de
Céramon atteste la logique de Socrate, qui montre Aristarque triste et pauvre parce qu'il n'y a chez lui que des
personnes libres et pas de travail, tandis que le contraire
a lieu chez Céramon ; mais bientôt, sous l'exhortation du
philosophe, voici les fils, les filles, les parents d'Aris-

tarque, qui se mettent à la besogne. La gaîté renaît dans la maison avec l'abondance. Socrate triomphe ; il triomphera trop tôt en établissant de pareilles prémisses, et il paiera de sa vie l'inquiétude qu'il donne aux conservateurs de son temps. Les amplifications imaginatives de Platon et ses mystiques abstractions annoncent vaguement le monothéisme qui succédera au polythéisme gréco-romain.

Parmi les promoteurs anciens de l'émancipation des esclaves, il faut citer les philosophes de la secte de Zénon et de celle d'Épicure: les premiers relevaient la dignité humaine en honorant le courage devant l'adversité, l'impassibilité dans la douleur, le dédain vis-à-vis des jouissances.

Les épicuriens ne poussaient pas au plaisir pour le plaisir même, mais ils prêchaient la sobriété et la continence dans l'intérêt de notre santé, de notre indépendance et de la vivacité légitime de nos émotions permises; ils soutenaient que le bonheur des individus dépend du bonheur général, et réciproquement: c'est pourquoi ils ne séparèrent pas la destinée des esclaves de la destinée commune. A Rome principalement, après les victoires de P. Émile, des milliers de Grecs furent vendus et achetés sur les marchés pour servir de professeurs, artisans et artistes pédagogues, médecins et intendants. Un grand changement se fit alors dans l'opinion, et le génie qui se montrait chez plusieurs de ces esclaves réjaillit en considération sur leurs pareils : de là les affranchissements, les adoptions et ce qui s'appelait du nom heureux de *familiarités*. Mais Rome à son tour languit, son sort est terminé ; l'immense empire se divise, un nouvel ordre de choses va naître: le régime des esclaves va se transformer.

III

Campés militairement dans les provinces qu'ils ont conquises, les Francs, les Normands, les Bourguignons s'en partagent les richesses, les moissons, le bétail, Les prisonniers, sans distinction d'origine gauloise ou romaine, sont soumis au servage. Bientôt à la féodalité guerrière s'adjoignit une féodalité théocratique, et les serfs eurent deux pouvoirs contre eux. On ne comprend leurs souffrances que par les révoltes qu'elles provoquent, et qui ne disparaissent en partie qu'à partir du moment où une solidarité évidente relie les intérêts du maître à ceux du serf : alors le premier défend le second contre les attaques brutales, les déprédations et les exactions.

Les serfs deviennent des vassaux réguliers, fondent des bourgades et conquièrent peu à peu les ressources et l'importance sociale qui leur permet de lutter contre la féodalité. L'antagonisme des habitants des bourgs contre les suzerains a été décrit par les écrivains modernes avec les détails les plus minutieux : on en doit à Augustin Thierry les plus intéressants, et il était digne de ce libéral esprit de chanter l'épopée héroïque du moyen âge et de montrer, malade et aveugle, combien les progrès de la civilisation provoquent de courage, de force et d'enthousiasme chez ceux qui aiment l'humanité !

La royauté centralisant les efforts des communes rendit le seul éminent service qu'on pût attendre d'elle, et celles-ci, reconnaissantes, se livrèrent à un fructueux labeur dont la monarchie profita. La durée des rois fut longue, ils firent payer leur protectorat très-cher; leur pouvoir devint tel que l'imprévoyance, la prodigalité, l'ambition de territoire, les rendirent rivaux entre eux et odieux à leurs peuples : l'industrie s'éleva en face de la puissance des armes; le prolétariat remplaça le vasselage, comme celui-ci avait succédé au servage, lequel améliorait l'antique servitude, bienfait social vis-à-vis de l'anthropophagie.

Si l'on rapproche ces évolutions de l'idée du progrès, on voit l'homme physique marcher de l'enfance à la maturité, comme l'homme moral va de l'instinct à la réflexion et du sentiment à l'intelligence, du besoin matériel aux exigences idéales et de l'assujettissement à l'émancipation. Après avoir accepté des causes surnaturelles, transcendantes et despotiques, il en vient à compter sur lui-même pour exploiter le monde externe et avoir conscience de son état moral, s'appropriant les lois naturelles et se résignant à leurs conséquences.

Le progrès de toute société n'est que relatif, et quand il serait vrai que nous fussions atteints de cette décrépitude qui fit périr les civilisations égyptienne, grecque et romaine, l'humanité, transportée sous d'autres cieux, emporterait avec elle le flambeau dont parle le poëte; les peuples les plus avancés, faisant comme les lutteurs du Cirque (*et quasi cursores vitaï lampada tradunt*), tombent pour revivre deux fois. Il n'a jamais été utile ou compréhensible de représenter le progrès comme l'infini même, car dès que nous dépassons la notion scientifique des rapports, et que nous substituons aux acquisitions positives les rêves de chacun et les chimères de l'imagination, nous changeons de terrain, de méthode et de but. Il y a dans le progrès une tendance invincible à mettre notre destinée en équation avec les lois immanentes du monde, qui nous excite à chercher l'équilibre, à réaliser la justice, plus qu'à nous procurer des satisfactions personnelles et illimitées.

Une société où certains instincts dominent seuls, quel que soit leur nom, est destinée à devenir la proie de ses voisines ; il faut à l'équilibre social une marche proportionnelle des facultés artistiques, industrielles, militaires, s'enchaînant selon les temps et les lieux, mais rien d'exclusif dans les efforts de chaque groupe.

On a fait beaucoup de diatribes contre le *progrès*, considéré tantôt comme une mystification, un mensonge de l'idéal, une erreur de la science, une déception historique : le progrès dépend des choses et leur emprunte une partie de leur fatalité; il n'est pas une spontanéité humaine, et comme la science qui lui sert de seconde épreuve ne suffit pas encore à lui donner un sens et une démonstration, on a vu les métaphysiciens, les moralistes et les politiques s'évertuer à le formuler et à le définir.

Selon certains économistes, la multiplication géométrique de la population correspondant à l'augmentation simplement arithmétique des subsistances, le déficit qui s'ensuit pousserait à une incessante augmentation du travail qui n'atteindrait jamais la cause fatale de son insuffisance : d'un autre côté, le génie industriel produit des satisfactions et des besoins toujours accumulés. La pauvreté est plus sensible, et il semble que, sans ajouter à sa taille une ligne, à la durée de sa vie une minute, à la force de ses muscles un kilogramme, l'homme doive passer de l'inquiétude à la discorde, et des fleaux de la nature aux fléaux de la société.

Pour la morale, plusieurs estiment que les préceptes du christianisme dispensent de toute notion antérieure à lui, et de toute espérance d'amélioration en dehors de lui, comme si Socrate, Épictète, Caton, Marc-Aurèle, n'avaient pas existé, et qu'il fût permis de s'en tenir à une doctrine plaçant le but de la vie en dehors de la vie, alors que la lutte pour l'existence même s'accuse de plus en plus dans les efforts humains.

Que vaut la tradition des patriarches, dont les enfants sont pervertis au point d'encourir un déluge? Est-il vrai, avec Aristote, que la civilisation tourne inévitablement dans les sphères fermées de l'aristocratie à la démocratie, et réciproquement, sans que l'esclavage puisse disparaître d'aucune combinaison politique? Parmi les modernes philosophies, peut-on accepter celle de Vico, qui voit les prépondérances militaires, sacerdotales et industrielles alterner successivement, sans autre résultat social que cette évolution circulaire? Faut-il penser avec Hegel que l'histoire de chaque société est tracée d'avance par les influences géographiques et climatériques, le tempérament et la race? C'est en abordant l'histoire de la science et en éliminant toute considération métaphysique que nous pouvons dégager l'idée du progrès.

CHAPITRE VII.

Classification des Sciences.

Le désir de connaître et le chagrin d'ignorer, constituent pour l'esprit humain une situation si respectable qu'on ne doit consentir ni à être dupe des chimères de l'imagination, ni à être victime des résistances nécessaires que la nature nous oppose; il nous faut donc acquérir toutes les notions des choses avec lesquelles notre solidarité est permanente et sensible.

En parcourant le domaine des connaissances humaines, on y voit une ordre hierarchique, un nombre déterminé de sciences enchaînées par les relations réciproques des phénomènes dont elles s'occupent; de telle sorte que, pour chacune d'elles, les faits qui la constituent comportent la notion des conditions antérieures.qui les unissent, en même temps que leur indépendance vis-à-vis des faits ou propriétés phénomenales d'une nouvelle science est constatée : de cette façon, la seconde des six sciences que reconnaît la philosophie positive suppose aussi nécessairement la première que la sixième suppose la cinquième.

Cette superposition, par la voie de généralité décroissante et de complication phénoménale croissante, est le fait de la succession des lois immanentes et de la connexion des propriétés des corps, depuis les plus élémentaires jusqu'aux plus compliquées. Les sciences, qui sont comme des sœurs d'un âge différent, se chargent de leur initiation réciproque, et s'intéressent désormais au sort les unes des autres, au lieu de rester silencieuses, indifférentes ou hostiles les unes vis-à-vis des autres. Leur union forme la grande science où tout converge, où les communications dans tous les sens sont possibles et rapides.

Les six classes scientifiques sont: 1° les mathématiques, 2° l'astronomie, 3° la physique, 4° la chimie, 5° la biologie, 6° la sociologie.

Les mathématiques, qui partent d'un très-petit nombre d'axiomes ou faits d'expérience rapide, donnent lieu aux déductions les plus multipliées et conduisent aux formules les plus fécondes; elles n'empruntent rien aux autres sciences, et au contraire elles leur prêtent les notions premières sans lesquelles elles ne pourraient être constituées : c'est pourquoi les mathématiques sont l'objet des premiers efforts scientifiques de l'humanité qui se civilise.

En partie par les mêmes raisons, la seconde place hiérarchique appartient à l'astronomie, dont l'observation patiente des premiers pasteurs a favorisé les progrès : mais ces progrès restent surtout sous l'influence des mathématiques coordonnées, qui déterminent les lois du mouvement des astres et le sens de leurs relations selon les distances et les directions réciproques.

La physique ne vient qu'ensuite, parce que les phénomènes les plus généraux dans la nature, ceux du mouvement dans l'espace, l'étendue et le temps, une fois déterminés, l'esprit ne se trouve plus qu'en présence de faits déjà moins généraux, comme le sont la lumière, l'électricité, la chaleur; mais à la physique se rattachent forcément les notions mathématiques, puisqu'elles seules permettent de vérifier et de fixer d'une manière sûre et définitive la valeur des expériences acquises au crédit de la physique par l'épreuve du calcul. L'histoire rend témoignage de la place de la science physique au rang que lui assigne la philosophie positive, lorsqu'elle montre qu'entre les mains d'Archimède et d'Eratosthène, les mathématiques et l'astronomie avaient fait de brillants progrès, alors que la physique était à peine connue même de nom.

Dès que nous voulons pénétrer dans la connaissance des rapports plus intimes des corps et dans la notion de leur constitution atomique ou moleculaire, nous rencontrons la chimie. Celle ci-comprend la physique, par l'intervention des lois sur le calorique, la lumière, l'électricité, et les mathématiques, par l'intervention du calcul dans les proportions des éléments constitutifs des substances étudiées chimiquement. Ce sont les alchimistes et les physiciens qui sont les parrains de la chimie, dont la grande science moderne pouvait seule établir la systématisation normale.

Renseignés par la chimie sur la nature des éléments organiques ou inorganiques des corps, nous nous trouvons en face des faits de la biologie, c'est-à-dire de la grande science des êtres vivants qui renferment en eux les divers éléments éparpillés dans le monde.

On a institué sous le nom d'*histologie* une science spéciale, qui a pour objet la substance organisée soit liquide, soit solide, directement active dans le corps de l'homme, des animaux et des végétaux ; cette science détermine les formes élémentaires de la matière organisée, étudie les dispositions profondes qui échappent à l'œil nu, et signale les fonctions élémentaires inhérentes à chacune de ces formes.

Ces parties élémentaires, soit qu'on les considère dans les différentes régions du corps, soit qu'on les examine dans les variations de l'âge ou dans la série des êtres, jouissent de propriétés communes et des mêmes attributs fondamentaux. L'utilité théorique de l'*histologie* consiste en ce qu'elle distingue dans toutes les régions du corps et dans les êtres les parties premières en qui naissent les propriétés effectives de la vie ; et lorsque, par une méthode uniforme et sûre d'observation minutieuse et patiente, elle suit à la trace les altérations des humeurs et les dégénérescences qui caractérisent les lésions organiques, elle fait sentir toute sa portée pratique.

Il ne faut pas confondre la biologie avec la médecine, pas plus que la théologie avec les religions simples, accidents dérivés des hypothèses théologiques. La médecine, en tant que science, est et ne peut être que moderne ; mais, sous le titre d'art médical, l'expérience et l'observation séculaires ont rassemblé des faits importants dont la santé est le but, mais qui se sont incorporés à la biologie, au fur et à mesure que cette dernière s'est constituée par les progrès de la chimie, et par les généralisations anatomiques obtenues dans la série des animaux et végétaux.

L'homme, bien connu comme individu, fait comprendre l'homme collectif, et permet de déduire de la notion biologique les conditions de la vie d'ensemble. C'est pourquoi, d'une part, la médecine par l'hygiène, et, d'autre part, l'étude des lois de l'histoire et du travail productif des sociétés s'unissent pour former la dernière des six grandes sciences constituées par la philosophie positive, et qui s'appelle *sociologie.*

La valeur de chaque science ci-dessus énumérée, se trouve vérifiée par l'ordre même qu'elle prend dans la coordination systématique que nous exposons.

Il est prouvé qu'il n'y a pas d'astronomie ni de physique terrestre sans préalables notions mathématiques, qu'il n'y a pas non plus de chimie sans une constitution antérieure de la physique, pas d'exacts renseignements sur les phénomènes de la vie sans l'établissement scientifique de la chimie, et enfin, pas de véritable science sociale si tous les faits de la biologie ne sont connus et réunis dans une synthèse.

Ce qui a lieu dans l'évolution de l'individu, n'est que le thème concret de ce qui se produira avec amplification dans la vie du grand être collectif ; on conçoit donc que les destinées de la science et de la société, soient solidairement confondues par les moyens d'étude dont nous disposons. Comment, d'ailleurs, se résoudre à considérer au seul point de vue de l'abstraction ces deux réalités, la *science* et l'*humanité,* dont les métaphysiciens se complaisent à faire des virtualités subjectives et des chimères insaisissables? La science sans la société n'est-elle pas un corps sans tête; et qu'est la société sans la science, sinon un accident sans cause, un phénomène que le hasard pourrait réclamer, ou un résultat produit par une cause soustraite à nos recherches, arbitraire dans ses déterminations, inexorable dans ses décisions, et qui, troublant sans cesse nos efforts, nous imposerait la plus triste des résignations?

Il n'en est pas ainsi : l'histoire a un développement

mesuré et conduit par la nature cérébrale de l'homme ; nos acquisitions matérielles et morales, sont justifiées dans le passé par l'évolution progressive de l'individu privé et collectif, et si nous pouvons compter sur l'avenir, c'est parce que la science n'est autre chose que la vérifi- cation des lois qui gouvernent l'homme et le monde.

CHAPITRE VIII.

De l'Histoire.

Transmettre les récits du passé après avoir pris plaisir à les recueillir, c'est, depuis que les hommes savent lire et écrire, une longue tradition; ainsi reliés les uns aux autres, par générations successives, les événements présentèrent d'abord leur côté attrayant : l'émotion vint peu à peu se mêler aux récits habilement mis en scène, et l'intérêt remplaça la vaine curiosité première, quand le nombre des faits, de plus en plus spéciaux, amena sur le théâtre de l'histoire les personnes ou les collectivités bien déterminées, chefs, guerriers, princes, rois, prêtres, tribus. nations, empires.

A quelles conditions l'histoire est-elle la conseillère des peuples, le guide de leur avenir, le fruit de leurs épreuves ? C'est seulement quand la notion de l'évolution sociale est acquise. Au moyen âge féodal, les chrétiens ne songèrent pas à tirer profit de la connaissance des faits républicains de la Grèce et de Rome; toute filiation sociale semblait impossible à établir à travers cette distance des temps et des lieux. Le sens à donner aux changements produits, l'idée d'une solidarité entre des époques si dissemblables, la crainte d'une fausse direction, tout éloignait les esprits de la recherche des lois générales qui gouvernent l'histoire, c'est-à-dire l'évolution sociale de l'humanité.

Mais tout s'éclaire, si l'humanité n'est plus assimilée à un individu soumis à un accroissement fixe, composé d'enfance, de jeunesse, de maturité et de décadence mortelle, et si à cette vue imparfaite on substitue une humanité toujours durable dont les milliers d'années ne modifient pas la vie, parce que cette vie n'est pas d'ordre biologique mais d'ordre sociologique, et que ses formules collectives ne se rapportent pas aux conditions de l'individu.

Un être isolé meurt le plus souvent avant d'avoir parcouru toutes les périodes de son existence, quelquefois naturellement, par usure de ses parties, le plus souvent par une altération des organes et arrêt des fonctions. La mort prouve, par les conditions inexorables dont elle est entourée, que l'essence de la vie n'est pas dans les facultés de l'âme, mais dans le double mouvement de composition et de décomposition de la matière; or, de quoi dépend l'Histoire ou Évolution sociale sinon de l'exercice des facultés de l'âme, propres à chaque race, mais destinées dans leur ensemble à une persistance indéfinie et comme éternelle à travers l'espace et le temps.

L'influence graduelle et continue des généralités humaines les unes sur les autres, tel est le phénomène qui établit dans sa plus grande certitude le caractère spécial de la sociologie. La propriété des sociétés de créer des ensembles de choses pouvant et devant être apprises, constitue le fait par excellence de leur évolution sous la forme sociale.

Les outils, les constructions, les meubles, le tissus, sont transmis de génération en génération avec les procédés théoriques et pratiques d'emploi et de renouvellement que nous connaissons, et forment ainsi le premier degré de la solidarité humaine, s'adressant surtout à nos besoins premiers.

Dans un deuxième degré, s'ébauchent les institutions religieuses, morales et politiques qui se conservent héréditairement dans les familles, les tribus, les cités, les nations ; puis naissent, au milieu des loisirs résultant de l'accumulation de certaines sécurités matérielles, les éléments des arts liés aux créations de l'industrie. Enfin l'humanité arrive au savoir abstrait ou théorique, qui est le fonds le plus solide des richesses communes.

Tandis que la biologie parvient à fixer sur les organismes, par des générations sélectives, plusieurs avantages constitutionnels, la sociologie représentée par la raison humaine en marche, nous procure des résultats supérieurs à la création de modifications purement physiologiques, résultats confiés à la pensée féconde de l'esprit.

L'enseignement didactique de l'évolution sociale n'est plus le même aujourd'hui qu'il était lorsque les hommes, inconscients de leur solidarité historique et préhistorique, n'assistaient qu'en partie, spectateurs désintéressés, aux drames fournis par leurs ancêtres, et n'y voyaient que des analogies éloignées, des rapports incomplets et aucune direction à obtenir.

On peut encore maintenant étudier des faits plus ou moins particuliers, mais à la condition de tenir en main, à travers le fortuit et l'accidentel, un fil directeur qui aboutit au quinconce lumineux des routes diverses suivies par les générations antérieures ; et ce but est présenté à la jeunesse moderne par la sociologie comme le plus important à suivre, avec une disposition d'esprit aussi équitable envers le passé que prudente vis-à-vis de l'avenir.

Un nouvel enseignement de l'histoire ménagera les croyances religieuses encore existantes, sans cependant les adopter, mais en rattachant leur sens et leur efficacité à l'ensemble évolutif. Avec ces réserves, il portera le regard sur les diverses sociétés, en commençant par les plus civilisées, c'est-à-dire celles d'Europe, ou dérivées d'elle actuellement en Amérique et en Australie; après viendront les populations musulmanes liées au peuple chrétien par l'idée d'un seul Dieu : à un troisième plan figurent les Chinois, les Indiens, les Tartares et les Japonais, constituant une masse énorme demeurée polythéiste depuis l'antiquité; il faut placer au quatrième point de vue, malgré l'inversion chronologique, les Mexicains et les Péruviens, dont l'empire a été récemment détruit. (LITTRÉ.)

Les peuplades nègres de l'intérieur de l'Afrique méritent un cinquième rang, avant les tribus d'Amérique, composées de race rouge, et les humbles habitants de la Nouvelle-Hollande, demeurés sauvages, et qui formeront les cinquième et sixième rangs.

Dans les linéaments qui encadrent une telle distribution des êtres sur notre globe, on voit avec facilité la graduation hiérarchique de toute civilisation reproduite intégralement dans l'ensemble. Les Nouveaux-Zélandais, avec leur vocabulaire restreint et leur outillage élémentaire, les Peaux Rouges, avec leurs fétiches, sont à l'opposé des Anglais et des Français, et disparaissent peu à peu devant ces derniers, à la manière des espèces animales devant des animaux plus forts.

L'évolution des peuples doit être envisagée non pas seulement sur leur surface géographique, mais dans les espaces circulaires qui les circonscrivent, et alors on voit encore dans leur vie des phases également déterminées. La France républicaine fut précédée d'une France monarchique issue d'une France féodale et religieuse au moyen âge; et avant de s'appeler de son nom actuel, elle fut la Gaule romaine, encore assez barbare au temps de l'historien Polybe pour n'avoir que des instruments et armes de cuivre et de pierre, ignorer l'Écriture, et suivre par la tradition et la récitation les dogmes et les faits qu'elle conservait.

Les Grecs, au temps de Périclès, parlaient de leurs aïeux homériques comme nous parlons de nos pères gaulois; l'égale distance de deux mille ans pour chaque époque mesure le progrès, c'est-à-dire la différence entre l'état statique et l'état dynamique de chaque société.

On ne trouve pas dans Aristote la description des conditions propres aux diverses phases de la civilisation qui l'occupe dans sa *Politique*. Il énumère simplement chaque mode de gouvernement avec ses rouages ordinaires, et son grand esprit, un des plus brillants de l'humanité, n'a pas distingué en quoi la direction empirique diffère de l'évolution spontanée. Cela vient du défaut de notions propres à faire apprécier une telle différence : toutefois, dans les mots déjà en usage de *politique*, de *cité* (πολις et *civitas*), il y a une indication du sens social adopté de nos jours dans le langage scientifique et la sociologie.

C'est à Bossuet, malgré ses exclusives préoccupations théocratiques, et à Pascal, par son génie philosophique, qu'il faut remonter pour constater le caractère scientifique du développement de l'humanité.

« Les hommes, dit Pascal, tirent non-seulement partie
« de leur propre expérience, mais de celle de leurs pré-
« décesseurs : ils sont aujourd'hui dans le même état où
« se trouveraient les anciens philosophes s'ils pouvaient
« avoir vieilli jusques à présent, en ajoutant aux connais-
« sances qu'ils avaient celles que leurs études auraient
« pu leur faire acquérir à la faveur de tant de siècles ; de
« là vient que, par une prérogative particulière, non-seu-
« lement chaque homme s'avance de jour en jour dans
« les sciences, mais que tous les hommes ensemble y font
« un continuel progrès, à mesure que l'univers vieillit,
« parce que la même chose arrive dans la succession des
« hommes que dans les âges différents d'un particulier,
« de sorte que toute la suite des hommes pendant le cours
« de tant de siècles, doit être considérée comme un même
« homme qui subsiste toujours, et qui apprend continuel-
« lement. » (*Fragments sur le vide.*)

Cette haute vue des choses devait être et fut effectivement adoptée par les hommes éminents du xviii° siècle,
Turgot, Condorcet, Kant, pour être systématisée avec
autorité par A. Comte, dans sa philosophie positive. L'évolution sociale, ainsi comprise, peut se mesurer par deux
termes en quelque sorte mathématiques, fournis par la
science et par l'industrie : cela ne constitue pas deux différentes civilisations, mais une seule entrevue à des
moments différents.

On observe actuellement que l'Inde, la Chine, le Japon,
égalent et surpassent même en industrie les nations de
l'Occident, sans pouvoir sortir de cette élévation relative,
parce qu'elles manquent de la science abstraite et générale d'où émane toute véritable supériorité théorique et
pratique.

La raison intime de ce temps d'arrêt dans la phase

purement industrielle, est probablement une question de
race, ainsi que tend à le montrer la comparaison ethnographique des peuples examinés dans leur distribution
géographique et sociale.

Les mythologies et la linguistique nous renseignent sur
la manière dont les nations interprétèrent l'ensemble des
choses et la condition de l'humanité dans le passé le plus
lointain.

Le mot Prométhée, en sanscrit, veut dire celui qui fait
du feu en frottant deux morceaux de bois ; le Prométhée
d'Asie est donc simplement l'inventeur du feu : mais cette
admirable découverte frappa l'imagination populaire, qui
promulgua, sous forme mythique, la hardiesse de l'homme
dérobant aux dieux ou à la nature leur terrible secret, et
s'attirant la terrible vengeance que l'on connaît. La fable
s'arrête là pour longtemps, mais l'esprit grec vient l'élargir ; Prométhée brave Jupiter, et comme Jupiter sait qu'il
sera détrôné si le Titan bienfaisant reste cloué sur son
rocher, Hercule est autorisé par lui à délivrer le créateur
du feu, et cette grande réconciliation entre le maître des
dieux et les hommes inaugure un nouveau et meilleur
avenir.

L'étude philologique nous reporte donc à la vérité dans
l'histoire, en passant par-dessus le symbolisme de la Fable.
Sur les limites des temps connus, nous rencontrons aussi
quatre livres qui nous instruisent sur l'antiquité. Celui
d'Homère est le moins ancien, ses dieux sont des hommes
agrandis dans tous les sens. Avant Homère, le *Veda* et le
Zend-Avesta sont écrits dans une langue assez voisine du
grec pour établir la filiation du savoir humain.

Le *Veda* chante les puissances de la nature et les per-
sonnifie à la manière polythéiste, qui sera plus tard
employée en Grèce.

A partir du *Zend-Avesta* commence le dogmatisme théologique : il y a deux puissances pour gouverner le monde, Ormuzd et Ahriman, le bon et le mauvais; mais Ormuzd doit l'emporter un jour, et en lui paraît ainsi le monothéisme, vainqueur des puissances rivales.

A côté de ces trois livres, on pourrait placer ce qui reste des écrits de Berose et du *Sanchoniathon*, qui furent pour les Phéniciens et les Babyloniens ce que fut la Bible pour les Hébreux; mais ils sont à peu près disparus. D'ailleurs, les papyrus et les inscriptions hiéroglyphiques de l'Égypte, dans leur valeur intrinsèque, attestent, avec les monuments de la vallée du Nil, la plus reculée des civilisations, celle qui faisait dire à Solon, par les prêtres de cette époque : « Vous autres, Grecs, vous êtes des enfants ! »

Des monuments mégalithiques, *Dolmens* et Menhirs, qu'on retrouve un peu partout depuis qu'on les recherche, offrent par leur ubiquité multiple un sens encore obscur, mais qui dénonce une antériorité quelconque sur les restes grandioses de l'Égypte. Ces considérations développées par M. Littré, dans sa célèbre leçon de 1871, à l'École polytechnique, servent à constituer une nouvelle science de l'histoire, aussi bien fournie de moyens spéciaux d'investigation que les six grandes sciences de la philosophie positive.

Si les mathématiques et l'astronomie relèvent de l'observation pure, si la physique et la chimie invoquent l'expérimentation qui s'y ajoute, si la biologie consacre surtout la méthode comparative, à son tour, la science historique ou sociale possède un instrument essentiel : c'est la filiation ou génération des sociétés les unes par les autres. Sans la notion de cette nécessité génératrice, il n'y a plus que des accidents, des hasards, des contradictions, des événements bizarres ou irritants; tandis qu'avec cette idée invariable, que les diverses situations sociales procèdent forcément d'elles-mêmes, la trame scientifique de l'histoire se déroule avec une netteté logique qui satisfait l'esprit sans attrister le cœur. Nous restons persuadés, par exemple, que nos trois derniers siècles sont supérieurs aux précédents, sans pour cela condamner, comme appartenant à l'erreur, les temps qui les ont précédés.

Ni le moyen âge, ni l'Orient antique, ne sont à ce point de vue la proie des prêtres pervertis ou despotes inexorables. Ce n'est pas pour notre confusion, mais au contraire pour notre édification, que les Grecs et les Latins de Rome furent si éminents dans les arts, la morale et la philosophie, et nous ne pensons pas, dans notre nouvelle doctrine, qu'un stupide fanatisme précipita sur les musulmans les croisés du onzième siècle, qui s'inquiétèrent à raison de l'envahissement de l'Europe par l'islamisme. Dans une civilisation donnée, tous les événements qui se produisent ont une convergence naturelle ou de déterminisme vers une situation supérieure, et tous favorisent cette évolution, soit qu'il s'agisse, pour l'obtenir, de détruire des obstacles, soit qu'il faille consacrer l'autorité de certains résultats.

L'époque de la Renaissance mérite deux fois son nom. C'est à elle que le moyen âge, incapable de procurer à l'humanité l'augmentation de vie qui dépassait les forces du catholicisme, transmit son œuvre à continuer; on rapprocha alors l'antiquité pour servir de trait d'union entre les tronçons humains du passé, du présent, de l'avenir, et rétablir le courant du progrès qui semblait interrompu. L'Église n'avait pas voulu ni compris la filiation des temps humains, et dans son isolement hautain et despotique, elle avait systématiquement renié toute solidarité avec l'antiquité intellectuelle et morale, qui était déstinée à la subjuguer à ce moment de Renaissance.

Sans l'avouer, le clergé empruntait depuis longtemps aux anciens leurs meilleures choses, et se les appropriait ; il tenait en secret dépôt les chefs-d'œuvre de leur littérature, et tout en professant que ces païens idolâtres étaient condamnés à l'enfer, il se nourrissait de leur substance, et l'infusait plus ou moins volontairement aux nouvelles générations.

La prise de Constantinople, en 1453, ayant définitivement refoulé en Europe les derniers Orientaux, ceux-ci répandirent les manuscrits des poëtes et des savants ; bientôt l'imprimerie, qui ne semblait pas devoir se prêter à cette mission si révolutionnaire, puisque tout émanait, disait-on, du pouvoir religieux, répandit à profusion les éditions des profanes, et en moins d'un siècle l'Occident fut pourvu des meilleurs textes de la Grèce, dont le fruit défendu fut recherché avec engouement. On fut si loin d'y découvrir le ver rongeur de l'abbé moderne Gaume, que les papes, les évêques, les princes, s'en firent les plus ardents propagateurs, et il eût été malséant dans le personnel catholique, aussi bien que pour le monde laïque, de dédaigner ou d'ignorer les richesses de l'antiquité grecque et latine : de là ces beaux livres collationnés avec soin d'Aristote, d'Hippocrate, de Platon, d'Homère, d'Hésiode, de Thucydide, d'Hérodote, de Sophocle, d'Euripide, d'Aristophane, auxquels on adjoignit la grande littérature de Rome : Virgile, Horace, Cicéron, Ovide, Juvenal, Lucrèce, etc. Les arts plastiques dont ces auteurs vantaient l'éclat entrèrent dans le mouvement, et l'on vit partout dans les églises, les palais, les musées et les monastères, des peintures, des sculptures et des ornements qui rappelaient surtout les types esthétiques du paganisme, prenant la place des œuvres catholiques à peine s'épanouissant, qui déclinèrent très-rapidement.

Après la Renaissance, survient la Réforme: la révolution commence dans l'esprit moderne. Luther obtient dans la théologie le triomphe que Descartes réalisera dans la métaphysique; les nations européennes se dégagent par le libre examen du joug théocratique, et par la libre pensée des entraves de la politique, unie au pouvoir religieux. Ce qui s'est fait pendant les dix-septième et dix-huitième siècles, pour l'émancipation humaine, et pour nous amener à l'époque positive, est considérable; c'est pourquoi, le plan de l'histoire doit être nouveau, et l'enseignement de cette science prend un nouvel aspect dans sa double signification didactique et abstraite ou philosophique. Vingt-trois leçons méthodiquement disposées pour les élèves de l'École polytechnique, montrent l'ensemble de l'innovation scientifique digne d'être adoptée: Première leçon. — Considérations générales sur l'histoire, la terre et l'homme. 2° L'homme préhistorique. 3e L'homme sauvage. 4e La civilisation spéciale du Mexique et du Pérou. 5e Les Égyptiens. 6e Les Babyloniens. 7e Les Indo-Iraniens. 8e Les Juifs et les Phéniciens. 9e Les Chinois et les nations stationnaires dans la phase industrielle. 10e Les peuples progressifs, par la profession et la transmission du savoir abstrait. 11e Les Grecs et leur civilisation initiale, par la science. 12e Les Romains et leur politique civilisatrice, par la conquête. 13e L'empire romain, et la décadence du polythéisme greco-latin, amenant le christianisme. 14e L'empire barbare, absorption de la Germanie par Charlemagne, et transmission laborieuse du savoir antique à l'Occident. 15e Moyen âge, catholicisme prépondérant, féodalité, arts, poésie et débuts scientifiques. 16e Les Arabes et leur savoir tout grec, introduisant une demi-renaissance dans l'Occident. 17e Dissolution du régime catholico-féodal, pendant les quatorzième et quinzième siècles. 18e Découverte de l'Amérique. 19e La Réforme, Rabelais, Montaigne, Cervantes, Shakespeare. 20e Le dix-septième siècle et ses grandes monarchies. 21e Le dix-huitième siècle, l'équilibre européen, la fermentation de l'esprit d'examen, d'incrédulité et de révolution, constitution des sciences chimique, physique, et biologique. 22e Révolution française, rénovation des arts et de la poésie, développement des sciences et sociologie. 23e Marche et but de l'humanité.

CHAPITRE IX.

Sociologie.

La dernière leçon inscrite dans le précédent chapitre annonce la science sociologique, qui prend sa place au-dessus des cinq sciences hiérarchisées par la philosophie positive.

Chacune d'elles réclame des traités spéciaux, où les liens philosophiques aussi bien que lois générales et les divers degrés du savoir humain soient assez bien indiqués pour permettre aux disciples de passer de l'une à l'autre science, sans rencontrer d'obstacles, sans rencontrer de lacunes, sans laisser rien dans l'obscurité, parmi les notions du possible actuel.

La sociologie ou physique sociale, nom sous lequel la science qui nous occupe fut d'abord dénommée par son immortel fondateur, nous doit fournir cette triple conquête : connaître, prévoir et modifier les phénomènes de ce monde.

Mais pour substituer à l'empirisme et à l'aveugle spontanéité des hommes et des choses une saine notion des lois qui les gouvernent, il faut que l'éducation des masses soit faite dans la direction théorique voulue, et au point de vue de cette notion des lois générales.

Les six traités des sciences positives hâteront le résultat souhaité ; chacun d'eux exigera une étude asbtraite, favorisée par la grande diffusion moderne des connaissances théoriques et pratiques ; les chefs et les disciples autorisés du positivisme fourniront ces traités, dont notre première édition présentait un aperçu tellement insuffisant, que nous l'avons retranché avec le sentiment de nôtre incompétence pour un tel travail.

Nous présentons seulement ici l'esquisse de la sociogie, élaborée par nôtre cher maître Littré, dans les séances de la Société fondée en 1872.

La nomenclature de la nouvelle science comporte l'introduction de mots formés de grec et de latin, par un néologisme qui peut déplaire à l'oreille, mais qui n'en est pas moins très-nécessaire pour éviter des malentendus, des confusions et des répétitions de langage.

Dans l'ordre naturel et méthodique, toute science reconnaît un état statique et dynamique, c'est-à-dire une condition de repos et de mouvement, une aptitude d'organes et une réalité de fonctionnement, une anatomie et une physiologie. Nous commencerons donc par établir une *Sociomerie* (μερος, partie), pour désigner l'état statique de la nouvelle science, et une sociodynamie, pour distinguer l'activité des parties examinées d'abord à l'état passif ou d'immobilité.

L'état dynamique supposant un mouvement d'entretien sur place en même temps qu'un mouvement de progrès dans l'espace et dans le temps, il y a lieu de faire là deux subdivisions : 1° une sociergie (εργον) ou dynamie d'entre-

tien, et 2° une sociauxie (αυξη) ou dynamie d'accroissement.

Le grand domaine de la sociergie ou entretien comprend les produits qui s'accumulent, les idées d'ordre
moral qui se perfectionnent, les arts qui se développent,
les sciences qui dirigent, et les gouvernements qui appliquent.

A ces diverses sections de la sociergie, notre maître
Littré impose les dénominations suivantes : 1° cœnopo-
rie (κοινος, commun; πορειν, se procurer) : c'est l'entretien
dynamique ; 2° cœnagathie (κοινος, αγαθος) : c'est le bon et
le bien communs ; 3° cœnocalie (κοινος, καλον) : ce sont les
beaux-arts ; 4° cœnaléthie (κοινος, αληθης) : ce sont les
scences ou vérités commune ; 5° cœnarchie (κοινος, αρχη) :
c'est le gouvernement. — Celui-là seul ignore les avantages de l'étymologie qui se refuse à l'adoption d'une
nomenclature philologique pour la vulgarisation d'une
science quelconque.

Appliquant ces données à l'histoire, nous voyons que
l'homme, arrivé nu et désarmé sur la terre, n'a pu avoir
d'autre premier moteur de son développement que l'instinct de conserver et le désir de transmettre héréditairement les fruits de son épargne et les résultats de son
experience ; ce n'est qu'ensuite, et bien longtemps sans
doute après avoir satisfait à la loi de premier entretien,
qu'on voit apparaître quelques notions morales religieuses, qui sanctionnent les moyens de protection et de
conservation réciproques de l'association à son début.

Les loisirs qui s'interposent entre les efforts heureux
de l'approvisionnement et le sentiment de la sécurité dû
aux créations religieuses et morales, font naître à leur
tour le culte des arts et la poésie : toutes les civilisations
sont empreintes à leur origine des essais les plus gracieux

de l'amour de la nature idéalisée par les facultés intellectuelles et morales de l'humanité ; mais l'invention théologique, avec toutes ses variétés, fut la manière uniforme dans toutes les sociétés d'interpréter les phénomènes de la création, et d'y assurer une persistante fixité. Quand les explications issues de la théologie et les injonctions de l'autorité théocratique furent insuffisantes ou insupportables, surgirent, pour les remplacer, les spéculations de la métaphysique, jalouse de donner sur le monde et sur l'homme des notions exemptes d'arbitraire divin, par des forces premières dépouillées de personnalités, aussi générales que possible, mais appartenant à l'hypothèse et à l'imagination non moins que les créations théologiques.

La sociologie peut montrer pour toutes les sociétés cette transition de la philosophie théologique à la philosophie métaphysique, précédant l'intervention définitivement prépondérante de la science, devant laquelle s'évanouissent les croyances au surnaturel, les mythes, les symboles, qui sont remplacés par des faits régulièrement superposés. — Il a fallu une longue suite de siècles pour opérer une pareille évolution : chaque époque y a concouru selon sa puissance, et aujourd'hui, en cherchant les énergies successives qui y ont présidé, nous pouvons assigner à cette évolution huit moteurs, suffisant à la caractériser : 1° l'accumulation; 2° l'empirisme; 3° la théologie; 4° le génie des arts; 5° la métaphysique; 6° l'état scientifique ; 7° les milieux; 8° les races. Les agglomérations humaines, qui correspondent aux divers échelons évolutifs, sont la tribu ou clan, la commune ou cité, les nations, et enfin la grande famille humaine.

Les perturbations dans la marche se rapportent à

l'entretien simple ou au progrès; nous les nommons ta-
raxies (ταραξις, trouble), et nous les étudions avec la
statistique démographique et l'économie politique. Il y a
aussi dans l'histoire des cas fortuits, qui, malgré leur
importance, ne sont pas des révolutions, c'est-à-dire des
transformations d'opinions générales : quand une situation mentale nouvelle appelle une situation matérielle
différente, alors, devant l'insuffisance théorique, s'élève
une direction pratique obtenue avec conflit, explosion et
reconstitution radicale. Ce sont des révolutions radicales
qui ne se rapportent pas à la chute des dynasties, ni
forcément à des changements dans la forme politique,
tout en exprimant les nécessités de la sociologie : nous
pouvons tracer dans le tableau ci-joint les lignes du
plan qui résume les considérations précédentes.

Plan de sociologie, ou théorie et lois de la physique sociale. (M. LITTRÉ.)

- **État dynamique ou sociodynamie**
  - 1° Sociergie ou entretien
    - Besoins physiques · — 1° Cœnoporie.
    - Besoins moraux : — 2° Cœnagathie.
    - Besoins d'arts et cultes : — 3° Cœnocalie.
    - Besoins scientifiques : — 4° Cœnalethie.
    - Besoins sociologiques : — 5° Cœnarchie.
  - 2° Sociauxie ou progrès
    - 1° Accumulation.
    - 2° Empirisme.
    - 3° Théologie.
    - 4° Arts.
    - 5° Métaphysique.
    - 6° Sciences.
    - 7° Mésologie.
    - 8° Ethnologie.
- **État statique ou sociomerie**
  - Demographie et économie politique
    - 1° Tribu.
    - 2° Commune.
    - 3° Nation.
    - 4° Système de nations.
- **Sociotaraxies ou troubles**
  - 1° Sociotaraxies sociergiques ou d'entretien
    - 1° Ruine d'un groupe.
    - 2° Déplacement de richesse.
  - 2° Sociotaraxies sociauxiques ou du progrès
    - 1° Cas fortuits.
    - 2° Révolutions.

D'autres modèles de classification sociologique ont été proposés par nos collègues Wyrouboff, Clavel, Hubbard et de Bagnaux; tous consacrent la division de la nouvelle science en ces deux parties : statique et dynamique, et contiennent les éléments biologiques et historiques qui peuvent constituer la sociologie, mais s'écartent plus ou moins du point de vue positif par leurs procédés métaphysiques ou trop exclusivement physiologiques.

C'est ainsi que le D' Clavel établit les trois grandes lois de la mutualité, du concours et de la solidarité, comme s'imposant au développement intrinsèque de l'individu, de la famille, de la tribu, de la cité et des nations, ce qui ne fait pas la part dans chacune de ces catégories constitutives de l'ensemble soit des intérêts égoïstes, soit des tendances altruistes, qui sont contraires, bien qu'il faille les concilier. Dans la statique de la sociologie, notre confrère étudie les actes individuels relatifs au droit, au devoir, à la morale, et les actes collectifs se rapportant à la production, à la consommation, à la circulation, puis les langues, les religions, les arts et les sciences. Le côté dynamique est ensuite représenté par le gouvernement du corps social, où les trois pouvoirs délibératif, judiciaire et exécutif évoluent selon les indications proportionnelles du progrès existant, mais par subjectivité.

M. Wyrouboff propose un plan bien plus rapproché des conditions de la philosophie positive. M. Comte avait établi, comme formant autant d'organes de la sociologie statique : 1° l'individu; 2° la famille, 3° la nation; 4° la race; 5° l'humanité. Son disciple élimine, il est vrai, l'individu et introduit les classes, c'est-à-dire les catégories des aptitudes et des attributions spéciales qui s'accusent au milieu des nations et des races quelles qu'elles soient. A ces organes, il rattache les quatre activités formulant la partie dynamique de la sociologie, savoir : 1° l'activité intellectuelle ou philosophique, qui constitue les généralités du savoir abstrait; 2° l'activité morale, qui connait le droit, la discipline et la politique; 3° l'activité esthétique, qui s'occupe des arts littéraires et plastiques ; 4° l'activité industrielle, qui a pour elle les divers moteurs, le commerce et les sciences appliquées ou même concrètes pour sa direction.

C'est à la famille que notre collègue accorde le sens et l'application de la morale, comme aux races certaines aptitudes déterminées dans les arts, l'industrie ou les sciences. Aux nations seules incomberait le développement des beaux-arts et de la littérature, impossible à effectuer sans la centralisation que les nations produisent.

Les principaux offices sociaux que l'agriculture, la navigation, la division du travail industriel, permettent d'énumérer, montrent pour les divers groupes les ressources étendues du développement social. Dans cette ébauche de l'anatomie et de la physiologie des sociétés humaines, il faut introduire la notion des désordres sociaux, qui sont l'équivalent des maladies dans l'organisme animal, et réclament, comme ces dernières, une pathologie bien établie et une thérapeutique normale; or, comme on ne voit, de nos jours, dans la maladie qu'une perturbation de l'état ordinaire selon des lois connues, et tantôt une lésion, tantôt un simple trouble fonctionnel, ainsi les désordres sociaux, légitimement assimilés aux maladies avec ou sans lésion, doivent être étudiés avec la statique ou la dynamique sociales, et ne pas former une classe à part. (Wyrouboff.)

Il y a déjà des lois découvertes par la sociologie, comme : 1° l'extinction en trois siècles des classes aristocratiques fermées ; 2° l'augmentation du nombre des prolétaires désormais plus libres, sinon encore plus heureux ; 3° l'uniformité statistique des crimes et délits, en plus ou en moins, selon des circonstances déterminées; 4° le transport impossible d'une civilisation trop différente de celle qui existe dans le milieu sur lequel on veut agir, ce qui s'accorde avec ce fait accepté du passage nécessaire des intelligences par les trois états successifs, de la théologie, de la métaphysique et de la science.

Pour reconstruire le passé sociologique de l'humanité, nous avons recours aux traditions, aux langues, à l'écriture et aux monuments, comme nous avons égard, pour les notions de biologie, au germe, à l'ovule et aux milieux ambiants : d'autre part, les éléments géologiques, la répartition géographique des races, ajoutent leurs renseignements pour l'édification de la nouvelle science. Sans attacher un sens optimiste au progrès, nous pouvons dire cependant, avec l'observation de l'histoire, qu'il correspond, malgré les lacunes et les retards, à l'accumulation du savoir, du bien-être et de la moralité, et qu'on le suit des yeux en Assyrie, en Égypte, en Grèce, à Rome, dans les Gaules, en France et en Amérique.

En mettant un instant de côté toute vue de science abstraite pour nous en tenir à l'expérience externe, c'est-à-dire à la simple expression des phénomènes, nous distinguons quatre époques humaines : 1° celle de l'homme sauvage livré aux exigences brutales de la vie purement instinctive; 2° celle de l'homme reconnaissant l'empire d'une certaine force morale, qui obtient un assentiment de plus en plus collectif, crée des religions, choisit ses chefs, et institue des règles de conduite privée et publique; 3° celle qui préside aux arts industriels et d'agrément, parce que les loisirs donnent lieu à la reproduction plastique des images de la nature, où règne l'ordre, l'harmonie, la beauté; 4° celle de la science, qui arrive pour résumer, par les méthodes de l'observation et de l'expérience, les règles jusqu'alors transmises d'une manière incohérente et aveugle du labeur humain. Si l'abstraction philosophique est venue très-tardivement reconnaître la loi des trois états dont nous avons parlé, c'est que l'évolution n'a pu se traduire sciemment ou rapidement, ni convaincre à la fois les esprits et les cœurs, pour déterminer la pratique et la théorie du dogme positif reliant les efforts de l'humanité et solidarisant toutes les notions acquises.

Désormais, les délimitations politiques, les dénominations nationales ne font plus obstacle aux vérités scientifiques, et par suite morales, que dans la mesure de temps nécessaire à leur expansion. Nous nions la guerre en tant que moyen providentiel de progrès, et nous opposons à tout système de révélation ou de métaphysique l'ensemble inexorable des lois de la matière organisée, dont la notion nous sert de boussole pour accomplir notre destinée. Si nous disons que ces lois sont inexorables, cela n'exclut pas en effet l'efficacité de nos efforts pour les approprier à notre bien-être, par la provision, la prévoyance et la soumission : il ne nous est pas plus facile d'en annuler rétrospectivement les effets que d'en devancer l'intervention régulière, et l'histoire politique nous montre en particulier à quelles déceptions l'on s'expose par des transformations anticipées sur un régime social dont les conditions sont encore mal connues. Toute société doit être prise selon sa nature présente, avec ses doutes, ses répugnances, ses oppositions et ses négations; il faut transiger, concilier, combiner des atermoiements, et sans abandonner les principes recteurs, permettre aux rétrogrades d'avancer sans rancune vers les plus empressés, qui tiennent dans leurs mains le flambeau déjà destiné à nos successeurs Toute époque d'hommes a ses phases de succès et de décadence, qui s'expliquent par des influences temporaires et accidentelles, locales ou individuelles, dont les conséquences sont elles-mêmes inévitables, si fâcheuses qu'elles soient. C'est ainsi que les guerres ont toujours coïncidé avec l'apparition ou la recrudescence du despotisme gouvernemental et clérical, qui se hâte d'y voir alors la nécessité d'une puissance extra-terrestre pour l'unité de son action ; de plus, on retrouve bientôt dans les conditions du régime militaire la connaissance des castes, les distinctions dites honorifiques ou nobiliaires, et à leur extrémité, le type fétichique d'un chef absolu qu'on divinise plus ou moins.

Il faut aussi s'attendre à rencontrer dans le cours de l'évolution sociologique, dont les degrés sont cependant déterminés par la science, certains moments d'obscurité qui correspondent à l'anarchie des esprits en présence de l'avenir qui se propose à côté d'un passé non encore épuisé ; alors les intelligences et les cœurs désorientés visent à conserver par concurrence ce qui leur est propre ; la critique l'emporte sur la construction, et il ne sort d'un pareil antagonisme rien qui soit conforme aux données du régime positif. Pour échapper au danger de cette situation, il faut se souvenir que la philosophie positive possède l'avantage de remplacer la foi imposée par la foi démontrée, et qu'elle dédaigne les procédés de propagande à l'usage de la théocratie, c'est-à-dire l'enthousiasme irréfléchi, le fanatisme ardent, les espérances subjectives ; qu'elle n'a pas non plus besoin des prédications violentes dont la métaphysique du dernier siècle a peut-être abusé, et que, sans invectives, sans excès de langage, elle peut, avec fermeté, poser devant tous le problème qui l'occupe : « Organiser la société sans Dieu ni roi, » et ce problème, soluble par la science, n'a rien à voir avec les odieux moyens que les prêtres ont si souvent employés : persécutions, procès, supplices, meurtres, coups d'État. — Notre monde moderne, devenu complétement laïque, considère les lois comme athées, et laisse aux consciences individuelles le souci et le choix des sanctions extra-terrestres concernant les faits humains.

Ceux-là méconnaissent la philosophie positive, qui l'accusent de refouler dans le matérialisme toutes nos aspirations vers l'inconnu et l'infini. La disposition d'esprit très-respectable qui nous fait chercher le dernier mot des choses, si elle n'est pas encouragée par le positivisme, n'est pas combattue par lui.

Quand les sciences ne prêtaient encore aucun appui à nos désirs, nous appelions à notre aide l'imagination, nous faisions appel à l'hypothèse, à l'intuition, aux pressentiments ; mais la démonstration faisait toujours défaut : notre témérité, en désaccord avec notre faiblesse, était toujours punie. Mais cette part à l'hypothèse a toujours été considérée comme une préparation utile et légitime, comme un provisoire nécessaire à la preuve, comme un repos d'oasis dans nos voyages à travers les découvertes. Une seule condition est imposée aux pionniers de la science, celle de ne pas détruire par l'imagination elle-même ce qui se trouve consacré en dehors d'elle par l'expérience et l'observation ; c'est-à-dire d'abandonner résolûment, et le plus vite possible, l'imagination au profit du réel, l'hypothèse au profit de la démonstration même déplaisante. L'astronomie invoque l'attraction universelle, la chimie suppose l'atome : personne ne peut dire ce que c'est en soi que l'attraction, et personne n'a vu de ses yeux un atome ; mais ces suppositions se trouvent fécondes pour les explications qu'on leur demande. Il y a donc avantage à les conserver comme artifice logique jusqu'à ce que l'on rencontre, soit une hypothèse plus large, soit une démonstration explicite ; c'est ce qui a lieu par exemple en physique par la création du milieu éthéré, qui donne raison des faits de la lumière par les ondulations mieux que dans le système des émissions.

Une grande confusion logique a lieu au sujet des termes de spiritualistes et de matérialistes. Lorsque, par exemple, dans la poursuite des causes, on s'est élevé à l'idée d'un Dieu ayant une réalité extérieure et une foule d'attributs substantiels, n'a-t-on pas corporifié une abstraction et matérialisé une idée ? Dans ce cas, cependant, on se dit spiritualiste. Au contraire, si l'on extrait de l'être Dieu la notion de loi dans la succession irréductible des phénomènes réguliers qui la composent, n'a-t-on pas spiritualisé les causes pour en faire le point de départ de l'évolution des faits selon leur ordre et leur harmonie ? Or, dans ce second cas, ce sont les prétendus matérialistes qui indiquent, en dehors d'un Dieu supérieur et créateur, les conditions abstraites de l'équilibre du monde.

Dans nos lois scientifiques, étroitement superposées et strictement dépendantes les unes des autres, il n'y a aucune fissure par où se puisse insinuer une explication surnaturelle et arbitraire des faits connus dans leur continuité; mais, si à la recherche de ces lois on oppose une volonté révélée et un sentiment religieux pour s'y soumettre, on n'a plus besoin d'aucun travail logique, il faut même renoncer expressément au bon sens.

L'outrecuidance cléricale est parvenue à attacher à l'épithète de matérialiste la synonymie de grossièreté et d'immoralité: ce succès momentané n'est procuré que par l'équivoque dont nous venons de parler, et n'est compté qu'auprès des ignorants et des malintentionnés; mais la philosophie positive n'a pas même à s'en préoccuper, puisqu'elle repousse systématiquement la recherche des causes premières, soit matérielles, soit spirituelles, et qu'elle n'attache pas plus d'importance au système des atomes crochus d'Épicure ou à l'hypothèse des tourbillons de Descartes qu'aux six jours de la semaine biblique de Jéhovah. Il ne s'ensuit pas pour cela qu'elle se considère comme incomplète, car tout en négligeant de propos délibéré d'aborder l'absolu et l'incognoscible, elle jouit des clartés qu'elle obtient, sans céder aux rêves qui trompent ni au scepticisme qui tue. Du reste, le mot « spiritualiste, » encore en grand usage chez les cléricaux et parmi certains universitaires, a perdu assurément beaucoup de son prestige, depuis qu'on a vu s'en affubler des gens qui évoquent les *esprits frappeurs*, font tourner des tables et écrire des bûches de bois. Il est fâcheux, sans doute, que ces écarts charlatanesques dérivent de Platon et des grands querelleurs du moyen âge, décidant qu'une idée quelconque avait toujours sa réalité corrélative; mais qu'y faire, sinon avouer l'épuisement même de la dialectique dans une cause ruinée? Il convient donc, en résumé, de reconnaître l'intervention légitime de notre philosophie, qui reconnaît l'efficacité opportune des dogmes passés, respecte toutes les croyances, et ne combat que les rétrogades voulant faire revivre ce qui donnerait la mort.

CHAPITRE X.

Régime polythéiste.

Le développement intellectuel dans le polythéisme, se concilie avec différentes formes politiques dont le contraste mérite d'être signalé; c'est ainsi qu'on a eu un polythéisme sacerdotal détenteur de toute autorité, puis un régime militaire prépondérant, et enfin un polythéisme national plus ou moins étendu. Toutefois, le polythéisme, tout en se modifiant dans ses formes secondaires possède des propriétes générales qu'il faut faire ressortir.

La création des dieux est un fait d'activité spéoulative de l'esprit humain, autrement nous aurions suivi, comme les animaux, une impulsion spontanée, au bout de laquelle nous devions trouver à animer les corps d'une vitalité proportionnelle à l'importance de leurs phénomènes. Sans nos facultés fondamentales de comparaison, d'abstraction, d'induction et de déduction, nous ne sortions pas de cette sphère animale, où nous voyions des êtres voisins de nous transporter à la matière l'idée de vie qui les anime, et la redouter, l'aimer ou l'admirer dans ses diverses manifestations. C'est donc à notre aptitude pour rassembler des faits analogues et constater la nécessité de leur permanente réapparition que nous devons les abstractions et les synthèses dont se compose le polythéisme, successeur d'un fétichisme plus ou moins compliqué. Dans le polythéisme, la matière est supposée inerte et soumise à un certain nombre de volontés distinctes et arbitraires; la grande conception d'une règle constante et souveraine n'existe pas encore, mais l'intelligence humaine est déjà poussée vers les généralisations théoriques, en présence des images collectives dues à des groupes de faits déterminés : ces collectivités phénoménales eurent leur dieu correspondant, et le nombre des dieux, quoique inférieur à celui des fétiches, égala quelquefois le nombre des termes du langage.

Toutes les divinités incohérentes entre elles, mais laissant forcément apercevoir à travers leur antagonisme un ordre général qui domine dans le monde, invitèrent à admettre le destin ou la fatalité, expliquant l'invariabilité des lois de la nature, et soustrayant peu à peu aux dieux inférieurs l'empire des généralités.

Pour la science, le polythéisme, rendant les pensées plus voisines et plus homogènes, fournit des liens provisoires aux observations, les multiplia et leur donna une signification méthodique. On s'appliqua à prévoir les événements dont disposaient les volontés surnaturelles en examinant avec assiduité les circonstances qui les accompagnaient, et bien qu'aujourd'hui, par un injuste dédain rétrospectif, on regarde comme des superstitions beaucoup de résultats dus à l'observation primitive, on ne saurait méconnaître la fécondité de cette naïve et persévérante patience des premiers hommes relativement aux faits météorologiques et astronomiques, dans leurs rapports avec la pluie, les vents, le soleil, le tonnerre, c'est-à-dire autant de divinités.

Les augures et les aruspices qui présidaient aux sacrifices, avaient fini par y trouver certaines notions d'anatomie, et en étendant leurs prétentions jusqu'à expliquer les songes, ils ébauchèrent la psychologie. Le polythéisme eut aussi sur les beaux-arts, dont l'extension est en rapport avec la vie publique, l'influence excitante que recevait cette vie. Enfin la poésie, tentant d'expliquer les phénomènes physiques et moraux, fit parler les divinités spéciales avec un succès qui réagit autant sur les mœurs que sur l'esthétique. Quoique la puissance de l'homme fût alors très-bornée par le respect craintif que lui inspirait la matière en laquelle vivaient ses fétiches, son activité fut encouragée par l'espérance en les divers dieux nouveaux que le destin ne liait pas encore, et l'on trouva, pour les conquêtes politiques et morales qu'il s'agissait de faire, un appui important près des divinités supposées favorables à l'esprit militaire devenant prépondérant.

Une nation victorieuse ayant un culte dominateur était, en effet, satisfaite d'admettre des dieux étrangers à la soumission qu'elle imposait aux populations domptées, et qui restaient subalternes en arrivant chez les vainqueurs.

L'esclavage, régulièrement protégé par le polythéisme, varia selon que le régime secondaire de ce dernier fut ou sacerdotal ou militaire. Avec le régime guerrier, l'esclave demeura une victime exploitée au profit de lui-même, car il condensait peu à peu les fruits de la conquête extérieure, de manière à préparer sa propre libération, tandis qu'il languissait dans un abaissement continu avec des maîtres oisifs comme ceux d'un gouvernement purement sacerdotal.

Le lien que les divinités nationales paraissaient avoir avec les chefs consolida le principe d'autorité, et permit de mettre, par la voix toujours disponible des oracles, une foule de prescriptions sous la sanction religieuse; le zèle, les bonnes mœurs, l'obéissance, furent encouragés par un système de récompenses et de punitions dont on fit les dieux arbitrairement dispensateurs depuis l'apothéose jusqu'aux gémonies, ce qui faisait passer les hommes des joies suprêmes de l'orgueil à l'amoindrissement atrophique de l'humilité.

Des dieux multiples et inaccessibles donnèrent lieu à une division considérable et étendue du pouvoir des prêtres; de là, la grande et mémorable séparation de l'autorité en deux puissances, l'une spirituelle ou spéculative, l'autre temporelle ou pratique : la première réunissant les familles pour le culte et les cérémonies, l'autre rassemblant les citoyens pour la guerre offensive ou défensive, toutes deux montrant leur antagonisme à l'occasion de la prééminence sociale et les dangers de cette compétition commune pour l'ordre et le progrès.

La théocratie ne sut se borner aux conseils; mais incapable de contenir les masses dénuées de ressources, elle accéda à l'essor guerrier des chefs militaires qui réclamèrent son appui pour faire consacrer leur influence sur des compagnons armés.

La prépondérance alternante du pouvoir des prêtres et de celui des guerriers tient surtout à des circonstances et causes extérieures. C'est ainsi qu'un climat clément et fertile favorise l'industrie et la douceur des mœurs, ce qui se concilie avec l'action modérée, intime et affectueuse de la caste spéculative, tandis qu'une nature sauvage,

âpre, stérile, excite aux conquêtes et fait surgir des chefs
entreprenants qui dominent leurs rivaux spirituels, jusqu'à ce que, par une réaction lente mais sûre, ceux-ci
reprennent les avantages dus à l'intelligence sur la force
et aux sentiments sur les instincts.

Ce pouvoir sacerdotal, primitivement indispensable,
sur la division des efforts du travail, créa une série de
castes par hérédité professionnelle, où la conservation
des traditions et des procédés de chaque industrie était
nécessaire en l'absence de tout enseignement régulier.
Les membres du sacerdoce étaient eux-mêmes les représentants de plusieurs spécialités, comme la médecine,
l'astronomie, la justice, la poésie. Une pareille concentration des attributions sociales n'est devenue oppres-
sive qu'à partir du moment où les aptitudes indépendantes se sont fait jour par l'extension d'un savoir de
plus en plus encyclopédique : alors les classes succèdent
aux castes, c'est-à-dire que les artisans, encore privilégiés, peuvent se recruter en dehors de la famille, et ainsi
élargir les sources du nombre et de la puissance.

Le pouvoir exécutif même, sous le régime essentiellement théocratique, n'appartint jamais aux vrais prêtres,
qui auraient dédaigné les divers commandements ou directions administratives militaires ou industrielles; ils
se contentèrent d'exiger des soumissions nominales, de
fournir des protectorats sanctifiés aux divers métiers, et
de dominer les familles, les castes et les classes déjà
formées par le prestige de leurs accointances avec les
divinités.

L'efficacité sociale du polythéisme consista surtout à
faire accepter les phénomènes de ce monde comme
autant de manifestations d'êtres éternels, passagèrement
unis aux corps, pour leur donner une valeur morale; ce

n'est que tardivement que l'ordre hiérarchique institué parmi les dieux, vint attester les degrés parcourus par le sens moral des sociétés en progrès, et les droits supposés des déesses préparèrent aux femmes une amélioration dans leur destinée, longtemps cruelle.

L'influence du clergé polythéiste fut mince, sous le rapport de la science abstraite ou générale; cependant l'astronomie, aidée par des recherches patientes et des calculs simplement numériques, arriva sous lui jusqu'à la distinction du mouvement diurne et des inégalités de position relatives à la rotation des astres. Les arts reçurent une certaine impulsion de l'initiative que les prêtres avaient sur les intérêts sociaux; les fêtes publiques, destinées à rappeler et à célébrer les dogmes, firent appel aux diverses applications esthétiques que le temps n'a pas fait complétement disparaître. Les déplacements coloniaux furent aussi encouragés, en vue surtout d'occuper les ambitions guerrières; mais ce qui fut impossible à la puissance sacerdotale polythéiste, c'est l'emploi des capitaux accumulés stérilement entre les mains jalouses des castes, incapables dans leur antagonisme d'impatroniser les mœurs politiques, les arts industriels et les bénéfices de l'association.

Les prêtres polythéistes réglèrent avec autorité les pratiques morales qu'on introduisit partout pour sanctionner la bonne direction des instincts nutritifs, sexuels, égoïstes et altruistes, par le choix des aliments et leur abstention, selon certaines convenances de temps, de lieu, d'abondance ou de rareté. — Dans la famille, les alliances interdites ou permises, les naissances solennisées, les morts respectueusement ensevelis, mesurent les degrés de progrès dus au régime dont nous parlons.

C'est une erreur que d'attribuer à ce régime la divinisation des vices humains, chaque passion y est expliquée par un symbole divin ; mais aucune conclusion immorale n'y est rattachée, et, au contraire, l'exemple des vertus, dont le monothéisme s'attribue le monopole, est abondamment fourni par l'antiquité sacerdotale qui commanda aux premières sociétés sur les bords du Nil et de l'Euphrate, en Chine, au Japon, chez les Étrusques et les Gaulois, avec les mêmes caractères fondamentaux retrouvés dans le nouveau monde, au Mexique et au Pérou.

Rome est le modèle du polythéisme guerrier, et elle trouva pour son rôle social, si important, toutes les ressources géographiques et climatériques convenables pour s'étendre par la conquête, sans cesser de rapporter incessamment au foyer de la patrie son orgueil, son énergie, ses instincts d'union civique. En raison de ces tendances, les abstractions contemplatives lui firent longtemps défaut, et elle ne produisit que tardivement les hommes d'élite propres à cultiver, honorer ou aimer les beaux-arts. La hiérarchie de ses dieux fut plus rigoureuse et aussi plus rapprochée des hommes, qui ne craignirent pas de s'y incorporer par l'apothéose, récompense des héros et noble encouragement des efforts pour la patrie. Ainsi livrés à l'activité pratique, les Romains furent préservés de ce dédain que l'Orient théocratique professait pour les travaux manuels, et ils purent laisser à la postérité surprise ces grandes constructions qui couvrent de leurs vestiges les trois continents connus d'eux.

Toutes les institutions se trouvant disciplinées d'une manière correspondante aux sévérités du régime militaire, la famille elle-même prit part à ce développement social ; la monogamie seule est en honneur ; la matrone romaine dépasse l'épouse grecque, elle a la surintendance de l'éducation des enfants et le commandement dans la maison. Le père de famille possède une autorité très-grande ; mais l'opinion publique la surveille et la rend de plus en plus responsable, parce que, dans cette existence romaine, très-collective, tout devient fonction sociale sous le contrôle commun.

Les esclaves, incorporés plus affectueusement à la famille, à la manière des enfants d'une même maison, se sentirent avancer en bien-être et en moralité ; sans doute les prescriptions du sacerdoce pas plus que les injonctions du pouvoir temporel ne purent procurer tous ces progrès, dont les notions générales et la spontanéité humaine plus consciente d'elle-même furent les agents.

Un des résultats de l'importance que prit le sentiment d'autorité reporté à sa source légitime, la paternité, fut l'institution normale des noms de famille, où la dignité de la vie civique, les traditions bonnes à y conserver, les récompenses utiles à y répandre, accrurent l'importance des services rendus et des vertus demontrées. Jamais aussi la patrie ne s'éleva à ce degré de hauteur, de solidité et de charme que lui donnèrent les Romains, venant du bout du monde jurer dans l'enceinte sacrée de la grande cité l'attachement profond et respectueux qu'elle provoquait, et attester les forces de l'union des citoyens.

Les différentes manières de consacrer la propriété furent d'une grande efficacité vis-à-vis du progrès, et tandis que les sénateurs devaient s'interdire les spéculations financières et industrielles, abordables seulement aux chevaliers et aux simples citoyens, ces chevaliers et ces citoyens tournèrent leurs efforts, non plus vers les fruits de la conquête ou des priviléges politiques, mais vers les sources de la véritable richesse : le commerce, l'agriculture et l'industrie, qui préparent la constitution définitive des sociétés.

Une conséquence pénible de l'établissement civil de la propriété fut atténuée par la démonstration implicite que cette propriété ne dérivait pas de l'autorité des dieux, et que les réserves sacerdotales sur ce point étaient devenues superflues.

Les magistrats, également soustraits par leur caractère temporel à toutes les suggestions théologiques qui pouvaient influencer leurs arrêts, imprimèrent à leurs actes un cachet humain qui renvoyait utilement devant l'opinion publique, jugeant en dernier ressort, leur conduite mieux surveillée.

Dans la théocratie sacerdotale, les charges pontificales préparaient aux dignités militaires, accordées ou déléguées par les dieux; mais sous la théocratie militaire, les accidents de la vie forçaient les citoyens à prendre les chefs que le seul mérite désignait en réalité, et peu à peu les plébéiens remplaçaient dans le commandement ceux que les considérations surnaturelles y avaient installés. Ces nouveaux chefs, n'obtenant plus de crédit que par leur valeur toute personnelle, s'efforcèrent de mériter par eux-mêmes la confiance publique, et marchèrent par suite dans la voie indiquée par le sentiment collectif. C'est ainsi qu'en obéissant aux instincts de ce grand peuple : « épargner les faibles, dompter les superbes, « honorer le courage malheureux, respecter les croyan- « ces, admettre les dieux et les fétiches des vaincus, » les généraux romains agrégèrent à l'empire toutes les nations connues et rendirent facile l'assimilation redoutée par elles.

Il ne faut pas confondre la période de conservation avec la période d'accroissement, l'une et l'autre furent marquées par des circonstances distinctes à Rome. Divers peuples de l'Italie, indisciplinés, fiers et hardis, ne

cédèrent que lentement, en raison des allures trop analogues qu'ils offraient avec leurs adversaires militants
et ambitieux; mais ensuite, lorsque la Sicile eut cédé,
les Romains se trouvèrent en face de Carthage, dont ils
triomphèrent par la fermeté et la patience : quant à la
Gaule et à l'Espagne, elles ne furent absorbées que selon
les convenances successives du peuple-roi. Les expéditions lointaines et aventureuses, favorisées par des généraux qui cherchaient la popularité, donnèrent un essor à
l'activité plébéienne et aux prétentions de l'élément
populaire, auquel le sénat dut concéder l'entrée des
magistratures et des emplois militaires. Carthage tom-
bée, les Romains ont une passion immodérée de conquête; la Grèce ne leur suffit pas, et ils s'élancent, sur
les traces d'Alexandre, jusqu'au cœur de l'Asie; mais
tandis qu'autour de Carthage, ils mettent un temps
énorme à réduire des populations nomades et barbares,
ils créent en Asie des gouvernements et de vastes domaines pour les généraux favoris, bien moins pressés
d'aller dans les Gaules froides et austères, qui n'offraient
pas à la cupidité des grands ni à l'orgueil des sénateurs
de suffisantes provocations.

Quand Marius, oncle de César, obtint la dictature, les
intérêts du peuple, déjà soutenus par les Gracques, trouvèrent un nouveau défenseur. A son tour, César, résumant
les progrès de la guerre, n'ayant plus au-dessus de lui
ni sénat, ni sacerdoce, crut pouvoir, par un despotisme
représenté historiquement par son nom, diriger le mouvement social en y incorporant les masses prolétaires;
mais celles-ci, encore sans aptitudes industrielles et
commerciales, ne pouvaient vivre qu'avec les réminiscences militaires ou sur les acquisitions faites par les
castes plus heureuses : de là l'insuccès de César à la

sincérité duquel personne n'ajouta, d'ailleurs, confiance,
et qui périt de la main de ses rivaux, qui se disaient
républicains.

L'empire, qui suivit fatalement, consacra le principe
électif ou la désignation; mais la prépondérance préto-
rienne, tout en éloignant l'aristocratie, fit des choix déplorables; un long régime de décadence fit décroître le
principe de l'autorité abstraite, et les efforts des derniers empereurs pour conserver un caractère démocratique échouèrent dans l'abaissement des croyances
polythéistes et devant les succès industriels, remplaçant
l'activité militaire.

Divisé en deux par le transport de l'administration
impériale à Byzance, le monde romain perdit sa force, et
les siècles qui suivent cet événement ne font que retarder
sa mort ou la transformation du grand peuple, dont la
Gaule, la Germanie, la Bretagne, vont s'assimiler l'esprit, les tendances nouvelles et les progrès pratiques.
Le régime de l'adoption impériale inauguré par Nerva
procura en Trajan et en Marc-Aurèle les chefs les plus
distingués, et leur origine étrangère montre la confiance
qu'on avait à Rome dans la solidité des annexions
opérées. Dès lors d'immenses travaux publics, routes,
monuments, aqueducs, constructions navales, canaux,
attestèrent le puissant cosmopolitisme du caractère romain. Ce caractère se montra même dans les œuvres
scientifiques et littéraires. Le sage scepticisme des
auteurs du siècle d'Auguste discrédita les pures conceptions métaphysiques qui venaient de la Grèce. Polybe et
Tacite introduisirent dans l'histoire une théorie plus
humaine, et par suite plus rationnelle, des événements,
et ces transformations intellectuelles coïncidant avec
l'envahissement de l'empire par les étrangers, auxquels

il fallait céder des droits et des territoires, hâtèrent la fin du polythéisme, destiné à céder sa place à la féodalité catholique.

Les deux pouvoirs, temporel et spirituel, confondus jusqu'alors ou alternativement prépondérants, vont être nettement séparés, et pendant tout le moyen âge, c'est au catholicisme que reste la prééminence sociale.

La synthèse monothéiste, dont la nouvelle Église fut la savante expression, profita, pour se faire jour, de l'état des esprits découragés, incertains, désorientés, qui n'avaient rien à promettre aux classes nombreuses demandant la double nourriture matérielle et intellectuelle; mais on ne peut disconvenir que l'ébauche du monothéisme se trouvait dans la conception antique du destin, qui était la puissance centrale, absorbant ce que les dieux réunis ou séparés ne pouvaient gérer.

Déjà aussi Socrate et Platon avaient discouru sur l'unité divine; mais chez les Grecs, plus théoriciens que les Romains, une telle idée restait vague et spéculative, et ne pouvait produire les conséquences, ni avoir les formules pratiques qu'elle acquit à la fin de l'empire romain.

Le sacerdoce monothéiste ne chercha d'abord que la domination des esprits, comprenant bien qu'il serait dépourvu d'autorité sur les actes, et il imita sous ce rapport les allures de la philosophie grecque; mais il fit le nécessaire, en s'abritant sous la révélation extra-terrestre pour éviter, au moment de devenir le maître, les contestations de la libre pensée. Si l'initiateur direct fut déifié en restant homme, ce fut, comme le montra saint Paul, pour que l'exemplaire divinisé eût le temps de poser les bases d'une large discipline dogmatique. Il faut reconnaître aussi que la théocratie juive, entraînée par la conquête jusque dans Rome, y facilita l'avénement du monothéisme, qui était la foi séculaire des peuples sémitiques.

Les anges, dans la nouvelle religion, ne sont que les dieux païens transformés, conservant les traces de leur première importance, et les chefs temporels, séparés des prêtres, y reproduisent la distinction qui existait en Grèce du groupe des prophètes exposant l'avenir et de la classe des chefs conduisant l'État.

Les plus honorables et les plus vertueux Romains se montrèrent hostiles au monothéisme, parce qu'ils crurent cette doctrine contraire aux intérêts collectifs représentés par la patrie romaine : et effectivement, la perspective obstinément ouverte sur le salut individuel après la mort, est contradictoire aux sentiments de la solidarité sociale, de même que l'optimisme providentiel tend à enrayer tout effort d'amélioration par la science et l'industrie. Au point de vue moral, ces Romains trouvaient avec raison que Marc-Auréle, Épictète, Sénèque, Cicéron, et tant d'autres, avaient largement proclamé les plus belles maximes de conduite privée et publique, alors que, pour venger la seule individualité de Jésus, les chrétiens proscrivaient tout un peuple. Quant à cette fictive abnégation dans une mort temporaire, les concitoyens des Curtius, des Décius et des Régulus ne pouvaient comprendre le dévouement divin d'un homme destiné à une si prompte et heureuse résurrection.

L'empire romain légua aussi au moyen âge la tradition qui déjà, dans l'organisation politique, faisait prédominer les allures défensives sur les habitudes conquérantes, peu à peu abandonnées quand il s'agissait non plus de s'étendre mais de se maintenir. A ce moment, les esclaves, devenus plus difficiles à échanger ou à renouveler par suite de la limitation des succès militaires, furent et plus sédentaires et plus industrieux, ce qui prépara leur transformation en serfs. En somme, le polythéisme donna deux formes au progrès humain : l'une philosophique et esthétique, représentée par le génie grec; l'autre pratique et organique, dont Rome est l'expression, et qui toutes deux profitèrent à notre Occident.

Toutefois, il fallait à l'esprit humain, pour complément de son développement, l'existence affective : ce fut le moyen âge qui la lui donna. Le sacerdoce ancien avait discipliné la conduite humaine au moyen de son influence sociale, sans se donner la peine de systématiser une morale rationnelle, étendue à toutes les classes, selon le terme même de l'enseignement dit catholique ou universel; mais pour que la liberté des engagements et la vivacité des sentiments prédominassent, il était nécessaire d'arriver à cette époque de loisirs procurés par de plus longues intermittences dans les luttes militaires et par la préférence donnée à la défense sur la conquête.

Saint Paul, qui connaissait très-bien Aristote, se servit de la conception du grand philosophe sur la coexistence d'un Dieu ordonnateur avec deux ministres responsables, la *nature* et la *fortune*, pour sa célèbre théorie de la grâce opposée à la fatalité. La grâce, c'est, au fond, le triomphe de plus en plus large de l'intelligence sur les instincts, et si les efforts humains n'avaient pu dégager l'esprit de l'assujettissement auquel nous sommes en apparence condamnés, aucun progrès n'aurait été réalisé par la pure doctrine monothéique. Les dieux païens étaient immortels, aucun d'eux n'était tout-puissant; il y a incompatibilité entre la souveraine bonté et la souveraine intelligence d'un type unique, qui ne peut satisfaire à la fois à ses attributs démontrables en même temps par les mêmes facultés d'une seule âme.

C'est pourquoi les monothéistes décrétèrent par les manichéens la dualité du bien et du mal, et malgré cette révolte hérésiarque contre l'unité, le catholicisme moderne persiste à reconnaître l'entité *diable* ou *démon* à côté de son Dieu.

A l'encontre du polythéisme, et en conséquence de son indépendance spirituelle, le monothéisme catholique put introduire les divers dogmes qui le constituent. Le premier de ces dogmes, l'incarnation, fut nécessité par la prétendue révélation du double pouvoir temporel et spirituel, toujours séparés ; un autre, la Trinité, rappelle une conformité entre l'adorateur libre, intelligent et sensible, et chacun des êtres adorés qui reproduisent : dans le *Père*, la liberté; dans le *Fils*, la sensibilité; dans le *Saint-Esprit*, l'intelligence. L'eucharistie, consacrant et résumant le culte disciplinaire, éleva le plus humble prêtre au niveau des plus puissants de la terre, et réserva en même temps au clergé une situation privilégiée, tenant à distance les laïques, privés au temporel du droit de transformation divinisante; quant aux dogmes de la chute et de la rédemption, ils se rattachent étroitement à l'ensemble de la révélation dogmatique.

En méconnaissant la valeur de nos affections expansives au profit de l'humanité, et en vouant uniquement nos vertus à l'existence future, le christianisme aurait entravé sérieusement le développement de nos sentiments moraux si, par sa théorie de la grâce et de l'amour divin, il n'avait favorisé l'essor spontané des penchants utiles.

La passion instinctive la plus gênante pour le sacerdoce nouveau, l'amour des sexes, fut par lui subalternisée ou supprimée, et il s'imposa un rigoureux célibat pour éloigner de ses membres les redoutables provocations de l'amour, vainqueur de tant de scrupules qu'il voulait diriger. Avec la même pensée d'enchaîner ailleurs les forces humaines, il ne craignit pas de dénoncer comme autant d'infirmités radicales l'estime de soi, la fierté de la conscience, l'orgueil de s'appartenir; mais, par contre, il rattacha la vie individuelle à la vie collective en proscrivant le suicide comme une illégitime rupture du lien providentiel, et concourut, en idéalisant le sentiment de la tendresse, à émanciper la femme, à laquelle retourna ce sentiment purifié par le dogme de la chasteté.

Cependant le mariage, considéré par le catholicisme comme une simple concession à notre nature inférieure, fut abaissé par lui dans sa valeur sociale; le prêtre, bien que spiritualisé jusqu'à rechercher son type dans les solitaires de la Thébaïde, intervint dans les relations domestiques pour les dominer. Dans le système d'autorité qui est le fond du catholicisme, on ne devait pas tolérer longtemps les controverses subtiles de la théologie des néoplatoniciens du moyen âge; c'est pourquoi le dogme de l'infaillibilité du pape intervint pour modérer le danger des discussions doctrinales. La confession fut aussi un puissant moyen d'assujettissement éducateur où le besoin de se confier, de se plaindre, de se faire diriger, trouvait sa satisfaction. Le purgatoire atténua par son invention opportune le tableau lugubre des peines éternelles si largement annoncées; enfin, la béatification devint un moyen d'émulation pour les êtres vertueux et de reconnaissance envers de grands services émanés de ces êtres supérieurs.

La vie des chevaliers, si bien caractérisée au moyen âge par le dévouement, l'abnégation, la protection des faibles, provenait de la transformation des habitudes militaires, passant presque exclusivement à la défensive et inspirant l'horreur de l'oppression, de l'injustice et de la trahison.

Les invasions nomades, jusqu'alors contenues et annihilées par des transactions, se convertirent en occupations fixes, et le monde romain fut partagé en États de plus en plus circonscrits et indépendants. Cette grande époque du monothéisme du moyen âge, qui s'étend du ve siècle au xve siècle, reconnaît trois phases caractérisées dans une durée égale: la première, par la fondation du régime catholico-féodal de l'Occident; la deuxième, par la lutte heureuse de ce nouveau pouvoir contre les populations polythéistes; la troisième, par la concentration en collectivités nationales et autonomiques des populations monothéistes voulant se soustraire les unes aux autres. En France, trois dynasties de chefs royaux correspondent à ces trois époques déterminées.

Le serf participant au culte commun et à des travaux plus sédentaires, au lieu d'être, comme l'esclave, soumis aux brusques déplacements, à l'ignominie de la vente et à l'isolement de tout intérêt, fait avec succès l'apprentissage de la vie industrielle, bientôt personnellement rémunérée.

Du côté intellectuel et moral, l'oisiveté contemplative des solitaires religieux fut réglée par saint Benoit, de façon à faire rendre quelques services qui relevèrent l'importance morale du clergé.

En opposant au polythéisme ancien les effets progressifs du monothéisme, on ne saurait négliger celui de Mahomet en Orient. Ce grand homme, par une propagande religieuse universelle et une supériorité militaire et administrative très-remarquable, résuma un double pouvoir où il se proposait de mitiger les excès de l'un par l'autre, parce qu'il voyait l'Eglise grecque sans valeur et l'Eglise romaine faillir temporellement.

Mais les deux monothéismes musulman et catholique

eurent chacun leur importance locale. Les races latines, disciplinables et expansives, accueillirent le dogme qui établissait une morale distincte de la pratique et un clergé indépendant. Les races d'Orient réunies par Mahomet avaient besoin de ce système unitaire de théocratie politique qui met les discussions théoriques en dehors des intérêts pratiques. Durant sa phase défensive, le régime catholico-féodal montra dans chacun des pouvoirs parallèles qui le représentaient une égale valeur, l'un se faisant l'arbitre écouté des grandes décisions morales, l'autre obtenant des succès militaires encore indispensables. Les papes, présidant à des changements dynastiques, obtinrent comme consécration de leur indépendance une allocation de territoire qui les mit à l'abri d'une vassalité quelconque de la part d'un roi voisin ou éloigné.

La mission de Charlemagne consista dans l'héroïque direction de guerres destinées à faire triompher l'activité pacifique, dont il montra qu'il comprenait l'importance par ses institutions industrielles et scientifiques; mais il dut laisser la prépondérance esthétique et littéraire à l'islamisme, qui avait à Séville et à Cordoue des écoles fréquentées par des prêtres catholiques.

On sait comment la hiérarchie féodale, après avoir eu ses fiefs héréditaires, vit ceux-ci transformés en possessions viagères ou alleux; comment les chevaliers ou cadets des familles, n'ayant ni richesses ni fonctions, s'organisèrent pour la répression des abus de la force, sous le patronage de la Vierge, érigée en médiatrice d'amour entre les hommes et Dieu.

A la fin du XIIe siècle, l'Occident, rassuré du côté de l'Orient par le succès des croisades, et du Midi par le rempart espagnol, qui contenait les Mores, s'élança avec ardeur dans le nouveau domaine de la science et de la phi-

losophie : Paris fut dès lors le centre des arts et des lettres. Albert le Grand, Thomas d'Aquin, Roger Bacon,
unissant la science à la métaphysique, donnèrent au sacerdoce le sens social qui était réservé à cette époque.
Les écoles annexées aux cathédrales furent au xiii° siècle rattachées à l'Université gouvernementale.

L'activité industrielle, qui est une conséquence des progrès de la science, ne restait pas en arrière, et les corporations, qui constituaient une contre-partie de la hiérarchie féodale, prirent une existence civile. Elles en arrivèrent même à imiter par le rêve des conquêtes, à la fois
militaires et commerciales, les classes qu'elles remplaçaient : c'est ainsi que se formèrent la Hollande et les
villes flamandes qui étendirent et régularisèrent le régime
commercial dans toute l'Europe. Mais là déjà s'arrête la
période ascendante du catholicisme féodal, qui, moins
heureux que le régime romain, ne soumit pas les populations agglomérées, qui se sentirent disposées à suivre des
chefs pratiques et industriels au lieu d'écouter les leçons
d'immobilité doctrinale fournies au profit d'un avenir
céleste par un sacerdoce étranger à la science et au travail.

CHAPITRE XI.

Métaphysique.

Sans comporter une situation nettement définie au point de vue des croyances, des idées et des théories, l'état métaphysique de l'Europe, au XVIe siècle, se composait d'un ensemble incohérent de conceptions intellectuelles variées, et d'abstractions scolastiques sur les causes et les origines des phénomènes moraux et physiques de l'homme et du monde.

La société vivait sous un pouvoir précaire formé des éléments contradictoires du passé et de l'avenir. Au point de vue théologique, le catholicisme avait conduit les esprits à une situation si avancée, que toute modification ne pouvait plus être qu'un recul et aboutir à la destruction même de l'édifice théocratique.

Les métaphysiciens souhaitaient une transaction conciliante avec le catholicisme; mais en dépassant de beaucoup ce dernier sous le rapport intellectuel, ils le rendirent impopulaire et suspect, le forçant à se retrancher dans la puissance temporelle qu'il avait conquise, et dont il se servit pour assujettir à des puérilités les esprits encore disponibles par leur faiblesse et leur cupidité ; aussi le clergé devint bientôt corrupteur et corrompu.

La culture de l'intelligence, jusqu'alors exclusivement obtenue par le clergé, eut des succès par les laïques, imbus de l'orgueil grec, qui aspirait à dominer le monde au moyen de l'esprit métaphysique. Cet esprit, favorisé par la déchéance correspondante de la foi catholique, va dominer longtemps, et n'abdiquera définitivement qu'entre les mains de la doctrine positive.

La base de la civilisation moderne, c'est-à-dire la constitution du mariage et la libération relative de la famille des travailleurs, est posée par le moyen âge ; mais il restait à substituer aux idées théologiques un ensemble de notions morales propres aux conditions de la société nouvelle. Déjà la prépondérance de la pratique sur la théorie discréditait les recherches vagues et sans but : on vit les études mathématiques et astronomiques, l'alchimie et l'anatomie médicale, se rattacher aux travaux d'Archimède, d'Apollonius et d'Hipparque, et sous la discipline de Pythagore et d'Aristote, la science générale quitta peu à peu les recherches oiseuses sur les causes finales au profit des découvertes pratiques.

L'industrie, réglée par des habitudes d'ordre public et privé, si utiles à son développement, s'éleva comme une puissance nouvelle, et ses chefs furent, sans dommage, exclus des grades politiques et militaires, réservés aux anciens pouvoirs, qui devenaient ainsi de plus en plus étrangers et incompétents pour l'organisation sociale. En créant des besoins nouveaux et des satisfactions nouvelles, l'activité productrice hâta la décomposition d'un régime qui dédaignait systématiquement les satisfactions

terrestres; dans les conflits qui surgirent, les représentants de l'industrie s'attachèrent alors aux travailleurs,
pour représenter avec eux une nouvelle classe en antagonisme avec la caste des maîtres politiques se recrutant
en eux-mêmes. Un idéal de liberté commença à inspirer
les artistes, en les plaçant à égale distance des tendances
matérialistes des savants et des préoccupations égoïstes
des industriels. Les cités commerçantes rivalisèrent surtout en Italie, où manquait la centralisation despotique
de l'autorité. A cette époque, les légistes, théoriciens pré-
maturés dans l'ordre des sciences morales et sociales,
émirent la prétention de concilier les droits du pouvoir
temporel avec les doctrines exigeantes du clergé; ils incli-
nèrent tantôt d'un côté, tantôt de l'autre, sans présenter
d'autre avantage que l'institution de certaines règles de
conduite privée ou publique purgées de la sanction surnaturelle.

Les véritables métaphysiciens étaient plutôt alors,
comme aujourd'hui, des littérateurs que des savants;
ils répandirent la logique et les habitudes d'indépendance
intellectuelle, résultat précieux pour l'avenir, mais qui
se borna dans le présent à séduire par des abstractions
les esprits avides d'émancipation.

Ainsi marcha la décomposition de la féodalité catholique, et l'on serait mal venu d'accuser la Révolution
d'avoir posé le principe de la lutte, puisque les croyances
étaient ébranlées longtemps avant de disparaître, et les
intelligences préparées à accepter le monde moderne
datant de cette époque de renaissance et de protestantisme. Les deux crises politiques de l'Angleterre et de
la Hôllande commencent par consacrer, l'une l'égalité
sociale, l'autre la souveraineté populaire; autour de ces
deux pays, le mouvement de rénovation se propagea avec

des nuances secondaires conservant le même fond révolutionnaire.

Dès lors, les changements prévus suivent les dislocations spontanées du mécanisme de la vieille société. Le protestantisme s'installe dans le nord de l'Europe avec une énergie presque fanatique, à laquelle répond le Midi, plein de fureur inquiète. La France échappe à la prépondérance de la Réforme, ce qui ne peut être considéré comme un échec devant le progrès; car, de son déisme métaphysique, qui l'occupe depuis cet instant, elle se trouve toute disposée à entrer dans les doctrines positives ou scientifiques.

L'ascendant de la papauté sur la politique dynastique en Europe s'évanouit quand cette papauté se trouve, par la Réforme, en face de plusieurs Églises nationales, n'acceptant que le pouvoir politique et social d'où dépendait leur existence matérielle, même dans les pays monarchiques, qui leur accordaient peu d'autorité temporelle.

Les populations maritimes restèrent soumises aux oligarchies aristocratiques, plus avantageuses à leurs tendances commerciales et pacifiques. Ce fut le cas de l'Angleterre, où les nobles se trouvèrent bien de l'alliance avec la bourgeoisie et les travailleurs.

Les armées permanentes, qu'on soldait sans difficulté, prouvent la sincérité des goûts industriels de ceux qu'elles protégeaient, et elles eurent l'avantage d'incorporer et de retenir des nobles, qui ne pouvaient, par leur oisiveté, que gêner la marche nouvelle.

A l'arbitraire des confiscations si souvent renouvelées contre la propriété, des règles opportunes, quoique trop souvent empreintes de privilége, furent opposées.

Ce fut en Italie que la politique de corruption, poussée à ses dernières mesures, montra l'étendue réelle du désordre intellectuel et moral; mais la réforme nécessaire arrivait par les sciences : on voit alors l'anatomie faire des découvertes, la chimie aider l'industrie, et les mathématiques s'étendre par les procédés trigonométriques et l'emploi des sinus et des tangentes; c'est enfin l'aurore de la poésie moderne. La trilogie du Dante, tout en exaltant le catholicisme, renferme des tableaux révolutionnaires qui supposent, par l'audace des innovations esthétiques, soumises au jugement de la foule et goûtées par elle, un certain déclin des croyances; car, au siècle précédent, alors que le chef du catholicisme était le maître de doctrines et d'opinions si hardiment controversées plus tard, les innovations du Dante eussent été autant de sacriléges.

Le génie de la religion produisit de son côté le livre de l'*Imitation*, dont les tableaux mystiques sont si séduisants : il suffit, en effet, d'y remplacer le vocable *Dieu* par l'entité *Humanité* pour lui donner un généreux sens moderne, une portée toute sociale ; mais cette substitution n'est pas toujours facile, à cause des excès d'égoïsme de la doctrine catholique, auxquels l'auteur, malgré son génie et son cœur, ne pouvait échapper. En multipliant les copies des œuvres manuscrites de l'Orient, l'imprimerie donna à ces œuvres des lecteurs non-seulement plus nombreux, mais tout différents; puis la boussole vint coïncider avec les nouveaux besoins nautiques vers l'Occident, où la brillante erreur de Colomb désigna une place favorable d'exportation que les agitations européennes rendaient d'autant plus précieuse.

Le protestantisme du Nord ne fut pas tant l'expression d'une convenance religieuse et morale que d'une nécessité sociale et politique : dans ces pays du Nord, où la culture intellectuelle ne valait pas alors celle du Midi, il impor-

lait peu de voir proscrire les institutions poétiques du
catholicisme, comme le purgatoire, le culte des saints,
l'adoration de la Vierge; mais il importait beaucoup
d'empêcher le pouvoir du pape de s'étendre par ses immix-
tions temporelles jusqu'aux extrémités du continent européen.

Le libre arbitre sur les questions religieuses est, il est
vrai, le fond du protestantisme; mais il devait s'étendre
bientôt aux questions temporelles pour enfanter le dogme
de la souveraineté populaire, à l'aide duquel la Hollande
échappa à l'Espagne, et l'Angleterre ébaucha les formes
parlementaires de son gouvernement. Les catholiques
eux-mêmes se ressentirent du voisinage de Luther, de
Calvin et de Socin, par l'excitation aux disputes et aux
polémiques hérésiarques qu'ils en reçurent, ce qui fit
plus de mal à la primitive constitution de l'Église catholique que le protestantisme sincère et militant ne lui en
causa.

Les catholiques, infidèles à leurs prémisses, qui ne
demandaient des convictions qu'à la douceur persuasive,
parlèrent seulement, à l'époque de leur pouvoir, de morale
officielle sanctionnée par des pénalités rigoureuses; c'est
pourquoi les réformateurs, faisant appel à la liberté de
conscience, à l'indépendance nationale et à la souveraineté populaire, rencontrèrent tant de succès, un instant
entravés par le secours que la société de Jésus vint fournir
au pape.

Ignace de Loyola, fondateur enthousiaste de l'association, se posa comme adorateur de la Vierge, fit de la
confession et de la prédication un moyen de propagande
pénétrante, et pour mieux subordonner son ordre aux
nécessités de la théorie catholique, dégagea nominalement
le pape, et lui opposa un vrai pape sous un nom différent

et plus modeste. Le système hypocrite qui en résulta fit naître peu à peu une formidable opposition. Haïs des protestants, supects aux nombreux catholiques, qui, en Espagne et en Italie, dominaient sous le nom de franciscains et de dominicains, les jésuites rencontrèrent définitivement leurs vainqueurs parmi les métaphysiciens de France.

Le protestantisme, selon qu'il est épiscopal ou presbytérien, devient, dans le premier cas, soutien de la monarchie, et dans le second cas, utile aux castes aristocratiques ; c'est pourquoi la royauté française fut en butte à l'opposition presbytérienne, secondée par une secte princière désireuse de retrouver sa prépondérance perdue.

En Angleterre, le roi, demeurant pape, retrouva une force temporaire qu'il ne perdit que pour l'échanger en une abstraction constitutionnelle sous l'influence de ses ministres et diplomates.

Les magistrats essayèrent en France de former contre la noblesse une rivalité favorisée par la vénalité des offices, et l'aptitude aux affaires et les succès qu'ils eurent ne devaient céder qu'au progrès intellectuel de cette période historique, où la science accumula les découvertes les plus importantes

De la démonstration du double mouvement de la terre, duquel Kepler déduisit une géométrie céleste que la prétendue immobilité de la planète humaine rendait impossible à créer, on vit surgir presque aussitôt l'admirable complément de l'attraction de Newton, qui indirectement encouragé par l'hypothèse hardie des tourbillons de Descartes, avec ses généralisations géométriques au moyen de l'algèbre, constitua la philosophie mathématique par l'union de la science abstraite et de la science concrète.

Il faut aussi voir l'importance de ces innovations sur

les idées théologiques, obligées de se replier désormais dans le relatif du monde terrestre, et de négliger l'absolu de l'univers et les chimères subjectives dont le clergé s'était nourri.

C'est ainsi qu'avec les essais de libre pensée de Bacon dans ses méthodes de l'observation et de l'expérience, avec Descartes, par l'autorité prouvée de la raison personnelle qu'il y adjoignit, avec Hobbes, qui établit les débuts des sociétés humaines au moyen de la force instinctive, et avec Leibnitz, qui aida aux notions positives par sa distinction dualiste du *moi* et du *non-moi*, le mouvement moderne s'établit, entraînant Bossuet lui-même, quand il découvrit un mouvement organique et fatal dans l'histoire du peuple qu'il appelle *providentiel*.

Au point de vue poétique, l'Arioste avait donné des épopées de la vie publique et privée. Le Tasse chantant les croisades avait mieux fait comprendre la valeur intrinsèque de l'islamisme et du catholicisme; Cervantes démontrait de son côté que la folie liée à nos facultés affectives et intellectuelles peut être partielle et demeurer compatible avec la plus heureuse conservation pratique et théorique de notre activité mentale, selon les milieux historiques et la direction personnelle.

En Angleterre, Shakespeare, étudiant le cœur humain à travers les temps anciens et modernes, en formulait la physiologie avec l'éclat, la force et la sureté que le génie le plus complet pouvait seul imprimer à une œuvre comme la sienne.

Molière, faisant revivre la comédie des Grecs et des Latins, y ajoutait la critique vive et originale des métaphysiciens de son temps, et représenta le mouvement intellectuel de la révolution attendue dans l'ordre social et politique.

L'activité industrielle et commerciale appela la fondation des colonies ; mais, selon qu'elles résultèrent de l'initiative des gouvernements ou de la spontanéité individuelle, celles-ci présentèrent des formes et des combinaisons diverses, parmi lesquelles il faut surtout signaler dans un cas l'esclavage, dans l'autre le travail libre.

Le vice esclavagiste dans les colonisations fut spécialement le fait des populations aristocratiques émigrées par scission politique, interprétant avec l'égoïsme protestant les conditions de la morale : la honte en revient d'ailleurs au clergé, qui ne s'y opposa pas, ou qui abdiqua par impuissance ses propres doctrines d'égalité fraternelle.

Nous arrivons à la phase moderne du mouvement social, à celle qui contient le grand drame de la Révolution française, où les dictatures du clergé, de la noblesse et de la monarchie viennent échouer devant la souveraineté du peuple. Trois chefs résument le sens de la Révolution : Voltaire, Rousseau, Diderot; bien qu'armés d'une manière différente et souvent contradictoire, ils n'ont qu'à procéder à la démolition du passé, et ils le font, sciemment ou non.

Le déisme qu'ils adoptent est incompatible avec le pouvoir qu'ils vont reconnaître; mais ils craignent l'anarchie momentanée qui doit résulter de l'ébranlement simultané des systèmes politique et religieux par eux combattus, et ils éludent les conséquences. Ils espèrent en vain accorder Dieu avec le peuple souverain; ils ne formulent rien de pratique, n'ayant pas même obtenu contre l'envahissement opiniâtre du catholicisme cette force que le protestantisme trouva dans sa subordination temporelle.

Les économistes vinrent après, ces grands hommes, rechercher les lois de l'existence matérielle des sociétés sous tous les rapports statistiques : quand les encyclopédistes arrivèrent au pouvoir dans la personne de Turgot, la législation civile, et particulièrement le Code pénal, montraient par leurs lacunes la nécessité d'une réorganisation sociale, et le trop court ministère de Turgot démontra qu'il était impossible de réaliser, sans une commotion violente, le progrès entravé par la résistance des vieux abus coalisés.

La révolution américaine, aidée par la France, réagit favorablement en excitant les opinions républicaines qui s'agitaient déjà chez nous, par l'autonomie démocratique qu'elle décreta dans les colonies auglaises.

La physiologie sociale trouva alors des disciples de génie, et dans Montesquieu, qui rétablit le sens économique des lois; et dans Fontenelle, qui ébaucha la démonstration d'un enchaînement dans les sciences; et dans Vauvenargues, faisant éclater la prépondérance des sentiments du cœur sur les mérites de l'esprit et subordonnant l'égoïsme à l'altruisme.

Trois spécialités de la science reprennent un essor puissant : l'astronomie vérifie la loi de Newton dans l'action réciproque des planètes, dont elle explique les perturbations elliptiques et la configuration véritable; la chimie force à considérer les corps comme constitués d'éléments rapprochés d'une manière plutôt indécomposée qu'indécomposable; la biologie, par les efforts de Linné et de Bernard de Jussieu, de Vicq-d'Azyr et de Haller, prépare l'œuvre à laquelle Bichat et nos contemporains donneront un si grand éclat.

Buffon, en apparence en dehors de ce mouvement spécial par ses allures encyclopédiques, ses tendances esthétiques de littérateur et l'empirisme de ses procédés, facilita toutefois la synthèse de la science en insistant sur la destination pratique de toutes nos recherches. A ce moment encore, l'art musical, échappant à l'accaparement théologique, fut employé, sous la direction de la poésie dramatique, à l'exposition universelle des sentiments humains ; l'industrie financière se compléta par le système élargi de la banque, se rattachant à la politique par son ingérence dans toutes les questions.

Les trois chefs ci-dessus s'étaient en réalité partagé l'esprit moderne. Diderot, moins connu parce qu'il se soucia moins de la gloire, avait cependant les vraies qualités de l'apôtre socialiste : la chaleur sentimentale, la finesse exquise d'observation, l'aptitude au travail, la générosité confraternelle, les connaissances les plus variées et l'origine prolétaire ; il eut dans Condorcet et Danton des descendants dignes de le comprendre. Ce fut entre Voltaire et Rousseau qu'au moment d'adopter une théorie révolutionnaire, le sentiment public hésita. Voltaire, avec du sang-froid, de la raison et un sens critique d'une justesse inexorable, proclama la liberté sans cesser de professer un pénible scepticisme en matière sociale. Rousseau, passionné, paradoxal, sensible à l'excès, fut l'apôtre de l'égalité par son amour de l'humanité, plus instinctif qu'explicite.

Leur insuffisante direction n'aboutit qu'au système politique représenté depuis un siècle par l'Angleterre, et vanté par Montesquieu comme type suprême de gouvernement, tout mauvais qu'il soit pour n'importe quel pays, dès qu'on l'envisage dans ses lointaines conséquences, puisqu'il ne peut affirmer qu'un équilibre sans mouvement progressif, et une pondération stérile entre des autorités rivales.

Le pouvoir politique ne pouvait être que démocratique et laïque, comme le pensaient les disciples de Danton ; malheureusement le déiste Robespierre, proscrivant la noblesse et le clergé pour proclamer l'Être suprême et formuler une métaphysique gouvernementale très-voisine de l'ancienne, fit ajourner pour longtemps la vraie doctrine. Ceux qui n'admettent pas l'hérédité sociale des idées sont surpris de voir prendre un rang, parmi les faits pratiques, aux nouveaux phénomènes qui semblaient devoir rester indéfiniment dans le domaine de la théorie et des spéculations pures.

Le culte de la Raison venant s'installer dans nos temples au moment où les malheurs de la patrie étaient au comble, alors que la guerre au dehors, et au dedans la misère, les trahisons, appelaient les efforts de tous les citoyens, cela parut une étrange anomalie.

Cependant l'hébertisme, en qui se résume l'intrônisation de la raison de 1793, avait ses racines dans l'Encyclopédie du xviiie siècle. On fêtait la déesse Raison chez le baron d'Holbach, pour secouer le joug des croyances forcées, et le girondin Guadet était le disciple d'Helvétius, quand l'idée devint chose, quand Hébert dans le journal Chaumette à la *Commune*, les représentants Fouché, Collot-d'Herbois, Ronsin aux armées et au Comité de salut public, se réunirent ouvertement pour procurer un culte extérieur à une abstraction, et pour donner à une simple formule de logique une réalité sociale capable de transformer la conception la plus élevée du jugement humain en un instrument précis de direction politique.

Ces promoteurs étaient-ils des citoyens pervertis, des agents provocateurs de l'émigration, des meneurs à la solde de l'étranger? On le disait un peu partout, mais rien de moins prouvé.

Le procureur Chaumette, qui organisa la première fête de la Raison à *Notre-Dame*, où se rendit la *Convention* en masse à travers tout Paris, était très-considéré comme homme privé autant que comme administrateur. Il avait aboli les punitions corporelles dans les prisons, détruit l'ignoble réglementation des prostituées, proscrit les livres obscènes, interdit le bonnet rouge aux femmes, égalisé les sépultures avec le linceul tricolore, et fait adopter pour les tombes cette digne inscription : « L'homme « juste ne meurt pas, il vit dans la mémoire de ses con- « citoyens. » — Le baron A. Clootz, qui ne reconnaissait que « S. M. le genre Humain, dont le peuple français exerçait les droits, » était le plus pur, le plus désinté- ressé et le plus éloquent des cosmopolites en renom. L. David, le peintre, M.-J. Chenier, le poëte, Gossec, le musicien, et tant d'autres membres des diverses aca- démies qui prêtèrent leur concours à l'organisation des fêtes de la Raison, dans les diverses circonstances officielles du temps, n'étaient ni sans génie ni sans élevation morale.

Lorsque l'archevêque Gobel remit à la Convention les insignes sacerdotaux dont il se dépouillait, ses collègues, qui le poussèrent dans les bras du président, n'avaient certes pas l'intention de l'envoyer à l'échafaud, non plus que de vouer à la haine publique les citoyens dont les processions et cortéges défilaient incessamment devant eux : la Convention elle-même n'était pas esclave lors- qu'au bruit des fanfares, au grondement de l'artillerie, au milieu des chants et des guirlandes, elle allait dans les cathédrales rendre hommage à la Raison.

Six mois seulement séparent ces fêtes de celles de l'Être suprême par Robespierre, qui préluda au des- potisme césarien. Un revirement si brusque est moins le fait d'une transformation intellectuelle que le résultat des passions politiques; et sous ce rapport, Robes- pierre avait le fanatisme vertueux mais opiniâtre d'un disciple de la philosophie métaphysique du xviiie siècle·

Après avoir contribué à l'anéantissement d'Hébert et de Chaumette, Robespierre attaqua Danton et Camille Desmoulins, qui n'étaient pour rien dans l'introduction du culte de la Raison, et même avaient protesté contre les fêtes officielles, et tout en poursuivant les hébertistes comme des ultra-révolutionnaires et les dantonistes comme des modérés, il hâta le retour d'une théocratie disciplinée et de la royauté, qui s'y rattache comme à l'arbre le fruit.

Il est puéril de dire que Robespierre, en réalité si puissant, visait à la dictature monarchique, lui qui aimait tant la république et s'était si compromis pour elle, qui avait des vertus, une ardeur patriotique croissante, qui était devenu éloquent à force de pratiquer les assemblées; son rôle s'explique plus aisément quand on se rappelle ce qu'il était par son éducation tout entière. Il adorait Jean-Jacques; il croyait avec lui que le peuple abandonnait ses droits et sa souveraineté, parce qu'il désignait des mandataires sans responsabilité dans l'interprétation de leur mission. Cette théorie ramenait en fait l'arbitraire et le despotisme dans le gouvernement; la nation reprenait des maîtres au lieu d'avoir des commis, et, l'origine du pouvoir ainsi obscurcie, il n'était pas difficile de la perdre de nouveau dans les abstractions théocratiques, qui nous renvoient à des représentants irrévocables, indéniables et impeccables.

Cependant, tout disposé à reconnaître l'Être suprême, et par suite à imiter malgré lui les prêtres, Robespierre les haïssait; privé, en outre, par son éducation métaphysique, des lumières de la science unitaire, méconnaissant Turgot et surtout Condorcet, qu'il appelait dédaigneusement « le grand mathématicien parmi les littérateurs, et

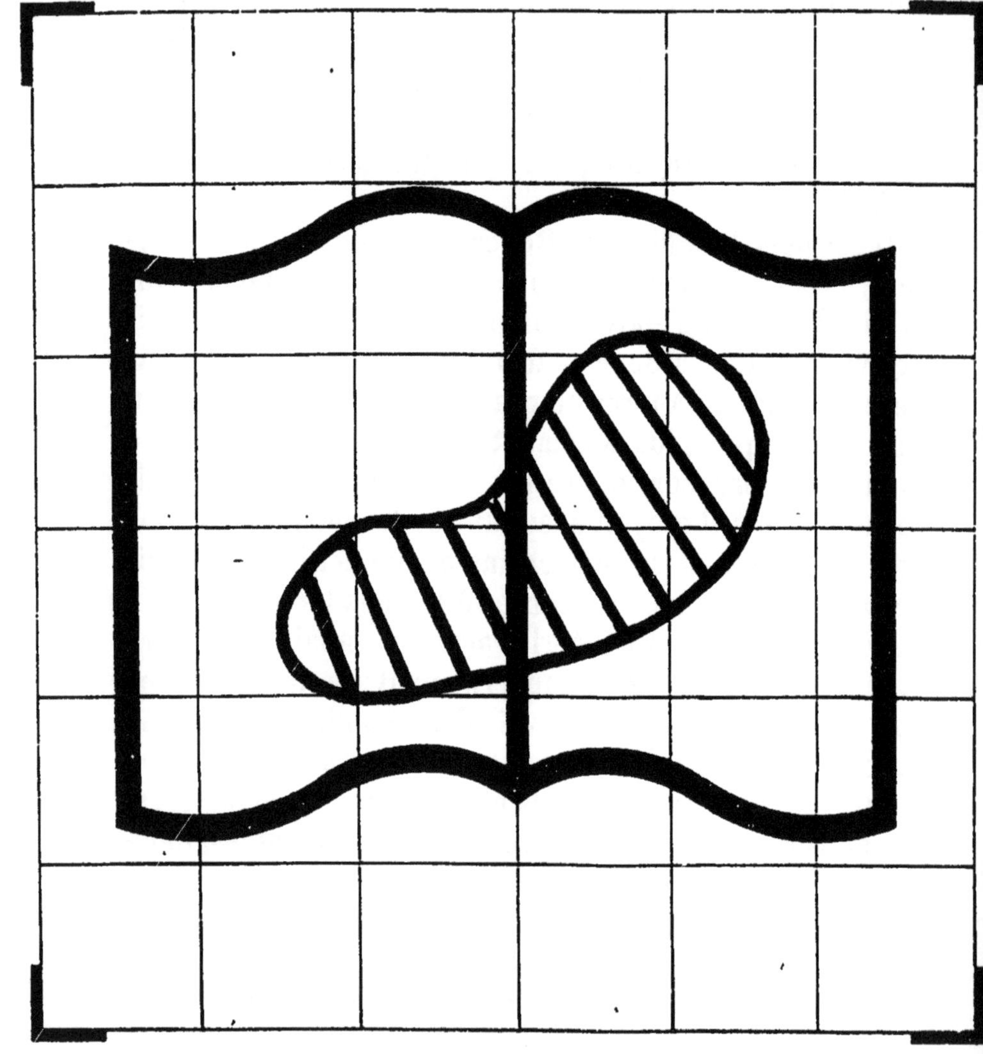

le grand littérateur parmi les mathématiciens, » il prit en
sophiste l'initiative de la restauration religieuse, et perdit
ce qu'il croyait servir.

Dans son manifeste pour la fête de l'Être suprême, il
s'écrie : « Les prêtres sont à la morale ce que les charla-
« tans sont à la médecine... L'encensoir et le sceptre ont
« conspiré pour déshonorer le ciel et usurper la terre. .
« Le peuple français n'est attaché ni aux cérémonies reli-
« gieuses ni aux superstitions du clergé... mais il l'est à
« l'idée d'une puissance incompréhensible, effroi du
« crime et soutien de la vertu. »

Il ajoutait : « L'athéisme est aristocratique; César, séna-
« teur, s'en servit pour défendre Catilina. Les hommes de
« lettres du xviiie siècle, pensionnés par les despotes,
« faisaient des madrigaux pour les courtisans et leurs
« maîtresses; égoïstes par système, probes par bien-
« séance, ils allaient en morale bien au delà des préjugés
« religieux, et en politique ils restaient au-dessous des
« droits du peuple. Ils se sont avilis devant cette révolu-
« tion, et à la honte éternelle de l'esprit humain, c'est la
« raison du peuple qui en a fait tous les frais, avec le
« bon sens sans intrigue et le génie sans instruction...
« Il ne faut pas compenser par la guerre à la Divinité
« l'indulgence qu'on a pour les aristocrates ; retournons
« donc à l'Être suprême, attachons la morale à des lois
« éternelles et sacrées; il ne s'agit plus de former des
« messieurs, mais des citoyens confiés non à l'orgueil
« des familles, au fédéralisme domestique et aux préjugés
« des particuliers, mais au patriotisme des représen-
« tants.

Le peuple honore les martyrs de l'humanité, sans
« engouement et sans idolâtrie, il abhorre l'intolérance
« et la superstition, de quelques prétextes qu'elles se cou-

« vrent, il condamne les extravagances des philosophes
« comme les crimes du fanatisme... Que nous importe la
« métaphysique? Il s'agit de considérer l'athéisme comme
« national et lié à un système de conspiration contre la
« république : pour le législateur, le bon, l'utile, est le
« vrai, toute doctrine qui console l'innocence sur l'écha-
« faud est vraie, l'idée en est un appel à la justice, elle
« est donc sociale et républicaine; la détruire quand elle
« a existé est dangereux, la remplacer est œuvre de génie,
« ne pas la remplacer est perversité :.» Ces paroles élo-
quentes soutiennent un dogme erroné; mais il est impossible de ne pas accorder à Robespierre le bénéfice de
la sincérité la plus convaincue : il voulait avec son maître,
Jean-Jacques, une religion civile fondée sur les sentiments
et non sur la dialectique, sur des croyances servant de
lien humanitaire, et capables de provoquer les dévouements héroïques. Voilà pourquoi il accordait au souverain
de fixer les articles de foi comme expression de la sociabilité et non comme signes d'une religion dogmatique;
mais cette théorie avait mené l'auteur du *Contrat social*
jusqu'à supprimer de fait la liberté de penser et à permettre au souverain d'infliger la mort à un incroyant, si
la croyance était édictée par la loi.

L'éminent historien Louis Blanc, qui accorde à Robespierre de hautes qualités, pense que ce dernier aurait pu
aller plus loin que l'Être suprême, et s'élever dans la
conception philosophique des choses jusqu'au panthéisme
de Spinosa, idée correspondant, dit M. Louis Blanc, aux
plus hautes aspirations du socialisme moderne, que, du
reste, la Révolution française n'était pas alors à même de
comprendre.

Mais il s'agit de savoir si le panthéisme est véritablement la représentation religieuse de la solidarité humaine,

et si les jacobins passèrent par ignorance à côté de cette notion. En tout temps, le panthéisme a été dénoncé comme un équivalent de l'athéisme, et s'il y a progrès dans l'adoption de l'une ou l'autre de ces doctrine·, c'est parce que toutes deux éliminent un Dieu personnel arbitraire, extérieur et omnipotent ; mais le panthéisme ne semble avoir sur les mouvements évolutifs des sociétés d'autre influence que celle de la négation, à moins qu'on ne le confonde avec la nature proprement dite et ses propriétés immanentes, ce qui ne lui procure pas d'efficacité spéciale. En tout cas, Robespierre ne pouvait s'élever jusqu'à la doctrine du panthéisme, car alors il n'aurait pas été le disciple de Jean-Jacques, ni le républicain formaliste, le jacobin autoritaire et le patriote fanatique, que son ami L. David à peint, dans le *Serment du jeu de paume*, les deux mains appliquées sur la poitrine, parce qu'il avait deux cœurs.

Ce n'est donc pas, comme le dit un autre historien (M. Thiers), avec Robespierre, que se termine la période ascendante de la Révolution, qui pouvait bien se passer du culte officiel et ontologique de la Raison, puisqu'elle avait avec elle la science, et pas encore le despotisme césarien ; aussi créa-t-elle les Ecoles, l'Institut, le Muséum, les colléges, et eut-elle pour présider à ses travaux les hommes que l'on connaît : Lamarck, Lakanal, Monge, Berthollet, etc., dignes prédécesseurs des Cabanis, des Bichat, des Gall, des Broussais, qui édifièrent la biologie.

Bichat, séparant les fonctions animales des fonctions végétatives, et créant la féconde distinction des tissus, montra le double aspect de la vie statique et de la dynamique. Broussais établit que l'intensité des phénomènes vitaux mesure l'état de santé ou de maladie, et plaça l'appréciation normale de l'existence sur la véritable base physiologique, Cabanis dépassa les données ordinaires de la métaphysique en faisant comprendre qu'il est impossible d'isoler l'étude des fonctions morales et intellectuelles des autres attributs de l'organisme en action, et si l'importance exagérée qu'il donna au système nerveux ganglionnaire l'empêcha de reconnaître le cerveau comme centre de nos instincts affectifs, il prépara du moins la voie où s'engagèrent avec succès Gall et ses successeurs.

Ceux-ci fondèrent la théorie positive de la nature humaine par la démonstration de la pluralité de nos organes et fonctions du cerveau : de la sorte sont expliquées toutes nos conceptions si variées aux points de vue théologique, métaphysique et scientifique, et l'existence de nos plus humbles tendances comme de nos plus importantes aptitudes est désormais rattachée à la substance cérébrale en activité, et l'intervention des causes surnaturelles pour imposer ou procurer des croyances ou des idées est éliminée au profit de la notion des lois physiques et physiologiques qui gouvernent le monde et l'homme. Mais, loin de médire des inventions idéales qui précédèrent nos connaissances exactes, la biologie consacra même les aberrations dans les systèmes de la théologie ou de la métaphysique du passé, parce qu'elle considère ces aberrations temporaires comme autant d'émanations fonctionnelles, relativement bonnes et suffisantes, selon le temps et les lieux.

La science sociale, dont A. Comte et M. E. Littré sont les plus illustres représentants, car, sans les vulgarisations de ce dernier, les conceptions magistrales d'A. Comte eussent été perdues ou détournées de leur signification ; la science sociale, disons-nous, montre le progrès propre à chaque génération allant s'incarner dans la génération suivante, tout âge étant ainsi à son moment et le point de départ et le point d'appui de l'âge suivant, vérifiant le passé en préparant l'avenir, et les comprenant tous deux dans une solidarité héréditaire.

Nous pouvons dire, pour résumer ce chapitre, que l'xistence collective, manifestement métaphysique et spéculative chez les Grecs, devint active et sociale chez les Romains, pour prendre un sens affectif au moyen âge, et conserver cette triple condition dans les temps modernes.

Cette conséquence est due aux travaux amassés par les générations antérieures dans l'industrie, l'art ou les sciences. Ni les peuples ni les individus n'ont eu d'une manière constante la conscience de la direction que prenaient leurs efforts, ni la prévision nette des événements que leur conduite devait amener; mais un sérieux examen rétrospectif nous fait reconnaître que les faits se sont déroulés selon un mode nécessaire, pressenti et désiré, de façon à satisfaire l'esprit qni cherche et le cœur qui s'attache : de là un puissant encouragement pour l'œuvre dans laquelle nos aïeux ont secondé leurs enfants, comme il nous est donné de secourir les nôtres.

Il y a, sans doute, une spontanéité de justice, un instinct du bien et du beau qui, sans étude, sans réflexion, sans enseignement didactique, fait comprendre la morale; mais c'est seulement à la lumière de la science que tout devient clair, certain et légitimement acquis; aucun phénomène imposant n'échappe au contrôle de l'intelligence, et celle-ci réagit à son tour sur toutes nos affections : la moralité est donc subordonnée aux conquêtes intellectuelles. Les lois qui régissent nos sentiments ne pouvaient être connues que par les changements survenus et observés en ces sentiments mêmes, et il faut connaître les conditions de développement de l'intelligence si l'on veut qu'elle dirige pour l'honneur et le bonheur de l'humanité les sentiments, qui sont en dernier ressort sous sa dépendance.

CHAPITRE XII.

Des Beaux-arts.

POÉSIE, MUSIQUE, DANSE, ARCHITECTURE, SCULPTURE,
PEINTURE.

L'art est une reconstitution libre de la phénoménalité
des choses, c'est l'amplification de la réalité au moyen
de l'idéal. C'est, comme on l'a dit ingénieusement, l'exécution plus ou moins savante de variations sur le thème
concret de la nature.

Comme il a pour fin le *beau*, le *vrai* et le *juste*, il implique la connaissance des rapports naturels des choses;
il est donc solidaire de la science, mais, ne visant pas à
l'exactitude, il ne souffre aucune règle formulée avec une
précision mathématique et une inflexibilité absolue. C'est
pourquoi l'arbitraire, la spontanéité et le sens critique se
mêlent à toutes ses productions, sans qu'on puisse protester au nom d'un principe rigoureux, autocratique ou
universel. Le beau idéal suppose le laid idéal, comme la
thèse appelle l'antithèse, comme le faux et le vrai suppo-

sent entre eux une distinction. Le type ontologique de la perversité et de la souffrance est Satan suspendu dans le vide et incarné sous les traits d'un être ironique, haineux, implacable et indompté. Ces attributs représentent en effet les conditions qui s'opposent au règne du bon et symbolisent l'échec de nos passions, développées par les résistances du monde. Quand le diable ricane au milieu de nos soucis, c'est notre impuissance qui nous apparaît sous notre réflexion, appréciant la dérisoire inanité de nos efforts ambitieux.

Le laid idéal, c'est-à-dire diabolique, est en proportion inverse avec le beau idéal, et dans les créations de l'art, il prend quelquefois une importance corrélative considérable, dont les contrastes avec le beau touchent, émeuvent ou effrayent : mais l'idéal n'étant, en définitive, donné que par le réel, plus le réel s'agrandit, plus il resplendit des vérités qui le constituent, et moins le laid idéal présente d'attrait et d'enseignement.

Ce qui peut donc accroître le sens du beau, étendre et perfectionner le talent de l'artiste, c'est la notion exacte des rapports multipliés des objets entre eux, les associations et dépendances scientifiquement démontrées qu'il s'agit ensuite de faire valoir dans les formes esthétiques spéciales.

Si les Grecs et les Romains arrivèrent dans la poésie épique ou dramatique, dans la sculpture et l'architecture, à un degré qu'ils n'atteignirent pas en musique, c'est que, pour ce dernier art, l'intervention de la science était plus nécessaire, de même qu'ils furent plus exclusivement artistes, parce que l'industrie ne pouvait leur enlever les loisirs qu'ils consacraient aux arts plastiques.

I

Poésie.

Toute œuvre littéraire comprend le verbe et l'idée. Le verbe, c'est l'ensemble des ressources philologiques produites collectivement et perfectionnées au sein de chaque groupe humain, de façon à constituer les langues avec leur syntaxe, leurs temps, leurs idiomes, les néologismes, le rhythme et la mesure.

Les divers produits de la poésie suivent une filiation hiérarchique et chronologique, depuis les récits chantés et l'épopée jusqu'au roman, en passant par la tragédie, la comédie et le drame.

Dans l'étymologie des mots *poésie* et *épopée*, on trouve le sens de leur production, c'est-à-dire l'unité active, le mot, le cycle, l'idée mère, le récit rhythmé d'événements solennels, comme l'*Iliade*, qui est l'apothéose de la patrie grecque et de la démocratie fédéraliste; comme l'*Odyssée*, qui est l'apologie de la famille antique. Dans l'une, la civilisation de la Grèce lutte contre la barbarie de l'Asie; dans l'autre, la famille, le mariage, sont honorés en la personne de l'épouse fidèle en dépit des séductions rendues plus hardies par l'absence d'un époux, qui, de son côté, dédaigne les avances d'une immortelle, parce qu'il a foi au foyer domestique et à la patrie. Après Homère, il ne se trouva plus de poëtes pour recommencer cette brillante histoire des gloires nationales. Ce passé n'est pas démenti par les existences des Aristote, des Platon, des Pindare, des Eschyle et des Anacréon, mais il n'est plus à raconter; et quand les Grecs, fatigués d'anarchie, se jettent, malgré Démosthène, dans les bras du Macédonien, des horizons nouveaux font oublier les beaux souvenirs des rapsodes homériques. Les dimensions du globe lui-même, agrandi par Eratosthène, qui calcule l'obliquité de l'écliptique, déplacent le ciel de l'*Iliade*, et l'*Iliade* n'est plus l'occasion d'un culte national, tout en restant l'objet d'un grand respect littéraire. Ainsi, pour l'*Énéide*, le monde romain a succedé au monde grec, il s'est enrichi de ses arts et de son territoire, et, au moment où paraît le poëme de Virgile, la mission romaine se trouve terminée : le poëte avait donné au développement latin un cachet providentiel. Les Troyens envahissent le sol d'Italie à la condition de perdre leur nom, leurs lois, leur mœurs, et d'échanger contre la dignité des amours permises la licence des unions hors la loi. Si Carthage succombe, c'est que Rome doit réaliser la monarchie militaire, faire triompher le droit commun sur terre et sur mer, honorer les dieux nationaux partout où ils seront rencontrés, et réprimer les excès dus à la conquête elle-même. On dit que Virgile mourant voulut détruire son œuvre; cela ne pourrait lui être arrivé qu'à la suite du découragement dans lequel son âme se laissa tomber à la vue de la décadence dont il était déjà témoin, et il appréhendait sans doute de rester incompris en parlant d'héroïsme, de vertu, d'innocence et de sacrifice à l'époque césarienne qui se montrait. Il n'y a pas de plagiat de la part de Virgile sur Homère, il n'y a que des matériaux communs d'histoire et de légende; Virgile conserve sa grâce, sa tendresse. sa haute sociabilité, sans rien retrancher à Homère, aussi invulnérable qu'Hercule pour conserver la force de ses beaux vers.

Mais voici l'Église chrétienne qui supplante le monde

romain, comme le peuple-roi avait supprimé la Grèce. Elle refait une civilisation qui n'a plus le même théâtre, ni matériel, ni moral, cela demande du temps : c'est pourquoi les épopées ne se produiront pas avant plusieurs siècles, les idiomes se formeront parallèlement aux événements, et les prétendus barbares emprunteront à Rome les éléments des belles langues que nous aimons et pratiquons aujourd'hui.

La première apparition épique de ce monde nouveau, c'est la *Chanson de Roland*, au x* siècle, pour l'idiome français, puis la trilogie de Dante en 1270 pour l'italien, et enfin la *Jérusalem délivrée*, de Tasse; la religion chrétienne, l'amour de la patrie « douce France, » le courage envers les infidèles qui menaçaient l'Occident, voilà ce que célèbrent deux de ces poëmes, tandis que dans le troisième, Dante, invoquant le vertueux Virgile, stigmatise les vices de ses contemporains, cherche une nationalité qui échappe à ses concitoyens, et meurt entre la folie et les persécutions. Ces poëmes sont moins imposants que les épopées de la Grèce et de Rome, parce qu'ils ne retracent pas des faits de transformation aussi différents dans les conditions sociales, désormais vouées à une évolution à chaque pas visible, et par suite d'aspect moins radical. La même raison amoindrit les œuvres subséquentes de la poésie épique : c'est en vain que Milton, républicain, essaie de faire revivre dans le *Paradis perdu* le dogme de la déchéance, et que Klopstock, dans la *Messiade*, ravive les récits du Nouveau Testament: ces œuvres de génie ne peuvent rien socialement devant le régime de la science et de la libre pensée.

D'ailleurs les épopées contentent mal l'intelligence, parce que, négligeant l'avenir, l'espoir et le progrès, elles glorifient les missions accomplies, les gloires qui s'éloignent, et les faits déjà creusés par l'expérience : elles ne peuvent attacher que par une supériorité inouïe dans la forme ou par une ingénieuse perspective sur les destinées qui remplaceront les choses épuisées, et qui ne doivent plus être recherchées dans la pratique. Si la forme poétique proprement dite pouvait disparaître, c'est que les écrivains n'auraient plus aucun idéal social à populariser; il n'en sera jamais ainsi : les mythes de l'antiquité pourront être remplacés par la science, sans qu'on songe à cesser d'admirer et de s'émouvoir devant les merveilles de l'industrie et les promesses de la solidarité sociale.

On place généralement entre François Ier et Louis XIV le beau moment de la littérature française; cet intervalle est cependant mal représenté au point de vue moral, puisque, sous les Médicis comme sous le petit-fils d'Henri IV, les débauches, les massacres, les guerres, le concubinage légalisé déshonorèrent la nation. Mais sous ce monde officiellement corrompu, le progrès se continuait. La langue, refaite deux ou trois fois, devenait admirable de clarté, de douceur et de précision, et successivement Rabelais et Montaigne, Corneille et Molière, Racine et Boileau, pénétrés du génie grec et latin, ont initié la France aux beautés de l'antiquité en rapprochant les temps. Dans le développement de la poésie et des œuvres de littérature, il ne faut pas voir une culture systématique de l'art, mais une évolution sociale suivie et comprise par les artistes. L'art pour l'art n'existe pas plus que la science pour la science. Tout est et doit être la représentation des besoins d'une époque donnée et la fidèle image des sentiments de la conscience contemporaine. Les religions, en qui se résume l'idéal de l'esprit et du cœur des nations, ne vivent pas de leur propre vie, car c'est précisément leur immuabilité soi-disant immortelle qui les fait mourir.

II

Musique.

Le son comme la lumière nous dénoncent la matière, celle-ci dans les surfaces et l'étendue, l'autre dans la profondeur et l'intimité. Du son sortit la musique, dont Pythagore et Platon faisaient dépendre l'ordre de l'univers et les lois d'harmonie s'élevant de sphère en sphère, depuis le souffle de l'air jusqu'à la parole. Le langage humain fut d'abord un cri, une note, un bruit correspondant à une sensation ou à une perception, et se compliquant par les ressources de l'intelligence jusqu'à l'admirable instrument des civilisations modernes. La musique n'est exclusivement ni la satisfaction du sens auditif ni le produit d'un calcul agréable à l'esprit, mais elle se compose de lois physiques et physiologiques qui lui donnent des attributs moraux et esthétiques.

A partir du moment où le système tetracorde des Arabes, des Orientaux et des Grecs, composé de quatre sons liés par des quarts de ton, fut remplacé par une série de sept sons, formant la gamme diatonique, l'art musical, très-élargi, embrassa désormais comme éléments le rhythme, la mesure, le mouvement et l'expression.

On s'habitua à désigner par *ut, ré, mi, fa, sol* et *la* les six premières notes de l'échelle des tons, parce que ces vocables commençaient les vers de l'hymne usuel UT *queant laxis* — RE *sonare fibris* — MI *ra gestorum* — FA *muli tuorum* — SOL *ve polluti* — LA *bii reatum*, dont Guy d'Arezzo se servait pour les enfants de chœur; l'intonation s'élevant régulièrement d'un degré sur la première syllabe de chaque vers, la dernière note *si* posseda plus tard une lettre dans l'alphabet musical grégorien.

Les sept sons diatoniques en appellent un huitième, et l'oreille souffre étrangement jusqu'à l'arrivée de l'octave de la tonique; mais alors la fécondité de son générateur est épuisée, le sens auditif n'est plus inquiet sur le terme de la progression sonore, la variété se résout dans l'unité, comme les diverses couleurs du prisme disparaissent dans la lumière blanche, et, de plus, ces huit sons reproduisant un double tetracorde grec, la tonalité moderne se trouve rapprochée de celle des anciens, et atteste la filiation naturelle de toutes choses.

Dans le son musical, le timbre se rapporte à la composition interne et permanente de la substance d'où émane le son; le rhythme exprime seulement le mouvement total du corps sonore. La mesure marque les relations du rhythme avec le temps, et elle reconnaît deux fonctions : la symétrie et la périodicité, propres toutes deux à rappeler les conditions du beau par le sentiment de l'ordre dans l'arrangement des sons, comme l'assemblage des lignes le fait pour l'architecture : la lenteur ou la vivacité du mouvement qui se joignent à ces deux élémei. s concourent comme eux à l'expression, dont la dernière puissance est fournie par l'artiste, devenant alors créateur du son qui s'incarne dans son œuvre individualisée.

La musique, doublement capable de rendre la phénoménalité dans la nature, c'est-à-dire les choses extérieures et leurs rapports avec l'homme, se compose d'harmonie et de mélodie : la première, qu'on appelle science

des accords, est comme la voix des êtres du monde matériel ; la seconde, c'est la pensée, la passion, l'état intime
de celui qui produit. La mélodie procède d'elle-même,
simplement par le langage, par des mots successifs,
tandis que l'harmonie, provenant de l'ensemble des choses,
suppose l'emploi simultané de plusieurs sons consistants.
L'harmonie et la mélodie sont liées l'une à l'autre, comme
l'homme est lié avec la nature ; mais, de même que nous
nous efforçons de commander à la nature, ainsi la mélodie,
qui part de l'artiste, doit dominer l'harmonie à la manière
de la couleur, qui se superpose au dessin.

La division de la musique en mélodique et harmonique
fait reconnaître à l'art musical deux organes différents,
la voix humaine, sœur de la mélodie, et l'instrument,
traducteur des harmonies matérielles.

L'instrument le plus complet que nous possédions est
l'orgue, capable de procurer d'innombrables émotions,
depuis le recueillement et la contemplation, par l'harmonie
voilée et mystérieuse de ses fonds, jusqu'à la tristesse et
à l'effroi, par le grondement mugissant de ses basses et
solennelles vibrations. Tous les bruits lointains fugitifs
et légers de la nature peuvent être exprimés quand, au
diapason fondamental qu'on appelle le bourdon et aux
registres consonnants, on joint les jeux de mutation de
la tierce et de la quarte, dont les dissonances réelles
s'évanouissent dans les flots d'harmonie de l'ensemble.

Tous les autres instruments se partagent en deux
sortes, ceux à cordes et ceux à vent ; les premiers seuls
fournissent les accords par une dépendance directe avec
les lois de la physique, ce qui fait qu'ils se rapportent
plus particulièrement à l'harmonie, tandis que les instruments à vent vont, comme la voix prolongée de l'homme,
chantant la création avec leur souffle.

L'expression musicale dérive des lois morales et intellectuelles, et pour qu'elle soit efficace, il faut que le son,
dans ce qu'il a de plus intime, ait une relation essentielle
avec les sentiments manifestés et provoque une réaction
indépendante du rhythme et de la mesure ; de là plusieurs
ordres de sons et de nuances de sons se rapportant à des
sensations et sentiments variés, et formant des tonalités
et des modes dans une étroite dépendance avec la tradition et les habitudes ; pour consacrer certaines situations
morales ou intellectuelles de la collectivité.

Dans ces conditions, ajouter une corde à la lyre pouvait
être chez les Grecs et les Orientaux une tendance révolutionnaire réprimée par les lois : suivant Denis d'Haly-
carnasse, les modulations oratoires elles-mêmes relevaient des lois musicales, et la mélodie du discours
embrassait un intervalle de quinte, s'élevant de trois tons
vers l'aigu pour redescendre vers le grave. La parole
avait ainsi par sa dérivation musicale une double influence
sur l'esprit et le cœur, quand elle associait au sentiment
harmonique l'enseignement moralisateur qui était son
but : ce fut seulement après l'affaiblissement des croyances
que ces tonalités se réfugièrent dans l'art proprement dit
pour faire appel au plaisir et à la sensation nerveuse.

On voit de même, aux époques de décadence, la sculpture et la peinture renoncer à un idéal quelconque pour
reproduire exclusivement les beautés matérielles.

Avec le christianisme surgit une musique d'abord
sobre, sévère et discrète, dont la mélodie, éloignée des
traditions antérieures, était impreinte de tristesse, de vague
effroi et du sentiment des persécutions d'une secte obligée
de fuir les tortures jusque dans les souterrains.

Mais déjà, au temps de Saint-Ambroise, ce caractère
changea, parce que les chefs de la religion comprirent

les immenses services que pouvait procurer la musique
à l'extension du dogme.

C'est de saint Grégoire que datent les modifications
esthétiques qui en perfectionnent l'application au culte.
En conservant le système grec moins les intervalles des
quarts de ton, Grégoire choisit les modes simples et
sérieux, et fit sortir de la notation simplifiée le *plain-chant*,
suite de sons mélodiques dont l'expression est liée au
sens des paroles pour lesquelles ils sont employés, sortes
de mélopées rappelant les leçons et les prescriptions contenues dans les textes sacrés, et n'ayant ni mesure ni
symétrie, parce qu'elles s'appliquent sur leur prose manquant de cadence et de système; espèce de paroles
accentuées simplement soumises aux règles des intervalles harmoniques, et dites par une seule voix ou par
plusieurs voix à l'unisson; mais lorsqu'on eut substitué
aux lettres des points alignés, ronds ou carrés, d'une
façon parallèle, la relation harmonique des tons exprimés
fut sensible à la vue, et la science du contre-point devint
aussi avantageuse que féconde.

Dans le *plain-chant*, il n'y a pas d'harmonie conson-
nante, c'est-à-dire d'harmonie où l'accord, dans la plé-
nitude de son repos, ne laisse rien à désirer, n'appelle
aucune note et ne se résout en aucun autre accord; par
suite, le plain-chant ne module pas, il change sans préparation de *ton*, et suppose entre chacun de ses accords
un repos qui lui valut la qualification de musique plane,
agrandie par Palestrina, et se rapprochant peu à peu de
la musique profane par le nombre et la soudaineté des
effets provoqués. Il s'agissait, en effet, de sortir des
accords consonnans ou parfaits, pour entrer sans chute
dans les accords dissonants : le moyen fut trouvé par le
rapport établi entre la note sensible et le quatrième

degré, rapport à l'aide duquel, les dissonances naturelles une fois créées, les modulations suivent leur cours, et la musique moderne peut prendre son essor.

Ces dissonances, indispensables pour moduler, sont à la musique ce que les jeux d'ombre et de lumière sont à la peinture, et en opérant le passage naturel d'un ton à un autre ton, elles reproduisent les antagonismes de nos passions ; et quand on joint les dissonances rhythmiques aux dissonances harmoniques avec leurs brisures et leurs suspensions, on rappelle le désordre des sentiments et des accents qui s'y rapportent dans la physiologie humaine. Deux tendances ou deux écoles se partagent le domaine musical depuis le moment où les austérités religieuses cédèrent la place aux dispositions modernes de sensualisme. L'une, avec les réminiscences de l'élément spiritualiste de l'art, calque ses chants sur la déclamation naturelle et vise à l'exactitude de l'xpression; l'autre se propose presque exclusivement pour but le plaisir de l'oreille charmée par les sons eux-mêmes, toujours caressants, gracieux ou passionnés, mais sans rapport spécial avec un sentiment déterminé, et par suite demeurant applicables sur toutes paroles quelconques, ce qui n'est pas possible avec les chants de l'école opposée, plus scientifique, plus exacte et plus poétique par le côté descriptif ou imitatif des choses.

Les instruments sont un puissant moyen de développement harmonieux à cause des accords physiquement fournis par les cordes et des rotations de ces instruments timbrés avec la voix des êtres animés. Dans l'orchestre qui les réunit tous, les perspectives de l'art s'élargissent à l'infini, et la nature entière semble parler à l'homme un langage universel dans les symphonies des maîtres, où les instruments seuls se font entendre, comme dans les *oratorios*, où les voix se mêlent aux instruments.

Plusieurs phases caractérisent donc les progrès de la musique, depuis sa constitution au moyen âge : d'abord le ton est unique, ou bien il succède sans liaison, sans fusion, à un autre ton, et ces tons conservent tous deux leur valeur intrinsèque. Plus tard, les altérations chromatiques établissent ces unions que le plain-chant ne connaissait pas; mais, à mesure que les accents variés et nombreux que veut rendre la musique moderne se compliquent entre eux, il est nécessaire de donner aux notes naturelles de l'accord, des attractions ascendantes et descendantes, et ces *enharmonies* développent des affinités nouvelles entre les tons qui tiennent ensemble par une combinaison de plus en plus intime, propre à réaliser la fusion intellectuelle de l'homme avec l'univers, du *moi* avec le *non-moi*.

III

Danse.

L'art n'existe pour l'homme qu'après que son intelligence lui a révélé des besoins nouveaux avec des sentiments plus étendus pour cortége : les mouvements des animaux, si gracieux qu'ils soient, ne sont pas de l'art; la courbe élégante qu'ils décrivent dans les plaines de l'air, les bondissements folâtres qu'ils réalisent dans leurs jeunes ébats, rien n'est dirigé par une vue systématique du beau à reproduire; mais si l'on voit la danse apparaître chez les peuples sauvages comme chez les civilisés, il faut en conclure que la disposition fondamentale d'ordre et de symétrie dans l'espace et dans le temps est un attribut du cerveau de l'humanité. Le pas est l'élément initial de la danse, parce qu'il représente le mode normal de déplacement volontaire, partant du repos pour y rentrer, se composant de deux périodes d'action croissante et décroissante, et par là correspondant au rhythme et aux sons de la musique, comme tout mouvement progressif fini.

Le pas se succédant à des intervalles égaux, c'est la marche mesurée, à laquelle l'oreille prête attention pour en régler les mouvements quand la musique fait défaut; ces mouvements, variant selon la direction curviligne ou rectiligne, comprennent toutes les combinaisons agréables des attitudes dans les diverses parties du corps, et en même temps reproduisent les spontanéités de la passion comme les symboles de l'idée.

On voit dans la Bible le roi-prophète danser une harpe en main devant l'arche du Seigneur : les danses des Bayadères dans l'Inde sont encore des danses sacrées. A Rome, les prêtres Saliens *saltantes* exécutaient des danses consacrées au dieu de la guerre. Les limites de la danse sont gardées par le sentiment de l'art et les notions morales; la mimique et la pantomime y déterminent par leur intervention un empiétement souvent fâcheux, et qui dénonce dans la civilisation une tendance matérialiste. Lorsque jadis la tragédie était dansée et qu'on allait voir *saltare Nioben,* c'était par suite de l'imperfection des ressources accessoires de l'art; tandis que l'opéra dramatique moderne produit des ballets quand il a abusé des moyens lyriques au service de la littérature théâtrale. Toute danse doit, comme le chant, procéder d'un motif principal, destiné, comme une mélodie, à reparaître à travers la variété du développement harmonique des gestes et allures. Le rhythme, vis-à-vis de la marche et de la danse, est à ce point physiologique qu'il agit sur les animaux eux-mêmes, qui sont encouragés à la lutte, à l'amour et à la bonté par la musique instrumentale, attestant ainsi pour sa part la coopération des arts les plus divers dans la production unique du *bon* et du beau.

IV

Sculpture.

La sculpture nous montre les êtres organisés et correspondant au monde de la vie. Elle nous fait deviner ce qui est au-dessus des surfaces, dans les profondeurs de la matière organisée, tandis que l'architecture se contente d'exprimer des plans que l'œil ne pénètre pas, et vise surtout à représenter le monde inorganique. Dans la sculpture, l'idée se crée un corps avec tous les matériaux primitifs : bois, argile, pierre, métal. Chez les peuples panthéistes, l'art, ne saisissant pas l'être infini sous des formations déterminées, produit dans ses conceptions esthétiques premières des statues monstrueuses avec plusieurs têtes, des membres multiples et enlacés, où les formes des animaux et celles de l'homme sont mêlées et confondues pour symboliser l'unité dans la création et l'identité de la créature avec le Créateur ; mais à mesure que le monde phénoménal se divise, les manifestations artistiques prennent une existence plus personnelle. En Égypte comme dans l'Inde, la sculpture reste longtemps allégorique, et rappelle les abstractions mystiques d'un dogme dirigé et manié avec un muet despotisme par la classe sacerdotale. La momie avec ses bandelettes sert de type statuaire à toutes les œuvres de ce monde oriental, dont le sommeil, le repos, l'impassibilité rigide sont les attributs irrécusables.

L'art grec emprunta cependant à l'art égyptien, par les émigrations doriennes, plusieurs éléments qu'il incorpora au génie national, et qu'on retrouve dans le calme solennel, la majesté froide et immobile de plusieurs belles créations plastiques du ciseau grec.

Nés avec la perception délicate de la beauté et ayant un vif sentiment de l'existence, les Grecs combinèrent de bonne heure les deux procédés qui réunissent la perfection des formes matérielles avec leur noblesse idéale, et l'élégance des attitudes avec la vérité des mouvements. C'est l'époque ou Phidias orne le Parthénon et où le groupe de Laocoon palpite sous le bronze.

La statuaire, transportée de la Grèce dans Rome, s'y maintient en progrès tant que le principe du monothéisme reste pur et que les mœurs demeurent saines, car tout produit de l'art est le reflet d'une conception de l'esprit, la traduction d'un sentiment moral, et le cachet de chaque époque déterminée. Dans la Rome impériale, la décadence est visible depuis Septime-Sévère jusqu'à Constantin : c'est pourquoi la statuaire chrétienne, prenant la direction inverse, marque avec succès la réprobation dont le paganisme est l'objet; elle affecte le mépris de la chair et laisse percer partout l'idée de la surnaturalité. Le Christ et Satan servent de modèles contrastants du bien et du mal, et fournissent deux séries parallèles d'individualisations imaginaires; le damné prit l'orgueil, la colère, l'envie, l'ironie et la haine; le saint triompha dans l'image de la sérénité, de la béatitude et du sentiment du droit. La Vierge devenant femme selon l'esprit remplaça Vénus, femme selon la chair, et au lieu d'inspirer une convoitise sensuelle, représenta la chaste passion de l'idéal ; enfin la mort et la sépulture furent pour la sculpture une dernière occasion d'innovation, en raison des idées que le dogme contient sur la fin de l'homme : celui-ci ne cessant pas de vivre, mais en réalité ne vivant pas, laissant son souvenir ici-bas, sans être annihilé dans son nouveau domaine céleste, devait montrer dans ses images posthumes l'allure inquiète que comporte une destinée à la fois mortelle et immortelle.

V

Peinture.

La forme extérieure des corps est accusée dans la nature par la lumière, de laquelle dépendent les couleurs avec toutes les modifications sensitives qui en constituent le langage.

Dans la langue des couleurs, le dessin, qui limite les couleurs, a les mêmes fonctions et la même importance qu'une consonne qui, négative de sa nature, sert par son adjonction à déterminer un son et un mot particuliers ; c'est, sous la lumière, l'ombre faisant valoir chaque objet : c'est pour cette raison que le dessin est aussi nécessaire à la peinture qu'à la sculpture ; et ces deux arts ne diffèrent entre eux que parce que l'un dessine son modèle dans une masse solide, et obtient ainsi un relief réel, tandis que ce relief n'est réalisé dans la peinture que par les lois de l'optique. Si en sculpture on tient déjà compte des jeux de la lumière par les clairs-obscurs des bas-reliefs et par l'interposition des milieux transparents qui marquent les distances des plans, la peinture peut seule combiner, pour la séduction qu'elle doit produire, le dessin et le coloris. Ces deux moyens, simultanément employés, satisfont aux exigences physiologiques de notre nature double, la pensée et la sensation, la matière et l'esprit, le relief et l'absolu. Le dessin appartient au jugement de l'intelligence; le coloris détache au profit des jouissances de la vue, c'est-à-dire d'un toucher à distance, les reliefs et les perspectives, qui sont une synthèse de tout ce qui existe: ces éléments essentiels de l'art doivent toutefois reconnaître une certaine subordination hiérarchique. Si le coloris l'emporte, la sensation prévaut sur l'intelligence, et l'art perd la valeur de la précision, parce que ses représentations vont moins à l'esprit, qui résume, qu'aux sens, qui se contentent d'émotions.

Les origines de la peinture offrent beaucoup d'obscurités: monochrome d'abord, elle imitait sur tout les bas-reliefs, ainsi qu'on le voit encore dans les temples et les tombeaux de l'Égypte et sur des vases de haute antiquité.

Les assertions seules de Pline nous disent l'enthousiasme que provoquèrent dans Rome les peintures grecques qu'on y transporta. Il ne nous est pas donné d'apprécier, ni dans les procédés employés, ni dans les vestiges disparus, les œuvres des Apelle, des Zeuxis, des Lysippe, des Scopas et des Polyclète. Les tableaux exhumés dans ces derniers temps à *Herculanum* et à *Pompéi*, accusent toutefois une grande préoccupation du dessin, l'élégance des poses, la pureté des lignes, le tout sans grande entente

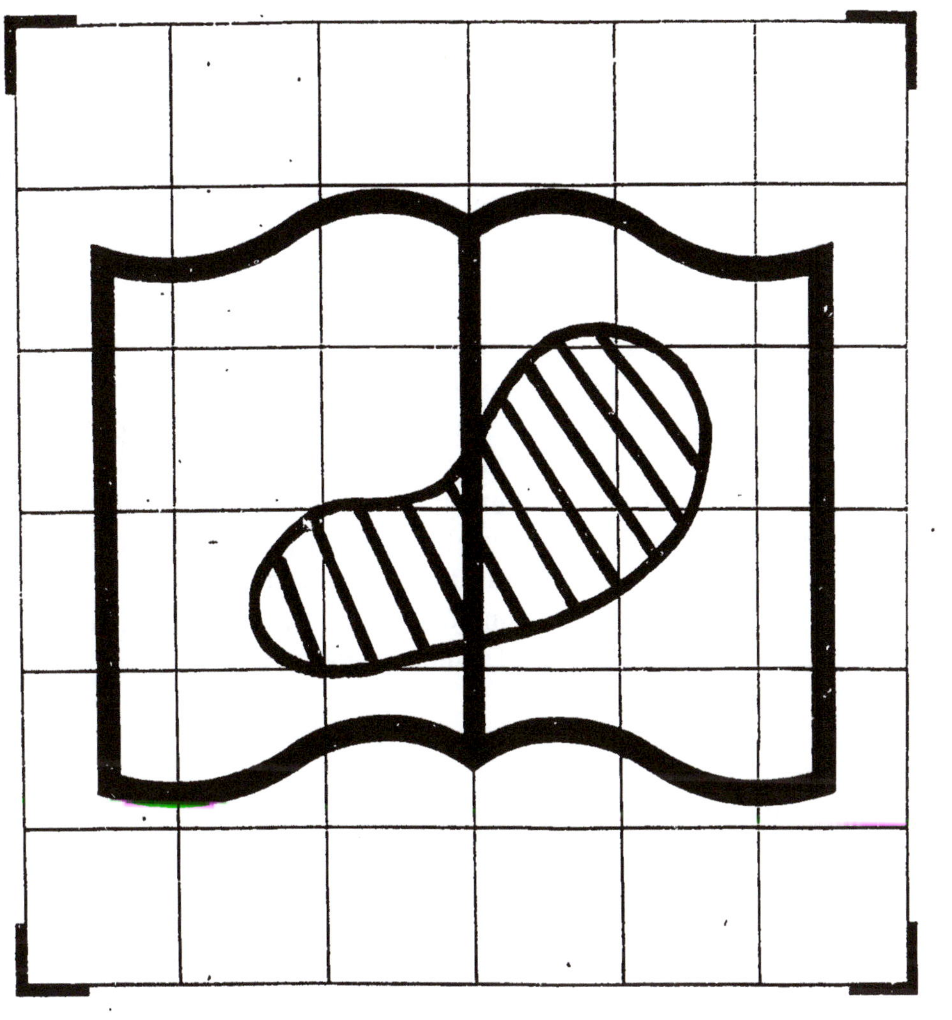

de la perspective soit linéaire, soit aérienne, parce que l'invention des couches de couleurs diversement épaisses et teintées, manquait pour tirer des contrastes de l'ombre et de la lumière les grandes illusions que procure la peinture moderne.

La transformation opérée aux xve et xvie siécles, consista en une sorte de fusion du génie grec et du génie chrétien fléchissant chacun de leur côté de façon à abandonner, l'un sa roideur systématique, l'autre sa plasticité absolument sensuelle, ce qui procura les Vierges de Pérugin et de Raphaël; mais bientôt les riches couleurs des écoles de Venise et de Naples fascinèrent les yeux et firent oublier l'ascétisme du début catholique. L'histoire intérieure de chaque peuple et la différence des races donnent la principale raison du caractère de sa peinture : la spontanéité originale du peuple hollandais l'empêcha de remonter vers l'antiquité, après qu'il eut quitté la vie du moyen âge. De là chez lui cette imitation de la nature familière, intime ou pastorale. La vie organique y abonde, et on lit dans les tableaux flamands l'indépendance d'un peuple laborieux, émancipé par le protestantisme, ami de la vie domestique et plein du génie de l'observation analytique.

En Espagne, la peinture eut d'abord ce défaut de souplesse et cette dureté de couleur qui résultait d'une religion ascétique craintive, redoutant le monde et aspirant à s'en détacher : ce que ses peintres ont produit de plus beau vient des inspirations puisées aux écoles italiennes et flamandes par Velasquez, Murillo, Zurbaran et Ribera, qui, livrés à eux-mêmes, ont donné ces types rudes, fiers et heurtés de la nation ibérienne formés de la férocité africaine et de l'orgueil du More. Lorsque l'Espagne succomba sous le despotisme religieux, s'absorbant dans la paresse monacale, elle ne craignit pas de transformer ses héros en mendiants et de faire monter ses Vierges au ciel avec des haillons, en leur donnant avec complaisance les attributs pathologiques des déviations cérébrales. Le fond cruel du caractère de la race apparaît aussi dans les pages de ses auto-da-fé, où l'on voit avec une horrible fidélité les entrailles des victimes dévidées sur une roue, le feu faisant fumer les chairs vivantes, et la vie des victimes se débiter comme dans une boucherie pour le compte du catholicisme.

Lorsqu'en France, après le mouvement du xv° siècle, qui avait déjà produit son effet en dehors d'elle, il y eut des artistes célébres, ceux-ci ne surent échapper à l'asservissement monarchique imposant son régime partout, son étiquette, ses conventions, sa froide politesse, sa décence hypocrite ; il fallut l'exil au Poussin et à Claude Lorrain pour briller dans la solitude de leur génie loin du soleil de Versailles, mais sous le ciel d'Italie.

Notre peinture actuelle est une réminiscence de toutes les écoles, une encyclopédie de tous les genres, une vague recherche des croyances absentes. Dans ses produits officiels ou académiques, elle conserve des traditions surannées de circonspection du côté de la couleur et de l'invention des sujets, et, dans ses productions spontanées, elle manque d'un idéal quelconque ; elle est sans direction, comme ballottée par le flux et le reflux des événements, tantôt s'abandonnant aux fantaisies d'une imagination sans but, tantôt exprimant ses idées avec une brutale intempérance.

L'Allemagne a tenté vainement de remonter jusqu'au moyen âge pour raviver l'art par le souvenir des naïves croyances de cette époque ; mais, en remettant sous nos yeux les types conçus sous l'inspiration d'une foi déchue, elle n'a fait consacrer que l'épuisement de cette foi dont les œuvres pastiches se heurtent contre l'indifférence ou l'étonnement, au lieu de provoquer un retour d'enthousiasme. D'ailleurs, toute imitation rigoureuse conduit à un prochain matérialisme, et le défaut d'initiative personnelle ou de pensée intérieure laisse à l'œuvre renouvelée comme une marque de stérilité ou d'irrémédiable vieillesse. Sans doute, un artiste ne peut se fier à lui seul, son travail isolé ne provoquerait ni sympathies profondes ni édification dans le public; mais, sans cesser de s'appartenir, l'artiste peut et doit écouter les bruits du monde, recueillir les pressentiments de son temps, les traduire et les interpréter de façon à se faire le prophète de son pays et le serviteur du dogme social qu'il s'agit d'inaugurer.

L'invention de la peinture à l'huile est généralement attribuée à Jean van Eyck, de Bruges, né en 1370. Avant lui, l'usage de délayer les couleurs dans l'huile existait déjà, ainsi que le fait résulte d'un manuscrit du moine Théophile au xi⁰ siècle; mais le mélange devant sécher à chaque couche coloriée, les retards et les gerçures dans les panneaux exposés au feu ou au soleil frappèrent l'invention de discrédit. Jean de Bruges reprit alors la peinture à l'œuf; il y ajouta des huiles résineuses et siccatives et perfectionna chimiquement les couleurs : ces procédés paraissent avoir été employés en premier lieu en Italie par Antonello, de Messine, comme le prouverait l'épitaphe placée sur son tombeau, à Venise, et rapportée par Vasari.

Une époque nouvelle s'ouvre dès lors pour la peinture, dont les chefs-d'œuvre furent relativement à l'abri du temps : les travaux des Grecs en camaïeu, c'est-à-dire monochromes, ne nous sont pas parvenus : seul, le peintre Apelle, de Cos, fut admiré par les Romains dù temps d'Auguste, qui fit transporter dans le temple élevé à César la *Vénus sauvée des eaux*, estimée cent talents.

Ce qui, du reste, fait voir combien peu la peinture était répandue en Grèce, eu égard aux autres formes de l'art, c'est que Pausanias, dans sa description, publiée 170 ans après Jésus-Christ, ne cite que 88 peintures et 43 portraits contre 2,827 statues. Des tableaux plus ou moins conservés servaient de table pour jouer aux dés aux soldats romains qui saccagèrent Corinthe; et Rome, non contente de dépouiller la Grèce de ses richesses artistiques, enleva ses artistes, qui donnèrent aux vainqueurs du monde des goûts nouveaux indispensables à la complète civilisation des nations.

VI

Architecture.

Le besoin d'abri contre l'inclémence de l'air et les attaques des animaux conduisirent l'homme aux diverses constructions, progressivement transformées en œuvres architecturales. Une grotte dans le flanc des montagnes fut creusée par l'agrandissement du trou qui la commençait et par imitation des excavations observées : plus tard, la terre argileuse dans les plaines, les feuilles et écorces dans les forêts ébranchées fournirent les éléments de l'art de bâtir qui contient tous les autres et qui, dans la pratique, se manifesta le premier. Représentant le monde inorganique, l'architecture puise, en effet, ses lois dans ce monde, lois qui sont mathématiques et mécaniques : l'utile n'y est pas exclusif du beau, les principes de l'un et de l'autre restant les mêmes.

La première condition de la beauté dans l'architecture est la symétrie, qui suppose une coordination régulière des parties autour d'un centre rappelant l'unité ; et de même que la nature nous laisse, par ses horizons et ses grandes lignes, le sentiment confus de l'ensemble contenu dans les détails, ainsi, dans l'art de bâtir, les masses seules conservent l'unité symétrique, à laquelle échappent les parties secondaires et les caprices partiels.

Comme jamais l'humanité n'a manqué de posséder une religion ou un dogme correspondant à son âge social et à ses facultés intellectuelles, l'art architectural a toujours été représenté par des monuments religieux ou civils en corrélation avec les idées et les mœurs contemporaines, qui réalisent à la fois la théorie et la pratique de chaque époque.

Dans l'Inde, les temples massifs, immenses et de forme peu précise, rappellent une vague religion panthéiste, avec pression morale provenant du développement énergique de la nature la plus exubérante. Dans l'Égypte, la pensée de la mort se reflète sur les constructions de tous les genres ; il semble que, symbolisant la vie passagère, son grand fleuve, qui fait succéder si rapidement l'abondance à la stérilité, l'existence à la mort, ait inspiré un détachement profond pour la caducité des choses et un sympathique attrait pour le néant.

Transportée en Grèce, l'architecture s'y transfigure, parce que la race brillante des Grecs, favorisée par un heureux climat et une topographie maritime toute favorable, s'éprend pour l'humanité d'un amour pour la première fois cosmopolite qui s'exprime par les arts, le commerce, l'industrie, les formes politiques et les essais scientifiques. Dans leurs productions, diverses, harmonieuses et complètes, rien ne détourne les Grecs de leur voie humaine poursuivie systématiquement, rien ne tend à éveiller en eux ces aspirations lointaines, ces grandes tristesses de l'inconnu, ces joies mystiques d'un monde surnaturel à jamais mystérieux.

Les Romains, qui n'ont pas eu de conceptions religieuses très-différentes de celles des Grecs, se bornèrent à imiter ceux-ci dans leur architecture civile, rendue toutefois plus pratique pour les usages centralisateurs de leur vie politique comprenant le monde, connu.

Au moyen âge, la cathédrale chrétienne fut une combinaison des architectures antérieures, sans aucune imitation servile. Les cryptes, ménagées sous les parvis, rappellent les temples souterrains de l'Inde et de l'Égypte, les voûtes et les colonnes sont celles des temples grecs et romains; mais l'ogive montante obtenue par le croisement des arcs de voûtes légères, appuyées sur des colonnes effilées, donne à tout l'édifice un caractère nouveau et saisissant. La nature du monde extérieur, exprimée par l'architecture chrétienne, fut dépouillée de lignes droites et inflexibles comme les comprenaient les anciens. C'est par l'opposition à cette beauté finie des Grecs que le moyen âge donna à ses cathédrales les formes contournées, pittoresques, ramifiées, qu'on aima si longtemps.

Avec l'affaiblissement du sentiment religieux, vers la Renaissance, on vit reparaître l'étude des anciens, qu'il s'agissait d'incorporer par conciliation avec l'art gothique; l'ogive et le plein cintre se mêlèrent, la variété des ornements délicats s'accrut, les sveltes tours se perdirent dans les airs à côté des larges voûtes et des dômes imposants, dont les courbes semblent s'infléchir comme les sentiments religieux, tantôt égarés vers l'infini avec les forêts de clochetons gothiques, tantôt rentrés dans un froid rationalisme avec les sérieuses lignes droites de l'architecture classique. Le château féodal et· le couvent distinguèrent l'art civil des constructions chrétiennes : ces asiles recevaient les désabusés du monde qui cherchaient dans l'activité du corps ou dans celle de l'esprit une liberté intime ou une solution aux mystères de notre destinée. Dès lors, on comprend les cellules groupées autour d'un cloître plein de charmes artistiques près d'une chapelle en dentelle de pierre : il y avait dans ces oppositions de pauvreté et d'élégance, d'ascétisme et de jouissance esthétique, tous les contrastes dont la nature humaine est remplie.

A mesure que la sécurité devint plus générale et que chaque individu fut dispensé d'y pourvoir pour son compte, ou de la procurer par un généreux dévouement aux faibles, on vit descendre le château de ses hauteurs escarpées dans la plaine accessible, et y devenir une habitation pacifique, appropriée aux usages domestiques et même ornée, au temps de la Renaissance, de toutes les perfections architecturales. Les hôtels de ville signalent à leur tour la prépondérance de la bourgeoisie et du prolétariat, où elle se recrute: ce ne sont point des châteaux ni des forteresses féodales ou royales, mais des palais pour le peuple et des résidences pour ses magistrats électifs. Confortables au dedans, modestes au dehors, on y entre sans baisser la tête et sans avoir personne au-dessus de soi. Un beffroi domine l'édifice, et une cloche, qui est la voix de la cité, convoque les citoyens ses enfants à sa défense ou à ses fêtes. Quand les monarchies centralisantes furent installées avec leur pouvoir absolu, elles réclamèrent des demeures énormes en rapport avec leur importance omnipotente; mais alors l'art se plia aux besoins de l'industrie administrative, l'unité fit défaut, et d'annexes en annexes, les plus jolies comme les plus grandes conceptions de l'architecture dégénérèrent en galeries de casernement. L'époque où nous sommes a fait appel à un art nouveau dans lequel les besoins collectifs, les intérêts solidaires, le bien-être hygiénique, trouvent ou doivent trouver satisfaction. Les grandes entrées des chemins de fer, les palais d'exposition, les hôpitaux, les salles de spectacle se construisent ou sont réédifiés de façon à témoigner heureusement du génie de l'architecture devant les exigences modernes, tandis que, par contre, ce génie est impuissant si on lui demande une manifestation quelconque en faveur du symbolisme des religions.

CHAPITRE XIII.

Des professions industrielles et commerciales.

> « Ce que nous mettons à la place des anciennes classes de citoyens, noblesse et roture, bourgeoisie et prolétariat, ce sont les catégories et spécialités de fonctions, agriculture, industrie, commerce. »
>
> (PROUDHON.)

I

Le travail n'est ni une fatalité, comme la doctrine antique le soutenait, ni une prédestination, comme le régime théocratique moderne le laisse croire : c'est un besoin de l'organisme, une spontanéité individuelle ou collective, un élément de notre nature, une fonction qui nous réconcilie avec les nécessités objectives, lesquelles peuvent défier nos forces, mais non les vaincre. Au travail actuel s'unissent la propriété des matières et le capital, formant un trépied pour l'urne que le labeur et l'épargne remplissent incessamment pour nourrir et désaltérer le travailleur.

Pourquoi primitivement les peuples ont-ils eu horreur

du travail ? C'est que de bonne heure, et seul entre les animaux, non servis les uns par les autres, l'homme dégagea sa personne du milieu où il se trouvait, et que le moi qu'il posséda avec orgueil, en face du *non-moi* du monde extérieur, fit naître en lui le sentiment d'une dualité toujours en lutte, et dont la théocratie s'empara. Saint Paul inventa l'*Adam terrenus* et l'*Adam cœlestis*, l'un ennemi de l'autre, et le second méprisant le premier.

Il est facile, en effet, d'apitoyer l'homme sur sa destinée quand on le suit à la tâche, qu'on le voit creuser, piocher, porter des fardeaux, tourner des manivelles, haletant et désireux du plus prochain repos. Ce n'est là qu'un des côtés de la question ; l'homme, qui travaillait jadis pour les résultats les plus matériels, donne aujourd'hui ses efforts pour les plus merveilleuses conséquences du génie humain : il creuse les Alpes, il traverse les bras de mer sous des tunnels, il dépose des fils télégraphiques sous les océans, il tisse avec la secrétion d'un ver immonde les plus riches étoffes, et tous ses semblables prennent part à ces produits ou profits selon un mode de répartition que l'avenir est destiné à rendre de plus en plus équitable, car les problèmes agités dépendent de l'homme lui-même, et non d'une autorité révélée.

Doit-on appeler natures supérieures et plus heureuses celles qui s'abstiennent de tout effort, et passent, à la manière des sauvages et des Orientaux, des journées entières dans une systématique indolence ? Il faut dire non : car l'homme, qui est l'être le plus relevé de la série animale, peut demander beaucoup à la nature, et selon que, pour arracher à celle-ci ce qu'il recherche, il s'y prend plus ou moins ingénieusement, il est plus fier et plus heureux, il triomphe au lieu d'être vaincu.

La disposition laborieuse à laquelle il obéit lui fait

considérer toutes choses comme devant se réduire à une équation : c'est-à-dire qu'en ajoutant l'objet qu'il veut s'approprier à la somme des efforts dépensés, il obtient l'égalité de son désir, l'équilibre entrevu, la vérification de sa pensée.

Avec un pieu de bois il a eu en quelque sorte le levier d'Archimède, l'instrument multiple pour la percussion, la perforation, la division, la direction, l'arrêt, la suspension, et, à un autre point de vue, l'offensive et la défensive, et les notions abstraites de substance, de limite, d'espace, de temps, d'analyse et de synthèse.

Si les hommes sont de grands enfants, les enfants, qui sont de petits hommes, ne se trompent pas dans leurs procédés d'émancipation intellectuelle; ils commencent par détruire, puis essayent de recomposer : *Destruam* et *ædificabo.* La nature humaine est saisie par eux dans son fait : l'image sensible se pose toujours avant l'idée métaphysique, de même que la parole et l'écriture suivent les procédés mimiques spontanément employés dans nos premiers rapports ; la conception transcendante des causes, esprits, essences, qui flotte sur notre intelligence, n'est que l'impossible synthèse d'une insuffisante expérience.

L'homme est donc né travailleur; mais cette spontanéité physiologique et subjective rencontre son antinomie dans l'objectivité naturelle, et tant que ces deux aspects nécessaires des choses se produiront sous l'antagonisme plus ou moins violent de la lutte, l'homme doit s'attendre à des mécomptes, à des fatigues et à des chagrins : il lui est cependant permis d'entrevoir pour l'avenir un travail dégagé d'efforts excessifs et mieux rémunéré: le sentiment en est inscrit dans les esprits à la vue des conquêtes déjà faites par l'industrie et la science.

L'activité essentielle de notre espèce, formulée par le travail, a toujours existé, et les formes qu'elle a prises n'ont varié que pour s'adapter aux diverses situations sociales dont le sens nous est aujourd'hui révélé.

Pendant de longs siècles, la guerre a monopolisé une partie des facultés actives de l'humanité ; elle était l'état permanent des premiers âges, pourvoyant alors par concurrence brutale aux premiers besoins satisfaits par la chasse et les produits naturels du sol. Un but plus social régularisa ensuite l'activité militaire pour obtenir une identification dans les civilisations, La conquête, aujourd'hui, n'a d'opportunité justiciable que s'il s'agit pour une nation supérieure en développement de se procurer la tranquillité contre des voisins barbares, et de se les assimiler peu à peu : alors, et en mettant de côté la notion sentimentale, l'intérêt d'une pareille absorption est évident. Mais on se demande quel résultat utile produirait, par exemple, une guerre entre l'Angleterre et la France, toutes deux également avancées et prospères, et n'ayant rien à se communiquer entre vainqueurs et vaincus. Ce qui contribuera le plus à l'extinction des guerres dans l'Europe centrale, ce sera la prépondérance de l'activité industrielle : le travail s'accroît avec la sécurité, ses produits augmentent avec sa durée, et tout ce qui incline vers le succès industriel, force les nations à reconnaître les bienfaits de la paix.

Mieux répartir les produits, donner la plus grande part de bien-être hygiénique possible à tous et à chacun, occuper les deux sexes et presque tous les âges, tel doit être l'idéal objectif de nos préoccupations.

On estime que, sur trente six millions de Français, vingt millions seulement concourent à la production réelle, dont quatorze pour l'agriculture et six pour l'industrie proprement dite.

En portant le revenu national à dix milliards fournis par le double labeur rural et industriel, cela ferait une contribution de 500 francs rapportée annuellement par chaque travailleur, et une somme de 277 fr. 77, à dépenser par an pour chaque habitant. Seize millions d'individus ne produisant pas, il convient de chercher à en ramener un certain nombre à un travail efficace capable d'augmenter le produit général et la moyenne quotidienne, qui est de 0,76 c. par tête.

Les vieillards, les femmes, les enfants et les invalides représentent environ douze millions d'êtres, non-seulement improductifs, mais imposant un surcroît de dépenses moyennes par les circonstances spéciales qui régissent leur vie ; mais il reste quatre millions d'individus qui, ralliés au travail, en augmenteraient le produit de 25 p. 100. Dès lors le revenu collectif monterait à seize milliards, c'est-à-dire que la répartition quotidienne serait de 1 fr. 25 par individu, différence en plus de 0,09 c. ce qui serait énorme, en réalité, si l'on considère la situation actuelle, qui n'attribue que 0,76 c. à chacun par journée de 24 heures.

Mais comment, sans faire violence aux habitudes, aux traditions, aux mœurs et à la tolérance de la loi, arracher tant de gens aux loisirs libres, aux chômages fortuits, à l'oisiveté, au luxe et à la dépense stériles, à tout ce qui les retient dans une neutralité et une négation dommageables à leurs semblables ? — Un million dix-sept cent mille rentiers vivent sur les fruits, prélevés en premier, de l'agriculture et de l'industrie ; il faudrait que les valides de cette catégorie retournassent aux labeurs dont leurs pères sont sortis, au lieu de caresser l'idée paradoxale de la prétendue indignité de certains travaux une fois la richesse acquise. A côté de ces 1,700,000 rentiers, il y a 607,000 fonctionnaires, qui sont pour l'État ce que, pour les grandes maisons de commerce ou d'industrie, sont les commis plus ou moins nombreux ; mais loin de chercher, par une prévoyante administration, à en diminuer le nombre et à réduire ainsi les chapitres des *frais généraux*, l'État s'ingénie à multiplier systématiquement les parasites du budget, les sinécuristes des bureaux, et à créer une aristocratie de hauts employés, travaillant d'autant moins qu'ils sont mieux payés, et formant les prétoriens de chaque nouveau gouvernement.

Plus on pénètre dans le détail des improductivités individuelles qui pèsent sur la grande famille française, plus on voit la nécessité des remèdes toujours indiqués, jamais essayés. Une flotte de navires cuirassés fragiles comme verre, une armée permanente de 400,000 soldats, plus de 50,000 détenus qui expient à nos frais leurs méfaits envers nous, 80,000 malades qu'on interne dans des hôpitaux au lieu d'aider leurs familles à les soigner, enfin 60,000 vagabonds, mendiants et fainéants ou voleurs, tout cela fait un dernier total de 1,200,000 individus dont la dépense, évaluée quotidiennement à 0,50 c., forme un déficit de quatre milliards et demi par an.

Rien n'est plus utile que de faire contribuer la statistique à l'élucidation des problèmes sociaux même d'aussi loin qu'elle peut servir, car il ne faut jamais douter de l'efficacité d'une vérité scientifique recherchée avec désintéressement et rencontrée en dehors d'un but préconçu.

Une plus récente publication de la répartition de la population française fournit le tableau suivant :

Agriculture.   52
Banque, commerce, transports. . .   14
Industrie.   23
Professions libérales.   5
Rentiers.   6
____
100

Dans cette classification, il y a progrès ; mais, comme l'observe M. Guarin de Vitry, qui la signale (Revue positive, janvier 1876) : « les catégories ne sont pas encore « suffisantes pour faire ressortir la part à attribuer à la « spéculation spoliatrice, à l'agiotage, à l'usure, au tra- « vail négatif ou destructeur. »

L'économie politique comprend plusieurs notions afférentes à la réglementation industrielle, hygiénique et morale des ateliers, fabriques et magasins ; nous devons nous occuper brièvement de ce qui concerne les contracts d'apprentissage et de louage, le régime encore usuel des livrets, le travail des enfants, les conseils des prud'- hommes.

L'origine de l'apprentissage date de l'organisation de l'industrie, et il en a subi toutes les vicissitudes. Sous la législation des corporations et communautés d'arts et métiers, l'apprentissage fut détourné de son but naturel et nécessaire, car on l'imposa sans exception à tous les marchands et artisans. Les ordonnances de Turgot en 1776 exemptèrent seulement quelques industries ; les statuts de chaque corporation réglaient le mode et le temps de l'apprentissage, qui était de deux ou trois ans. Tantôt chaque maître ne pouvait prendre qu'un apprenti, tantôt il lui en était alloué plusieurs ; et la veuve qui gardait la maîtrise pendant sa viduité, conservait l'apprenti commencé par son mari. L'apprentissage achevé, l'ouvrier était obligé de subir encore un maitre et d'en devenir le compagnon pendant un temps déterminé.

La loi du 22 mai 1791, proclamant la liberté de toutes les professions, supprima le vieux système jusque dans ses racines. La loi du 22 germinal an XI organisa le régime des manufactures, fabriques et ateliers, détermina la valeur synallagmatique des contracts d'apprentissage, lesquels, concernant des majeurs et des mineurs, ne purent être résolus que dans des cas spécifiés et avec indemnïté. La femme mariée, même séparée de biens, ne peut s'engager ni comme maître, ni comme apprentie, sans autorisation de son mari ; mais elle peut, si elle est marchande, aux termes des articles 4 et 5 du code de commerce, prendre un apprenti pour lequel un tiers vient stipuler.

Beaucoup de traités se font par les soins des sociétés de bienfaisance et des associations philanthropiques qui délèguent un membre, devenu ainsi le père de l'apprenti. Les conditions fondamentales du contract comprennent la durée, le prix, le mode d'enseignement et l'essai.

A Paris, l'essai est limité à un mois, représentant assez équitablement l'épreuve des aptitudes, des goûts et des convenances réciproques des contractants. Le mode d'enseignement exige une progression graduée et complète de l'apprentissage : le jeune apprenti ne peut être employé à des courses ou à des soins de ménage; il ne peut être abandonné exclusivement aux ouvriers ni retenu dans les préliminaires techniques de son état; enfin, si le maître ne peut diriger de front l'enseignement de plusieurs apprentis et qu'il en néglige un certain nombre ou même un seul, les contracts sont résiliables. La durée de l'apprentissage n'est pas légalement fixée;

elle varie selon que l'apprenti paie ou ne paie pas l'enseignement, c'est-à-dire que dans le premier cas elle est de 2 ans, et dans le second elle peut aller, comme en Angleterre, jusqu'à 7 ans. L'acte du contrat, le plus souvent consigné par écrit, s'appelait autrefois *brevet d'apprentissage*, et il est encore connu sous ce nom dans les anciennes villes fabricantes de province : il peut être fait devant notaire; mais si les parties savent rédiger et signer, elles échappent aux frais notariés par l'acte sous seing privé.

En échange de la promesse que fait le maître de produire un ouvrier capable et moral, l'apprenti lui doit respect et soumission ; mais ce dernier a droit dans la maison aux égards dus à sa santé, à son âge, à ses forces : aucune mesure coercitive n'est autorisée de la part des maîtres, qui ne peuvent infliger que des retenues pour les jours ou heures de sortie, mais jamais des privations de nourriture, de sommeil, jamais des services corporels ni du surcroît de travail réglementaire.

La résiliation de l'apprentissage peut être réclamée par le maître pour les cas d'indocilité, d'offense, de voies de fait, d'infidélité, avec recours de responsabilité civile dans ce dernier cas : d'autre part, l'apprenti mal nourri et mal logé, ou qui entend des propos indécents, est recevable devant le juge pour des dommages-intérêts ou résiliation.

Parmi les dispositions de la loi de germinal, on trouve le congé d'acquit ou certificat constatant que l'apprenti a rempli toutes les conditions de son engagement : ce certificat ne peut être refusé, parce qu'il donne lieu à la délivrance du livret d'ouvrier en usage jusqu'à ces derniers temps.

En matière juridique, l'apprentissage donne lieu à deux sortes d'actions, l'une disciplinaire ou de police, l'autre civile. Les prud'hommes connaissent des délits et manquements graves commis par l'apprenti dans l'atelier du maître ; ils peuvent prononcer un emprisonnement disciplinaire de trois jours concurremment avec les tribunaux de simple police, sur la plainte d'un commissaire ou du maire.

Là où il n'existe pas des conseils de prud'hommes pour une solution ou une conciliation civile, conforme à la juridiction spéciale, le juge de paix de la localité a connaissance des différends. — La loi de mars 1841, qui s'occupa la première du travail des enfants, a plutôt fourni une direction hygiénique et morale qu'une solution sur les principes économiques de la matière.

Les enfants ne peuvent être employés dans les usines et ateliers à moteur mécanique ou à feu continu, ni dans les fabriques de plus de vingt ouvriers, que sous les réserves suivantes : ils devront avoir au moins huit ans pour être occupés, dans la condition de la journée, de huit heures sur vingt-quatre ; ils auront droit à plusieurs repos stipulés sans frais par l'officier de l'état civil ; le travail de nuit est interdit avant quinze ans, et quand il est autorisé à cet âge, deux heures en valent trois. Nul enfant n'est dispensé de fréquenter les écoles publiques ou privées de la localité, et l'attestation est donnée par les maires. Depuis 1841, plusieurs lois et règlements d'administration ont confirmé les données générales de la protection sociale accordée à l'enfance prolétaire, mais de grandes améliorations sont encore à obtenir dans une pareille voie.

II

Le choix d'un état est chose si importante que, pour le faire avec discernement, il serait en quelque sorte nécessaire d'employer une partie de sa vie à diriger l'autre : ce que l'on appelle intelligence n'est pas ce que l'on dénomme *aptitude* dans l'enfant, qui laisse malaisément deviner ce qu'il peut faire avec succès.

Nous avons distingué dans notre nature trois aspects différents : le côté affectif, le côté pratique, le côté intellectuel, le cœur, le caractère, l'intelligence. Dans cette triade, qui résume notre organisme, il faut étudier avec soin ce qui doit être mis en relief au profit des intérêts collectifs et personnels; la prédominance des facultés de l'intelligence est un leurre, si l'activité pratique ne les fait pas sortir de leur virtualité abstraite; de plus, si ces facultés ne sont pas subordonnées aux meilleures impulsions affectives, qui seules peuvent servir le bonheur public et individuel, il y a danger pour la société. Les facultés pratiques ou d'exécution, comme le courage, la prudence, la fermeté, constituent à proprement parler le *caractère* à l'aide duquel on entreprend avec zèle, on se maintient avec la vertu, on exécute son dessein avec circonspection. Quand on dit que le caractère ne change pas et qu'on n'acquiert pas certaines qualités dont on est à peu près privé fondamentalement, comme l'énergie, la hardiesse, la patience, l'insinuation, on ne fait que reconnaître la division ternaire plus ou moins bien répartie des facultés de l'âme humaine.

Beaucoup de gens, avec une intelligence peu exercée,

mais avec des sentiments heureux et largement sympathiques, obtiennent une place importante dans le monde;
et, au contraire, il n'y a rien de plus fâcheux que l'absence
de caractère, c'est-à-dire la négation des moyens d'exécution coïncidant avec une certaine élevation des facultés
affectives et intellectuelles : il en résulte une impuissance
douloureusement sentie, un conflit de passions et d'idées
retentissant dans le *moi* humain pour en faire le théâtre
des troubles psychiques les plus violents..

Le but à atteindre étant une conciliation harmonique
entre les conquêtes de l'intelligence et du cœur, il est
nécessaire de mettre autant que possible le jeune homme
en possession d'un état qui demande de sa part une contribution proportionnelle de chacune de ses facultés
d'esprit, de cœur ou de caractère : de la sorte, une aptitude exclusivement intellectuelle ou de théorie n'ira pas
se fourvoyer dans les choses de l'art et du sentiment ; de
même, l'homme d'action aidera le savant abstrait sans
lui ressembler. C'est ici qu'apparaît l'importance de la
division souvent mentionnée dans le cours de ce travail
des pouvoirs temporel et spirituel, avec la séparation con-
sécutive des fonctions qui s'y rapportent : au premier,
l'exécution pour obtenir les résultats concrets et pratiques;
au second, les conseils de la science, les conceptions
théoriques et abstraites. En dehors de tout cela, reste
debout la loi commune du travail, hors de laquelle il n'y
a pas de salut social. Sans le travail, tout est livré au
hasard ; il peut arriver que, longuement accumulé sous
le nom d'épargne ou de fortune foncière, il permette des
loisirs; mais ceux-ci n'ont rien d'absolu, ils se transforment en plaisirs, qui font appel aux dépenses artistiques, répartissent de nouveau les ressources condensées,
et exercent sur la santé physique et morale des sociétés la

plus heureuse influence, en leur épargnant la satiété, le dégoût et l'ennui, le terrible ennui, ce tyran des âmes inactives, dont Buffon disait que la sagesse elle-même avait moins raison que la folie. Dans le travail viennent s'unir toutes nos facultés, se confondre toutes nos passions et se vérifier les principes de notre incontestable solidarité humaine. Devant le travail expirent la vanité stérile et l'orgueil infécond : la matière s'assouplit, le monde extérieur obéit, la fatalité disparaît, un idéal s'entr'ouve sous les yeux de celui qui se sent maître de l'avenir, qui lui représente tant d'efforts. Sur le terrain du travail, l'ouvrier, l'artiste, l'industriel et le savant sont de niveau : toutes les bonnes volontés trouvent leur place, et la dignité humaine s'acquitte envers tous et envers chacun.

Dans une société où la balance des valeurs et des services existe, où il y a équilibre des forces, mutualité des risques, organisation normale de l'apprentissage, dans une pareille société, la théorie longtemps discutée du droit au travail devient un non-sens : le travail en soi n'a pas plus besoin de décret que de surveillance ; ce qu'il lui faut, c'est la libre circulation des produits, le crédit le plus réciproque et, au meilleur marché possible, l'éducation intégrale, l'émulation des talents, l'abolition de l'agiotage parasitaire. Les récompenses qui ne s'adressent qu'à l'amour-propre et qui n'émanent que d'un pouvoir administratif peu compétent ne valent rien pour la moralisation du travailleur ; les comices, les congrès, les sociétés savantes, les académies, distribuent, il est vrai, des prix, des mentions honorables, des médailles avec plus ou moins d'impartialité et d'avantages privés, mais c'est surtout par la publicité des comptes rendus, par la vulgarisation des procédés scientifiques, industriels et agricoles, qu'ils sont utiles. Au point de vue du travail, ce qu'on nomme *talent* ou *génie* ne se compte ni ne s'escompte ; on peut les considérer avec curiosité ou respect comme un démon familier, comme une force mystique, mais on ne peut les mesurer socialement ; ils visent d'ailleurs, pour se faire récompenser, à une autre idéalité qui s'appelle la *gloire*, et qu'on ne rembourse en aucune monnaie ou valeur connue.

L'orgueil et la fascination métaphysique ou théologique ont pris la hiérarchie des intelligences pour une fatalité providentielle et inexorable, ce qui a fait consacrer la fausse vertu de l'humilité et du respect en face de la notion abstraite de l'autorité : de là l'invention des castes et la création des aristocraties opposées à la domesticité multiple ; mais devant l'égalité du travail, il n'y a pas de véritables domestiques, c'est-à-dire d'individus systématiquement subalternisés, sans droits, sans responsabilité civique, sans *moi* social, et simplement soumis à un arbitraire plus ou moins éclairé. Aujourd'hui, il y a des cochers, des frotteurs, des cuisiniers, des ménagères, en un mot, des travailleurs plus ou moins mêlés à la famille par la spécialité du labeur ; mais il n'y a plus la caste des domestiques, et les plus intimes services du foyer doivent être l'apanage du dévouement et de la dignité, mieux comprise, des femmes, des filles et des mères.

CHAPITRE XIV.

De l'Enseignement positiviste.

I

Les lois sociologiques nous ont fait connaître que l'ordre actuel tend à réaliser selon des formes régulières et fixes la séparation des pouvoirs temporel et spirituel, ébauchée déjà au moyen âge, alors que l'esprit théologique et l'activité militaire étaient prépondérants. Cette division implique que l'éducation ne doit appartenir en propre à aucun pouvoir ayant son antagoniste dans la société, et qu'il faut soumettre tous les esprits à un même ordre de conceptions morales et intellectuelles, capables de constituer un régime social identique pour tous. L'éducation donnée par le clergé et l'instruction fournie par l'Université seront en opposition jusqu'à ce que la corporation laïque fournisse une doctrine plus unitaire et la corporation théocratique un dogme moins oppressif. Les progrès des sociétés sont toujours subordonnés à ceux de la science, et celle-ci, depuis ses plus humbles origines, a incessamment tendu à la substitution des notions positives ou expérimentales aux notions métaphysiques ou théologiques. Par de récentes dispositions législatives, l'Université et le clergé se disputent à armes égales l'instruction de la jeunesse, et ne parviendront pas à se supplanter réciproquement. L'Université prétend que si la morale vient de l'assentiment commun, il est rationnel que les parents confient leurs enfants à l'État, gardien légitime de la collectivité ; le clergé dit que l'éducation et l'instruction sont des œuvres d'autorité et de respect, que la révélation préside à tout, qu'il n'y a pas plus de morale sans dogme que de justice sans tribunaux, et que les prêtres sont les juges : de là ce spectacle peu édifiant des conséquences contradictoires dans l'éducation procurée par l'une et l'autre des deux corporations.

Au foyer domestique, la femme et les enfants restent séparés du père sur beaucoup de questions de morale pratique, et sur toutes les sanctions extranaturelles qu'on y rattache : il s'ensuit des déviations dans les sympathies, des évolutions différentes dans la conduite sociale; d'un côté, on méconnaît les lois fondamentales et inéluctables de notre organisme, de l'autre, on se fie sur la liberté d'investigation scientifique pour intervenir contre les fatalités naturelles.

La morale antique était surtout personnelle; celle du moyen âge embrassait la famille ; celle des temps modernes s'étend à toute la société : mais il est évident que le clergé, qui place toujours le but de chaque existence en dehors de la vie actuelle, confinant les individus dans les soucis de l'égoïsme, mettant encore l'isolement monastique au-dessus des services à la communauté, paralysant ceux-ci par la crainte, exaltant ceux-là par des espérances mystiques, un tel pouvoir clérical né peut être chargé fructueusement de l'éducation.

D'autre part, l'Université, malgré son nom, n'est pas du tout universelle; elle ne s'occupe pas d'agrandir le cercle de l'éducation collective, elle ne paraît pas se douter qu'un jour viendra où l'instruction sera intégralement distribuée à tous les enfants d'un même pays, et qu'elle devra, sans distribuer grades ou diplômes de privilége, laisser à tous les citoyens la libre pratique de ses connaissances, acquises et exercées sous les seules garanties du droit commun.

Une telle éducation n'entravera ni l'apprentissage, ni le travail manuel, ni les habitudes commerciales et industrielles, mais elle créera des vues d'ensemble et fondera l'avenir humain sur un terrain déblayé par la science; une telle éducation soumettra à la fois les intelligences et les cœurs, les premières aux lois du monde et de la vie, les seconds aux besoins de la collectivité sociale : les loisirs mêmes, qui n'ont aujourd'hui dans les écoles ou colléges aucun sens hygiénique ou moral, auront une portée égale pour tous dans les sens de l'esthétique nouvelle.

Quand éclata la révolution de 89, toute la jeunesse était entre les mains du clergé, et par leurs vœux statutaires, les jésuites, les barnabites, les bénédictins, les oratoriens, les scolopites, les joséphites et autres congréganistes étaient tenus de s'emparer de l'éducation, et avaient des attributions tout à fait indépendantes du contrôle temporel; il a fallu tout l'immobilisme routinier, rétrograde et hostile du clergé vis-à-vis des progrès positifs, pour décider l'État à empiéter sur ce pouvoir théocratique.

La Convention nationale accomplit alors avec une admirable intuition des convenances sociales l'œuvre de reconstruction que l'on connaît ; c'est surtout la création de l'École polytechnique qui correspondait le mieux aux vues de la positivité moderne. Là, pour la première fois, on vit un enseignement scientifique entièrement purgé de toute explication théologique ou métaphysique, et spécialement réservé aux acquisitions positives.

Depuis cette époque, les additions, les changements, la systématisation générale des connaissances humaines, permettent d'introduire dans l'institution polytechnique des études historiques et biologiques destinées à établir la filiation et l'unité des choses, et à développer chez les jeunes gens accablés d'algèbre et de géométrie les facultés esthétiques et sympathiques qu'on laissait sommeiller.

Dans ces conditions, l'École polytechnique ne produit pas seulement des ingénieurs, des officiers d'artillerie et des employés de lignes télégraphiques, mais des administrateurs et des magistrats qui ont toujours manqué de notions propres à les diriger eux-mêmes dans l'application des lois et règlements embrassant les intérêts intellectuels et moraux de l'humanité, dont ils ignorent le mécanisme organique.

Les sociétés vivent d'ordre; mais cet ordre, qui est l'accord entre nos facultés égoïstes et nos facultés altruistes, ne peut être obtenu que par une transaction permanente entre les besoins du cœur et ceux de l'esprit, et surtout en subalternisant l'instinct à l'intelligence, la passion à la réflexion, l'orgueil à la sympathie et l'accaparement au sacrifice : toute la morale est là. Seulement, par la morale dite révélée ou religieuse, l'intérêt personnel et le dévouement trouvent leur récompense dans le paradis, ce qui diminue singulièrement leur valeur sociale.

Sans prétendre à une élévation transcendante, la morale moderne ne veut relever que de la science; et les positivistes, méprisant les reproches des métaphysiciens, affirment qu'une science intégrale correspond à une morale complète. Un mathématicien initié à la biologie, reconnaîtra les rapports qui relient le premier problème de la géométrie avec les données de la sociologie, c'est-à-dire aura les certitudes fournies à son intelligence par son passage à travers les six sciences énumérés hiérarchiquement par notre philosophie. L'incohérence et les étranglements dans le cours de la circulation de nos connaissances se font sentir par l'insuffisante constitution du premier corps savant de la France. Les cinq classes de l'*Institut* sont composées d'éléments tout à fait étrangers les uns aux autres : les représentants de chaque section, dans chaque académie, s'y regardent sinon en souriant sur leur réciproque incompétence, du moins en constatant franchement qu'aucune solidarité ne les rassemble, qu'aucune dépendance finale ne motive leur association, qu'aucune synthèse ne peut résumer leurs efforts. Une pareille fragmentation, si contraire au but et à la signification de la science, ne pouvait appartenir qu'au temps où la mission sociale des savants n'était ni avouée ni comprise. On a vu des grands hommes tantôt ignorer, tantôt pressentir qu'ils travaillaient pour le genre humain, sans jamais savoir comment et à quelle époque leurs travaux et leurs découvertes s'intercaleraient avec une opportunité bienfaisante dans la série de nos progrès; mais actuellement tout le monde admet que les sciences particulières concourent à former une seule science humaine, au sommet de laquelle on voit, de loin, les sentiers parcourus, les accidents et détails de la route et l'ensemble des résultats accumulés au terme du voyage.

La brièveté du temps et la spécialité des aptitudes ne sont pas des excuses pour se refuser à l'instruction encyclopédique réclamée par le positivisme ; mais pour adopter l'ensemble des notions mathématiques, physiques ou chimiques, on n'est jamais tenu de vérifier sans cesse les opérations qui les procurent : connaissant les méthodes, on se fie aux résultats. Il y a là aussi une foi démontrée qui vaut mieux que la foi imposée : il ne faut plus être Galilée pour être assuré que la terre tourne ; certaines lois chimiques de Lavoisier et de Berthollet sont indestructibles, et depuis plus d'un siècle, Newton a initié à la théorie de la pesanteur les intelligences les plus ordinaires.

En s'élevant de la géométrie à la sociologie par les échelons voulus, on arrive, tout en visitant des domaines plus ou moins chers à chacun, à s'assurer de la connexion entre toutes les choses et de la nécessité d'en faire un seul monument.

Les traditions universitaires ou cléricales sont désormais étrangères au but social que comporte l'éducation moderne, d'un côté, parce que l'Université ne représente plus que la science divisée et fédéralisée, de l'autre, parce que le clergé met systématiquement en dehors de notre monde terrestre les véritables intérêts de l'humanité, donnant à la vie une fin individuelle, à nos actes une fatalité providentielle, et aux lois de la matière une direction théocratique, c'est-à-dire arbitraire. En conséquence, l'éducation nationale ne peut plus appartenir à l'une ni à l'autre de ces corporations : il faut un idéal nouveau pour cette éducation, idéal que nos efforts, nos travaux, notre amour tendent à réaliser à la manière dont les religions visent à posséder les cieux surnaturels, en connaissant, servant et adorant cette abstraction grandiose : l'HUMANITÉ, qu'il s'agit d'enrichir par l'industrie, d'honorer par la justice, d'embellir par les beaux-arts, de chérir dans ses bienfaiteurs, et de protéger par la science. Que si l'on demande comment on peut de soi-même s'élever jusqu'à l'adoration de l'humanité et lui donner une valeur de réalité anthropomorphique, nous répondrons : de la même façon qu'on dut s'y prendre pour substituer aux ruines spontanées du paganisme l'idée plus satisfaisante du monothéisme chrétien. Alors, comme aujourd'hui, les esprits et les cœurs inclinaient vers de nouvelles croyances et de nouvelles notions; alors, comme aujourd'hui, il fallut déblayer le terrain, féconder le sol nouveau, arracher les racines de la tradition épuisée, et prouver par les innovations introduites leur valeur sociale, ce que l'exemple, la prédication, les sacrifices et le martyre firent avec autant de hardiesse que de succès.

L'athéisme du dernier siècle résultait des incompatibilités de la science et de la théologie; l'antagonisme entre ces deux puissances devait aboutir à une persistante affirmation autant qu'à une inutile et intempestive négation. Aujourd'hui cet athéisme est scientifiquement hors de cause : on sait que la philosophie positive s'inquiète peu de cette doctrine finale, qui n'explique rien, puisqu'elle est la négation de l'explication même. Pour nous, un athée est un homme généralement honnête, fier et libre, qui a le tort de chercher une solution impossible par les procédés inapplicables à la question qu'il soulève; il invente des atomes plus ou moins crochus, des rencontres plus ou moins fortuites, des forces plus ou moins conscientes, alors qu'il sait bien ne produire que des hypothèses ou n'avancer que des probabilités.

La philosophie positive, qui ne sait rien non plus sur
les causes premières, ne s'avise pas davantage de fournir
aucune théorie à leur occasion : elle estime qu'en dehors
de son domaine on peut chercher à se figurer arbitrairement les origines de l'univers, les destinées des êtres
après leur vie ; elle se réserve seulement de conclure par
l'expérience et l'observation : 1° qu'il existe pour notre
monde une filiation, un enchaînement nécessaire des
phénomènes entre eux ; 2° que les lois qui en résultent
sont par leurs conséquences la raison d'être de la philosophie positive, s'imposant spontanément aux intérêts humains. La plus formelle injonction scientifique du positivisme est d'abandonner résolûment toute investigation
théorique sur le commencement et la fin des choses, toute
recherche sur l'absolu, toute pensée d'intervention surnaturelle par voie de monothéisme ou de polythéisme
dans la direction des faits, et de laisser une pareille
pensée présider rétrospectivement aux explications des
temps anciens ou du moyen âge, alors que l'interprétation positive ne pouvait se produire pour empêcher l'on-
tologie despotique d'un ou plusieurs dieux de commander
à l'univers.

Quant à la métaphysique, on la voit suivre constamment la théologie pour agiter les mêmes questions, sans
pouvoir s'accorder avec cette dernière, ayant toutefois
l'avantage d'étendre plus que la théologie les recherches
de la libre pensée et de préparer ainsi l'émancipation
humaine, car il est remarquable que les peuples d'Europe
restent arriérés en proportion de la domination cléricale
qu'ils subissent, ce qui est visible pour l'Espagne.

L'instruction donnée actuellement par l'Université de
France, est celle que donnait le clergé depuis des siècles
à ses adeptes comme aux laïques : une histoire impar-

faite, la syntaxe des langues littéraires, afin de se former aux polémiques purement syllogistiques, mais peu de sciences expérimentales et nulle synthèse philosophique : il faut donc réconcilier l'instruction et l'éducation, appliquer un seul et même pouvoir à ce double office, et donner à la fois aux facultés de l'esprit et du cœur, c'est-à-dire à nos qualités affectives et intellectuelles, une égale nourriture.

Nous connaissons trop bien l'impossibilité d'imposer, sans degré de transition, des réformes quelconques, pour exposer les mesures radicales réclamées par la situation; nous nous bornerons au plan proposé en 1849 par A. Comte pour la régénération des médecins, et adopté par la société positiviste de cette époque : non-seulement il est encore applicable dans son ensemble, mais il peut servir de type pour les réformes à opérer dans les branches principales de l'enseignement supérieur.

Le corps médical exerce sur la société une double influence, publique et privée, une action morale et intellectuelle. Les médecins participent aux intimes secrets de la famille et remplacent les prêtres et les philosophes d'autrefois. Le prestige, à la fois sacerdotal et scientifique, doit leur revenir; ils seront dans l'avenir des fonctionnaires sociaux d'une grande importance.

L'école positive, prenant pour cadre d'enseignement le système général des conceptions humaines, éloignera les élèves de la recherche chimérique par des causes premières, tentée par les rêveries déistes et par le pédantisme des métaphysiciens.

Les phénomènes observables sont seuls du ressort des études admises; les sciences y seront présentées dans leur subordination et leur dépendance réelle; au lieu d'être exposées simultanément, comme si, par exemple, les notions préliminaires des mathématiques n'étaient pas préalablement nécessaires pour l'astronomie moderne. La hiérarchie rationnelle et historique des sciences étant maintenue, soixante leçons d'une première année sont consacrées au couple mathématico-astronomique par des cours de calcul, de géométrie et de mécanique. Soixante leçons d'une deuxième année sont données au couple physico-chimique, et soixante leçons d'une troisième année générale au couple biologico-physiologique, avec addition de vingt leçons d'hygiène et de vingt leçons de morale sociale.

Le monde, la vie et l'humanité, sont alors envisagés selon les saines théories de l'observation et de l'expérience ; les cours de seize semaines sont suivis de quatre semaines d'examen, pour la période de novembre à mars, et de huit semaines après les cours d'été, pour les épreuves et les examens de fin d'année. Aux cours de physique et de chimie, la pratique des laboratoires et la manœuvre des instruments seront, pour chaque élève, l'objet d'une obligation surveillée.

Quant aux études d'anatomie et de physiologie, comprenant les dissections et vivisections, ces études se feront de préférence sur les cadavres d'animaux, afin que les restes humains soient moins irrespectueusement fournis par les classes indigentes, de même que les animaux vivants devront être largement protégés dans les expériences par la commisération des expérimentateurs, la surveillance publique, la compétence des travailleurs.

L'entrée de l'école n'aura pas lieu avant dix-huit ans au moins, et vingt-cinq au plus. Les examens d'admission seront à peu près ceux imposés pour entrer à l'école polytechnique : le séjour à la nouvelle école impose, il est vrai, l'étude des mêmes matières, mais d'une manière plus approfondie, plus systématique et plus fondamentale. On y ajoute en plus l'étude des langues et des littératures limitrophes, et l'exercice libre et spontané des beaux arts par les jeunes gens.

Trois ou quatre professeurs suffiront, et pour qu'ils échappent au danger d'une étroite' spécialité, chacun d'eux devra prendre un certain nombre d'élèves entrants, et parcourra avec eux pendant trois ans l'ensemble du programme, de sorte qu'une même personne aura fourni aux mêmes élèves l'enseignement intégral de la maison, ce qui laissera à ces derniers une instruction plus homogène, et aux professeurs un digne moyen de se faire valoir.

Le recrutement des élèves se fera par trois examinateurs se rendant dans les départements au mois de mai, pour les épreuves préparatoires servant au classement définitif des candidats se rendant à Paris ou à un grand centre convenu. Tous les frais d'entretien sont à la charge de la nation.

Les mêmes examinateurs, à l'entrée et à la sortie, sont chargés des examens; ils auront un traitement de 12,000 francs, comme les professeurs.

Des inspecteurs et sous-inspecteurs, correspondant au nombre des examinateurs et professeurs de chaque année, s'assureront de l'état intellectuel et moral des élèves par des questions hebdomadaires, portant sur les travaux présents et antérieurs, par une révision encyclopédique.

Les sous-inspecteurs étant nommés au concours, et fournissant seuls les inspecteurs, la compétence d'ensemble de ces fonctionnaires se trouve garantie. A leur tour, les professeurs et examinateurs, nommés par le pouvoir exécutif national sur une liste présentée par le gouverneur de l'école, ne devront subir que la concurrence des savants choisis directement par le gouverneur parmi les rares notabilités de la science, ce qui fera éviter les abus du monopole et de la corporation.

Les inspecteurs et sous-inspecteurs ont 6 et 3,000 francs de traitement, et les professeurs de dessin et de musique, donnant tout leur temps aux élèves, de manière à leur faire lire la musique à livre ouvert ou exécuter un sujet de dessin à main levée, après les trois ans divisionnaires, auront 8,000 francs de traitement.

Tous ces fonctionnaires habitent l'école, afin de donner par leur vie privée l'exemple d'une haute moralité. Le gouverneur assure la dignité disciplinaire du personnel, et, en raison de ses fonctions, plus pratiques que théoriques, il est choisi parmi les hommes déjà éprouvés dans les carrières publiques, et reçoit 25,000 francs de traitement annuel

Trois cent cinquante élèves sont répartis dans les trois divisions, et, sur les cent vingt places annuellement disponibles, quatre-vingts appartiendront aux Français, et quarante resteront à partager entre les quatre nations limitrophes, Italie, Angleterre, Espagne, Allemagne, pour attester que la République française possède une science cosmopolite, et demande à l'Europe ses sympathies.

Quinze écoles semblables, installées dans les chefs-lieux principaux qui suivent : Marseille, Lyon, Bordeaux, Rouen, Nantes, Toulouse, Lille, Strasbourg (A. Comte écrivait en 1849), Reims, Orléans, Angers, Montpellier, Limoges, Clermont, Dijon et Rochefort, couvriraient toutes les nécessités du service.

Il paraît provisoirement nécessaire d'interner les élèves pour les soustraire à l'anarchie intellectuelle du dehors, sans les priver de toutes les satisfactions domestiques et sociales, compatibles avec la discipline acceptée d'avance, et d'ailleurs plus larges que celles accordées dans les grandes écoles actuelles, le public pénétrant partout, aux cours, aux examens et aux exercices des élèves.

II

Pour appliquer spécia'ement aux futurs médecins l'efficacité de l'organisation d'une pareille école, il n'y a qu'à ajouter les dispositions complémentaires qui suivent : les jeunes citoyens sortis à leur avantage de la dernière épreuve, seront admis au service d'externes dans les hôpitaux pendant trois nouvelles années, aux frais de la nation.

Pour un service de 300 lits dans chaque hôpital, on aura un médecin-directeur, deux médecins de 1re classe, quatre de 2e classe et huit externes : ces derniers élèves seront par séries de deux, sous les ordres des quatre médecins de 2e classe.

Tous les médecins sont internes, et, comme ils ne devront pas pratiquer au dehors, ils toucheront : 1° le médecin-directeur, 12,000 francs; 2° les médecins de 1re classe, 6,000 francs ; les médecins de 2e, 3,000 francs. Le médecin-directeur professera la pathologie générale, les médecins de 1re classe feront des leçons dé pathologie spéciale; les médecins en second dirigeront les élèves dans l'exploration directe des malades, et donneront quatre fois par semaine des consultations gratuites; les sept médecins de l'école auront chacun 40 lits pour leur service.

Le médecin-directeur est nommé par le gouvernement, les médecins de 1re classe sont pris à l'Université dans ceux de 2ᵉ classe, et ces derniers désignés à la suite d'un concours dont le jury est constitué par les médecins-directeurs de tout le chef-lieu correspondant.

Les élèves diplômés à leur sortie, qui se présenteraient au concours pour la place de médecin de 2ᵉ classe, pourront avoir pour concurrents tous les candidats quelconques instruits au dehors, afin d'écarter les dangers de décadence toujours suspendus sur une création de monopole. Les malades sauront qu'ils ont droit aux plus grands égards, et ne doivent plus servir à exhiber de *beaux cas* sans témoignage d'une affectueuse sympathie.

C'est dans de pareilles conditions que nos nouveaux médecins comprendront la dignité humanitaire de leur mandat, et seront bientôt les organes d'un pouvoir spirituel, donnant de salutaires conseils, inspirant une confiance vérifiable, et procurant sur les choses de ce monde observable les seules notions dignes d'occuper nos intelligences.

En ce moment, les médecins, tout en pressentant le rôle qu'ils sont appelés à jouer, se récusent sur beaucoup de points, parce qu'au-dessus de la biologie ils ne voient pas encore la science sociologique, qui est l'épanouissement commun de toutes les autres, et ils s'agiteraient indéfiniment dans les étroites limites de l'empirisme, s'ils ne s'efforçaient de réaliser leur noble destination par ce complément d'étude et de philosophie.

La loi récente, qui vient d'accorder au clergé la liberté de l'enseignement supérieur, ne tranche pas les difficultés dont nous avons parlé dans le cours de ce travail, ni en sa faveur, ni contre l'Université. Il est vrai qu'avec l'appui de la classe rétrograde, les prêtres se mettent en mesure d'une rapide organisation théorique et pratique qu'on s'attendait à les voir offrir à la jeunesse abusée;

mais, d'autre part, la vraie science est toujours du côté de l'Université, qui n'a ni l'entêtement stationnaire du clergé, ni les visées réactionnaires du droit divin, désormais aussi redouté des campagnes que dédaigné dans les villes.

Quant à nous, philosophes positivistes, la question d'antagonisme et de compétition entre les prêtres et les universitaires nous touche peu, l'avenir de la jeunesse n'appartenant ni aux uns ni aux autres, mais à la science cosmopolite, aux instituts libres, aux professeurs libres, à la concurrence loyale, qui saura bien, pour le temps nécessaire à la transition, obtenir pour ses élèves les grades et diplômes officiellement distribués par les facultés cléricales ou universitaires. En Amérique, en Angleterre, on s'inquiète peu de l'origine des connaissances théoriques ou pratiques de ceux qui exercent les professions dites libérales sous les garanties et responsabilités de droit commun. Là seulement où le dommage et le tort ont pris la place du service à rendre, il y a lieu aux revendications devant les tribunaux ou juridictions spéciales : ce qui ne fait que reproduire les conditions d'assurance solidaire établies dans toutes les transactions sociales entre le produit et l'échange, l'offre et la demande, le salaire et la peine, sans distinction de catégories de travailleurs.

CHAPITRE XV.

Résumé et Conclusions.

Résumons-nous ainsi : Notre philosophie ne reconnaît ni catégories, ni castes, point de réprouvés, point d'élus. Elle voit partout des lois qui, passant d'un monde à un autre, remplissent l'univers de vie et de mouvement. Assurer l'ascendant de l'homme sur la nature, étendre son empire sur la planète, déterminer l'équilibre social par une exacte notion des rapports, voilà la mission de la doctrine positive, succédant à la doctrine surnaturelle, qui n'aboutit qu'à nous faire révérer l'arbitraire, ou à nous confier par le rêve à des abstractions invérifiables.

Les dogmes anciens doivent avouer leur défaite devant les résultats contradictoires à leur enseignement, et devant le néant de leurs prétentions. Aucune religion actuelle n'a le pouvoir de contraindre ses opposants par le fer ou par le feu, l'exil ou la prison. Chacune, malgré son origine divine, supporte forcément sa voisine, également providentielle, et une réciproque intolérance n'est plus l'idéal des adeptes de chaque communion.

Si l'origine de la morale était une révélation, nous ne ferions aucun progrès, tandis que nos rapports de plus en plus compliqués et imprévus présentent une harmonie chaque jour plus sensible et plus conforme à une justice dépouillée de sanction religieuse.

Sans doute, pour ceux qui ne voient dans la morale qu'un code édicté par une puissance surnaturelle, les infractions reproduisent une abominable révolte et une véritable iniquité d'esprit et de cœur; c'est pourquoi nous tenons à respecter les soucieuses préoccupations de ces honnêtes mais derniers représentants des dogmes religieux, alors qu'ils voient les efforts d'émancipation de la science morale; mais nous n'aurons ni déférence ni compassion pour ces rétrogrades qui passent de l'inquiétude à la critique, de la critique à l'injure, et qui, prétendant nous enchaîner au passé, nous accusent de saper une autorité sans racines, de ruiner un édifice qui tombe tout seul, et d'introduire un élément de décomposition là où nous apportons l'hygiène de la vie nouvelle.

La morale était devenue pour les théologiens une abusive propriété, qu'ils exploitaient pour nous déconsidérer avec une calomnieuse habileté de langage. Revoyons de près leur faiblesse.

Plus on avance dans l'exacte connaissance des conditions d'ordre, d'équilibre et de bien-être de la société, plus on est embarrassé d'accorder la morale avec la foi.

Mais, dès que la science prend pour son compte les questions de morale et de religion, il apparaît aussitôt qu'elle est en mesure de les remplacer.

La vertu cesse d'être absolue quand on la soumet à notre intelligence lente et progressive : la vertu est-elle une chose de sentiment? On ne lui trouve de signification que dans son cœur, et l'on ne sait trouver de force pour la sanctionner que dans l'excès du sentiment même qui exclut l'intervention de l'intelligence et du jugement. Les limites de la vertu sont alors si peu distinctes et si peu déterminées qu'on dit communément d'elle : vertu modeste, vertu brillante, vertu solide, outrée, etc., et que beaucoup d'actes humains échappés à son domaine demeurent inqualifiés.

On menace des colères divines ceux que la loi civile ne sourait atteindre, lorsqu'ils agitent, à leur manière, devant des foules intimidées, les graves questions de Dieu et de la morale. Cette manière de préjuger à son profit la solution des choses, ne peut tromper que les simples. Pourquoi, en effet, de tels problèmes sont-ils formidables, sinon pour ceux-là seuls approuvant avant de connaître, et s'inclinant avant de comprendre? Quant à nous, dont le point d'appui est la science, et qui ne voulons tenir compte que des faits constatés par l'expérience, et rassemblés selon leurs dépendances naturelles, nous ne sommes ni coupables, ni capables soit d'oubli, soit d'injure envers qui que ce soit.

> Si le ciel est désert, nous n'offensons personne ;
> Si quelqu'un nous entend, qu'il nous prenne en pitié.
>
> (A. DE MUSSET, *Rolla.*)

Mais ce scepticisme conditionnel ne suffit pas à nous préserver de la dangereuse sollicitude des gens d'autorité qui, non contents de souhaiter que la Providence nous punisse, comme ceux qui la trahissent *sciemment*, nous poursuivent encore au nom d'un juge et d'un vengeur pour nous inconnu, « bien qu'il doive se trouver sur le seuil « de l'autre monde, pour nous y mettre à notre place. »

> (Darboy, *Mandement épiscopal*, 1868.)

15.

« Pour avoir vécu sans religion, nous dit-on, vous
« n'êtes pas assurés de mourir sans conséquences. »
(Darboy, *Mand. épiscop.*, 1868.) Que vous importe? Nous
ne récusons ni n'acceptons ces conséquences. Elles ne
font partie que de vos actes de foi, et ne doiven* pas
nous être imposées, à nous qui pouvons, sans révolte,
sans audace et avec la seule logique, passer à côté du
code théocratique, et continuer de discuter toutes les
conceptions de la théologie sur l'homme et l'univers, à
nos risques et périls, s'il y en a.

Montrer que la morale, la politique et les beaux-arts
sont des branches du même arbre philosophique, et
qu'on doit soumettre leur étude aux mêmes procédés
que la physique, l'astronomie et les mathématiques, tel
est notre but. On nous objecte que les plus grands esprits, depuis l'antiquité jusqu'à nos jours, ont mis sous
la sauvegarde de la Divinité les lois et la discipline
humaine. Nous le savons, et nous ne prétendons pas con-
tester la sincérité absolue et les lumières relatives de
ces grands esprits, dont nous avons même reconnu les
réels services; mais, aujourd'hui, toutes les religions,
obligées de se tolérer réciproquement, représentent chacune, par leur origine révélée, autant d'impossibilités
d'origine unique, ce qui déjà nous dérobe le terrain de
la discussion. Mais il s'est fait, depuis plusieurs années,
autour du nom et de la personne traditionnelle de Jésus-
Christ, un travail de critique historique qui a surpris et
même scandalisé un certain nombre d'honorables individualités.

Cependant, ces recherches biographiques et doctrinales,
désormais sérieuses autant que savantes, dépouillées
d'expressions désobligeantes et d'intention calomnieuse,
attestent la plus heureuse transformation des allures pas-

sées, auxquelles se complaisaient les esprits purement critiques du siècle précédent.

Déjà Voltaire avait montré ces tendances qu'on l'accuse si opiniâtrément d'avoir méconnues ; parlant de Jésus, il dit quelque part (Dict. philosophique) : « Je vis en songe « un homme d'une figure douce et simple qui me parut « âgé d'environ 35 ans ; il jetait des regards de compas- « sion sur les amas d'ossements blanchis, à travers « desquels on m'avait fait passer pour arriver à la « demeure des sages.... Je fus très-étonné de lui trouver « les pieds enflés et sanglants, les mains de même, « le flanc percé : » « Est-ce aussi par des prêtres et des « juges que vous avez été si cruellement assassiné ? « — Oui. — Qui étaient ces monstres ? Vous vouliez « donc une religion nouvelle ? — Pas du tout ; je leur « disais simplement... Aimez Dieu et le prochain comme « vous-mêmes. — Eh bien, lui dis-je, je vous prends pour « mon seul maître. » Alors il me fit un signe de tête qui fut ma consolation.

Le Christ légendaire est étudié aujourd'hui avec un soin détaillé et minutieux, et non en bloc, comme jadis ; — les critiques sérieuses et savantes ont remplacé ces assauts de polémique hostile, ces récriminations réci- proques si peu convenables, ces injures, ces menaces et ces voies de fait que le bras séculier se chargeait, sur les désignations cléricales, d'opposer aux arguments des faibles. — Le Dr Strauss, traduit par M. Littré en 1835 ; le rabbin Salvador en 1842, précédèrent l'ouvrage de M. Renan, en 1860.

L'animosité de l'Église contre l'auteur français de la *Vie de Jésus*, est une dernière preuve de l'intolérance théologique contre l'esprit scientifique ; on ne trouve dans le livre de M. Renan, ni aigreur, ni irritation, ni dédain, ni oubli d'aucune précaution. — Membre de l'Institut, professeur d'hébreu et de syriaque au Collége de France, fortifié au séminaire sur les points fondamentaux des dogmes, ayant analysé et compris les textes, l'histoire. la politique et l'ethnographie, il a pu exposer la *Vie de Jésus* avec l'érudition la plus exacte et le charme le plus profond. — Il n'a rien voulu admettre en principe que de naturel et de réel; son principe est celui de la science : voilà ce qui le sépare nécessairement du passé pour le ranger dans le parti de l'avenir.

A une époque où l'instinct religieux, c'est-à-dire l'amour du merveilleux, avait sur la science et sur la froide raison une prépondérance marquée, le plus curieux, comme a dit M. Renan, n'était pas que Jésus fît des miracles, mais qu'il s'abstînt d'en faire ou d'adhérer à ceux de son temps.

Aujourd'hui, un prophète se présentant au public sur une place, pour annoncer un événement dépendant de l'arbitraire divin, serait immédiatement interné à Bicêtre ou à la Salpêtrière. Nos thaumaturges agissent d'abord loin du public : — Au temps de Jésus, les juifs, étrangers à la philosophie grecque et ignorant les deux âmes d'Aristote, dont l'une périt avec le corps, et l'autre va rejoindre les ombres, s'attachèrent naturellement à une autre immortalité, celle dont leurs prophètes les entretenaient : cela les consolait de leur misère politique et sociale; d'ailleurs, Jésus prêchait moins qu'il ne se montrait dans ses opinions personnelles; il n'eut pas de vision, comme Moïse ou comme Mahomet. Ce genre de communication avec le surnaturel convenait peu à sa nature douce, sage et philosophique; mais sa morale, dépassant d'ailleurs ce qu'on observait dans l'état social de son époque, est restée exagérée, excentrique, ou purement spéculative sur un grand nombre de points. — Pourquoi réprouve-t-il le riche, par cela seul qu'il est riche, et glorifie-t-il surtout le pauvre, par cela seul qu'il est pauvre? Pourquoi vante-t-il le lis toujours vêtu sans être tenu de filer, pourquoi cette bonne place aux ouvriers de la dernière heure, et pourquoi cette joue tendue à un second outrage? Cela est incomplet, injuste ou incompréhensible : on voudrait voir le travail plus relevé, le courage plus honoré, l'indépendance vis-à-vis de l'aumône mieux indiquée; mais il a suffi à Jésus de proclamer la liberté de la conscience, cet idéal de l'avenir, l'amour du prochain, la poésie inépuisable de la foi, pour demeurer le type respecté du plus grand progrès jusqu'alors méconnu.

L'insuffisance ou le silence des historiens de son époque sur sa vie et ses doctrines, les contradictions avérées des écritures évangéliques à cette occasion, enfin le fanatisme de ses adhérents, ont fait naître, ici des négations, là des doutes, ailleurs des calomnies, toutes choses expliquées, sinon justifiées par la loi des réactions. — C'est pourquoi Jésus-Christ a été tantôt un Dieu, tantôt un homme, tantôt un mythe symbolique, tantôt un juif imposteur : allégations qui ne pourraient se reproduire dans le domaine de la science. Par son rapprochement allégorique avec l'astronomie, le Christ était devenu le soleil, ses douze apôtres sont les constellations zodiacales; il naît en décembre, au solstice d'hiver, pour montrer à l'humanité future des jours plus longs. Il émane de la nuit du tombeau vers l'équinoxe du printemps, quand les clartés de chaque jour l'emportent sur les ténèbres de chaque nuit; on célèbre sa fête au solstice d'été, pour marquer l'apogée de sa gloire coïncidant avec celle du grand astre sur notre horizon. Il y a encore d'autres réminiscences analogiques fournies par l'histoire des tribus de Juda et leurs fêtes religieuses ; car, dès qu'on s'écarte des voies de l'observation et de l'expérience, on donne au surnaturel toutes les dimensions qu'on veut, et l'on s'étonne ensuite du brusque retour auquel nous condamne le bon sens. — Un pauvre diable conduit au supplice scandalisait son confesseur parce que, sur l'exhortation qu'il en recevait de ressembler à Jésus-Christ résigné à la mort, il répondit que « Jésus savait bien qu'il ressusciterait le troisième jour. » C'est de même avec son exagération de rhéteur que Jean-Jacques s'écrie : « Si la mort de Socrate est d'un sage, la mort du Christ est celle d'un Dieu. » — Est-il possible, en effet, de se faire une idée de la mort du seul être qui ne puisse pas mourir ? M. Renan n'a pas tort de dire qu'on fait du divin avec son imagination, comme une araignée fait de la toile avec ses pattes. — La distance, dans l'idéal, procure des effets qu'aucune mesure ne saurait reproduire. Pascal nous fait observer qu'aujourd'hui saint Athanase, sainte Thérèse et Jésus, leur chef, qui sont Dieu ou demi-dieux, n'étaient à leur époque que des hommes ou femmes ordinaires, conduits au gibet comme imposteurs par des autorités officielles. — S'il y a des miracles possibles auxquels on peut souscrire, il y a des miracles impossibles qu'on doit repousser ; les premiers sont ceux qui, composés de phénomènes mixtes, dont la science ne se rend compte qu'en partie, s'imposent, pour le reste, à tous ceux qui en sont témoins. — Les seconds sont ceux qui dépassent d'une manière absolue toutes les notions acquises, en les contredisant au point de vue de l'expérience et de l'observation. A la rigueur, par exemple, on peut accepter l'apparente résurrection de Lazare, tombé en catalepsie paralytique ou en syncope ;

mais la séparation des eaux de la mer, pour donner passage à une armée, mais l'arrêt du cours des astres par un prophète, mais cinq pains pour nourrir plusieurs milliers de personnes : voilà ce qu'aucun témoignage ne saurait appuyer.et ce qu'on doit taxer de ridicule invention, à moins que le symbolisme et la métaphore ne viennent au secours de l'interprétation des faits. La biographie de Jésus contient assez de renseignements honorables sur l'homme et le citoyen de la Judée pour se passer, de nos jours, de tout attirail merveilleux ; et ses compatriotes ne sont déicides que pour les populations étrangères et postérieures, qui déifièrent le grand homme Jésus. Les juifs, dont Tacite disait qu'ils étaient fidèles à leur Dieu, secourables au prochain, résignés dans le travail et miséricordieux envers les souffrants, ne méritent aucun dédain de la part des historiens: ils ne sont ni plus ni moins coupables envers Jésus que les Athéniens envers Socrate ; or Athènes est restée célèbre, malgré la cruauté de plusieurs envers son illustre enfant. — La religion de Jésus fut un judaïsme élargi et généreux, comme la doctrine de Socrate fut un agrandissement du sentiment athénien arrivant jusqu'à nous, de la même manière que l'esprit de Jérusalem éclaira les nations contemporaines.

Quand on ménage les préjugés, on manque à la vérité ; beaucoup de gens se sont soumis à des croyances religieuses, non-seulement sans en contrôler la valeur et afin de se ménager le mérite de l'orthodoxie, mais sans vouloir douter de l'autorité des interprètes qui se présentaient, afin de s'abriter sous l'infaillibilité sacerdotale. — C'est l'immense service de Luther d'avoir rompu avec le passé, et d'avoir permis à l'humanité de s'avancer librement sur la voie des religions et des philosophies; de même que l'histoire n'est plus de nos jours le récit chronologique des batailles, ou le recueil dès annales dynastiques, de même les dogmes théologiques ouvrent leurs entrailles à la curiosité des érudits. — Ceux-ci, scrutant, désormais, avec une imperturbable persévérance, les arcanes fermés jusqu'à présent, pénètrent le symbole, la fable, l'allégorie, le mythe; tous les textes vivent et parlent un langage nouveau, et, pour ce qui concerne en particulier les catholiques, le *Credo*, avec son immuabilité dogmatique, à cessé d'être le refuge d'une immobile adhésion : cet imposant monument a perdu, avec son authenticité matérielle, l'autorité qui lui était concédée.

Il résulte, en effet, des recherches et comparaisons bibliographiques faites depuis la Réforme, que le *Credo* parut seulement 350 ans après la mort des apôtres ; le jésuite Niel et Leibnitz le protestant ont tous deux montré, avec Érasme le catholique, cette lente évolution du symbole officiel, dont les formules définitives ne furent complétées qu'en 550, par saint Ambroise, de Milan, par l'épisode de la descente de Jésus aux enfers, et la communion de tous les saints imposée comme article de foi. Entre les années 350 et 550, demeure fixée la principale exigence d'un texte qui ne parle encore ni du culte de Marie, ni de l'adoration des reliques, ni de la présence réelle, ni des prérogatives de la papauté : toutes choses sur lesquelles l'Église gréco-russe ou orientale et l'Église romaine ou occidentale disputent sans relâche.

Non-seulement le *Credo* n'enseigne pas tout ce qu'il devrait enseigner, mais il contient des assertions où les adhérents d'une même religion trouvent l'occasion d'être divisés. — Certaines négligences de rédaction y donnent lieu aussi à des récriminations légitimes. Il dit : « Je crois en Dieu *le* Père, » au lieu de *notre* Père, excluant ainsi l'idée d'amour au profit de l'idée de simple reproduction. Il dit : « Le Fils a été crucifié sous Ponce-Pilate, » comme si le citoyen romain avait quelque rapport avec la question litigieuse de la Divinité. Ailleurs, le Saint-Esprit intervient, vaguement et sans commentaire, sans parole de moralité, sans indication sur les droits et les devoirs, tout en attachant inexorablement à l'ensemble du symbole les titres d'un salut privé et collectif.

En grand nombre, les chrétiens disent encore que la croyance à l'Évangile est déterminée par l'autorité de l'Église. Lactance, au quatrième siècle, avait cependant proclamé que personne n'était plus indépendant que le croyant ; plus tard, Arnauld, de Port-Royal, argumentant contre Bossuet, disait : « que la plus grande des hérésies était la domination cléricale. » L'Église du Christ, pour retenir et rassurer les consciences, ajoutait au *Credo* (en 350) la rémission de nos péchés, ce dont le Dieu vindicatif et méchant des gnostiques n'annonçait pas l'oubli. — Les philosophes, réfugiés dans la secte des Priscilliens, furent poursuivis cruellement sous l'empereur Maxime, en 385, par les membres d'un concile qui, pour la première fois, réclamèrent le supplice de leurs frères chrétiens.

Saint Martin, de Tours, plus connu par la touchante histoire de son manteau que par son intervention si courageuse dans le triste épisode du martyre de Priscillius, n'obtint pas la vie de ce philosophe, qui fut décapité six ans après le début de son procès : mais saint Martin donna un gage magnifique de sa tolérance en consentant, après plusieurs refus, à s'asseoir à la même table que les juges de Priscillius, qui, à ce seul prix, voulurent bien abandonner les procédures contre les adhérents de leur victime.

A partir de ce moment, saint Martin se réfugia dans la solitude, navré et déçu : il y avait bien de quoi !

Les chefs de l'Église de Constantinople furent assez puissants pour prendre le titre de papes *œcuméniques*, c'est-à-dire *universels;* mais aussi réclamèrent-ils l'aide de l'empereur Théodose, afin de continuer leur lutte de chrétiens contre chrétiens, et sans l'énergie de Grégoire le Grand, qui parvint à faire considérer comme précurseur de l'antechrist l'évêque métropolitain de Constantinople, l'unité papale était perdue. Toutefois, comme un exemple despotique retourne facilement contre celui qui le donne, il arriva qu'en 1603, les protestants se soulevèrent avec succès, contre les papes-monarques. L'enfer du *Credo* n'a donc pas l'origine précise et explicite qu'on serait tenté d'induire de son introduction; dans les formules du symbole apostolique, selon l'épitre de saint Pierre, le maître serait allé simplement au *scheol,* c'est-à-dire au lieu des ténèbres, prêcher les âmes qui s'y trouvaient, et il aurait si bien réussi, dit Origène, que toutes les âmes améliorées quittèrent le lieu d'obscurité. On attribue au prophète-poëte Ésaü la transformation ultérieure de l'idée de schéol en celle d'un *enfer*, devenu de plus en plus vengeur et féroce. On sait que ce prophète, irrité contre Nabuchodonosor encore vivant, le voua patriotiquement à la mort du *schéol,* ce qui constituait alors la seule manière de faire de l'opposition, à la grande satisfaction de ses compatriotes opprimés. — L'image de *Satan* précipité des cieux, se retrouve dans toutes les poésies, dans Homère comme dans Virgile : c'est toujours l'idée d'une justice réparatrice prévalant sur le sentiment de la persécution. Dans l'apologue apocalyptique de Jean,

Haden, gardien de l'enfer, reçoit la visite de *Satan*, tout joyeux d'avoir fait crucifier Jésus-Christ, ce dont Haden gémit, parce que, dit-il, il ne pourra plus tenir en repos ses sujets, excités par la prochaine présence de l'hôte divin qui va les encourager, les secourir et finalement les sauver. Dans cette vision, il n'y a aucune exposition du dogme de l'*enfer* par le feu, invention atroce qui n'est pas compatible avec l'idée d'une si courte vie ni avec une telle infinité de douleurs.

La résurrection dont le *Credo* nous entretient, n'était pas non plus une croyance absolument chrétienne. Elle dérivait des idées de la métempsycose, dont Pythagore avait étudié les principes dans l'Égypte et dans l'Inde. — Les rapprochements de la bête et de l'homme remontent très-haut dans l'histoire. Salomon, dans l'Écclésiaste, dit : « Qui sait si l'âme des enfants des hommes monte en haut, et si l'âme des bêtes descend en bas? » La poëte Ennius s'écrie : « Les plus honteuses bêtes sont semblables à nous. » Cette appréciation de la position de l'homme dans l'animalité, a été modifiée par la métaphysique des Grecs et des Romains, de Platon et de Sénèque. Ce dernier racontant qu'il a vu dans le *Forum* une bête féroce épargner un belluaire qui lui avait été secourable, nie en cette bête le mérite de la reconnaissance, parce qu'elle n'a, dit-il, ni intention, ni volonté. Mais Lactance, précepteur du fils de Constantin, reprit la bonne tradition; il ne refusa aux bêtes que le sentiment de Dieu, ce que l'on nomme aujourd'hui la *religiosité*, instinct ou sentiment que plusieurs orthodoxes accordent aux animaux : témoin la fête de saint Hubert, que les chiens célébraient avec leurs maîtres en conservant, dit leur historien, « l'attitude de respect et d'humilité qu'on doit avoir devant le saint sacrement. (le P. Rue.)

Selon saint Augustin, l'âme des bêtes meurt avec leur corps, et s'évanouit dans les airs. La malencontreuse théorie de Descartes sur l'automatisme des bêtes, poussa l'orgueil de l'homme à son apogée ; on osa proclamer que, « si les bêtes avaient une âme, Dieu serait injuste, » sans estime pour lui-même, et sans confiance en nous. Mais le bon sens public réagit ; le grand fabuliste la Fontaine s'en fit l'écho, puis la science intervint avec Georges Leroy, avec Lamarck, Daubenton, Dupont de Nemours, etc. — Cependant plusieurs naturalistes, formalisés de se sentir confondus avec les animaux, et en particulier d'être apparentés avec les singes et les guenons, selon les indications impératives de l'anatomie et de la physiologie, créèrent un règne spécial pour l'homme, et creusèrent autoritairement une profonde démarcation entre le bimane de Cuvier et le quadrumane du même auteur. — On voulut bien accorder une certaine intelligence aux bêtes, mais on leur refusa la réflexion, c'est-à-dire cette étude de l'esprit par l'esprit, cette connaissance de la pensée par la pensée dont nos spiritualistes sont si fiers ! Bossuet observe que les brutes n'ont pas la faculté de se suicider : cela est vrai, mais elles ont le dévouement dans l'attachement, les témérités de l'amour jusqu'à la mort et toutes les autres passions de notre espèce dite noble. Quant à cette prétendue immobilité des instincts, qui représenterait l'automatisme, elle n'est pas réelle : le castor, traqué depuis de longues années, a changé ses constructions à ciel ouvert sur les rivières en viaducs souterrains. Les abeilles troublées ont remplacé la vieille alvéole hexagonale par un pentagone ou une pyramide quadrangulaire. En Cochinchine, on a habitué un serpent à garder les poules ; au Chili, un oiseau conduit les petits enfants à l'école, et ce sont les jésuites du Paraguay qui ont dressé les chiens à assister à la messe de saint Hubert (Voir les détails dans le livre du R. P. Rue.): « Ils y donnaient l'exemple du respect de la sainte eucharistie, et la vénération qui lui est portée par les animaux eux-mêmes. » Le docteur Ivan, dans le charmant récit de son voyage en Chine, rapporte avoir vu des singes pleurer, crier, se frapper la poitrine dans leurs chagrins ou leurs colères, absolument comme nous le faisons.

Quoique l'homme ait une tendance à l'étonnement et à l'admiration devant les grands phénomènes de ce monde, cette disposition prend toujours une forme correspondante à ses lumières et à l'état de la civilisation conquise, c'est pourquoi elle est exclusive d'une intuition essentielle et absolue de la Divinité.

En somme, l'avenir nous appartient, car il consacre tous les efforts de l'humanité ; il fournit à chacun de nous une même éducation sérieuse et large, sans spécialités réservées, et seule capable d'inspirer, aux plus faibles comme aux plus forts, le sentiment des fatalités naturelles, la soumission aux lois immanentes, autant que de nous mettre en possession de toutes les améliorations progressives que comportent notre science du monde et nos conquêtes sur la matière. La théologie, qui a fourni longtemps la sanction impérative de la morale, laisse encore au dogme positif cette dernière satisfaction de commander, mieux qu'elle ne le fit, à la conduite collective; car avec ce dogme la morale, dégagée des préoccupations égoïstes du salut individuel, sort de la personnalité pour se répandre sur la généralité des hommes, consacrer les services solidaires de chacun envers tous, en nous évitant les dangereuses séductions de l'égoïsme pour nous diriger entièrement dans les voies de l'expansion sympathique.

L'élimination des principes théologiques est nécessaire, parce qu'ils masquent aux yeux de la foule nos
propres tendances au dévouement social, parce qu'ils
nous éloignent du devoir clairement démontré de
concourir aux améliorations que tous désirent, nous
forçant de vivre pour une récompense extra-terrestre,
si goûtée par l'égoïsme.

Quand un mouvement révolutionnaire éclate, on voit
surgir une masse inattendue de protestations contre
le passé, puis, bientôt, une tendance générale vers
les résultats promis par divers programmes ; cela
vient de ce que les esprits, engourdis, amoindris,
détournés et trompés, se réveillent tout à coup, ren-
trent en possession d'eux-mêmes, et prennent l'essor
dans la direction des nécessités sociales pour lesquelles
leur réveil s'est produit.

On trouve cruel de la part des philosophes positivistes d'arracher à ceux qui s'y confient la douce consolation de la révélation dite orthodoxe, pour leur
imposer un dogme dont ils se soucient peu, dit-on,
puisqu'ils refusent les lumières de l'éducation qui en
serait la clef, et se contentent d'une doctrine caduque
si commode pour endormir leur esprit paresseux. Mais
d'abord, le dogme positif respecte cette disposition
primordiale de notre nature, en vertu de laquelle nous
nous complaisons dans une innocente recherche de
l'*absolu* et dans un mystique arrangement des causes
premières ; chacun peut imaginer, à sa guise, une vie
extra-terrestre, un commencement limbique et une
fin édénique ; toutes ces croyances, non sociales mais
cosmogoniques, dont chaque religion forme un tableau
différent et plus ou moins sérieux, toutes ces illusions et
hypothèses ne prouvent rien, et ne se prouvent pas elles-

mêmes : qu'elles restent l'aliment de l'idéal gourmand !

On renouvelle depuis des siècles, sans avancer d'un pas, les mêmes arguments sur la vie future et sur l'immortalité de l'âme : le dogme positif quitte ce terrain, qu'il déclare impraticable, et il offre pour remplacer toutes les utopies sur la *transcendance* un régime nouveau, qui est l'expression pratique de ses théories scientifiques.

Ayant ses racines dans l'histoire, son épanouissement dans la science et sa fin dans l'humanité, il prétend diriger, encourager et consoler des cruelles nécessités de la vie ceux-là mêmes qui cherchent, dans la révélation du catholicisme, la pratique et la théorie de l'existence.

La promesse qu'on fait d'une résurrection corporelle, n'a aucune valeur morale ou physiologique capable d'atténuer l'atroce douleur des séparations produites par la mort : tout proteste, tout souffre, tout saigne en nous, lorsque celle-ci nous frappe dans ce qui nous est cher; mais le temps, le temps seul, amène un soulagement auquel l'idée, même souriante, de la réunion extra-terrestre reste étrangère, car une lésion du sentiment ne peut être traitée par un remède se rapportant à une modification de l'intelligence.

Quand surgit un dogme nouveau, les rétrogrades et les *conservateurs* privilégiés disent, pour s'abuser sur leur prochaine défaite, qu'il s'agit d'une aberration mentale, sans extension possible, et que le vertige qui envahit certains esprits ne peut entamer les saines doctrines.

En présence de l'incrédulité qui monte jusqu'à les submerger, et dont ils sont impuissants à expliquer les causes, ces rétrogrades accusent la perversité humaine, à laquelle, par un jugement insondable, Dieu laisserait un moment le champ libre : c'est leur dernier mot. Mais ce dernier mot n'arrêtera rien, et n'empêchera pas le régime nouveau de s'organiser ; seulement il nous fait songer à l'oiseau de la fable qui répétait aussi, dans la tempête, le seul mot qu'il savait : *Cela ne sera rien, cela ne sera rien.* Le pourvoyeur du navire, avant d'arriver jusqu'à sa cage, avait tout employé ; mais son tour vint, et entre les mains du cuisinier, il répétait encore son dicton favori : *Cela ne sera rien.*

Sans tenir plus que de raison à l'apologue, nous concluons en disant : l'homme n'a jamais été sans religion, il est religieux aujourd'hui autant qu'en tout autre temps ; mais si le sentiment religieux a besoin de s'exercer sur un être qui paraisse ou qui soit réel (car c'est à ce prix qu'il vit), cet être capable désormais de fixer le sentiment religieux, ce sera l'*humanité*, que la philosophie positive aime, connaît et veut servir comme le verbe révélé de nouveau à notre esprit et à notre cœur.

FIN.

TABLE DES MATIÈRES.

FIN DE LA TABLE.

Saint-Denis. — Imprimerie Ch. Lambert, 17, rue de Paris